왜구, 고려로 번진 일본의 내란

- 남북조 내란과 고려 말 왜구 -

왜구, 고려로 번진 일본의 내란

– 남북조 내란과 고려 말 왜구 –

이영 지음

보고사
BOGOSA

머리말

  이 책을 발간하게 된 경위에 대하여 언급하기에 앞서 필자의 연구 경력을 간단히 정리하면 다음과 같다. 1986년에서 1995년까지 약 10년의 일본 유학 기간에 왜구에 관해 작성한 최초의 논문은 「경인년 이후의 왜구와 내란기의 일본 사회」였다. 1995년 초에 박사학위논문의 일부로 작성한 본 논문은 지금에 와서 돌이켜보면, 이후 25년간에 걸친 왜구 연구의 출발점인 셈이다.

  1995년에 완성한 박사학위논문은 이후 약 4년 동안의 수정 보완작업을 거쳐서 1999년에 東京大學出版會에서 『倭寇と日麗關係史』로, 그리고 2011년 혜안출판사에서 『왜구와 고려·일본 관계사』로 번역 출판했다. 이어서 2007년도에 왜구 관련 사적지에 대한 현지답사 결과를 토대로 하여 『잊혀진 전쟁, 왜구』(에피스테메)를, 그리고 2013년도에 고려 말 왜구를 원명의 교체라는 보다 폭넓은 관점에서 파악하고자 한 『팍스 몽골리카의 동요와 고려 말 왜구』(혜안)를 간행했다. 2015년도에는 일본인 연구자들에 의해 구축되어 온 왜구상(倭寇像)이 어떤 이유로, 어떻게 왜곡돼 왔는지, 아울러 동아시아 국제 질서의 변동 속에서 왜구 문제를 파악하려고 시도한 『황국사관과 고려 말 왜구』(에피스테메)를 간행했다.

  필자는 위와 같은 지금까지의 연구 성과를 교양 도서로 간행함으로써 보편적인 지식으로 확산시키고자 한국연구재단의 인문저술 지원 사업에 응모한 결과, 2015년부터 3개년에 걸쳐서 지원금을 수령하게 되었다.

교양도서라는 특성상, 일반인들도 이해할 수 있도록 쉽게 서술해야 하는 데 결과적으로 그렇게 되지 못한 것 같아서 아쉽다. 무엇보다도 필자의 능력 부족 때문이지만 굳이 변명하자면 다음과 같은 이유도 있다.

우선, 고려 말 왜구를 이해하기 위한 전제 지식이라 할 수 있는 제1부 「남북조 내란 개관」에서 보듯이, 등장인물이나 지명 그리고 정치적 사건과 제도 등이 한국의 일반 독자들에게는 너무나 생소한 내용이기 때문이다. 매년 일본을 방문하는 한국인 관광객이 수백만 명에 달하고 있지만 한국인들에게 있어서 일본의 역사적 인물과 사건은 특별히 공부하지 않는 한 여전히 생소한 지식이다. 이는 지난 25년 동안, 방송대학교 일본학과 교수로서 일본사 강의를 할 때마다 매번 절실하게 느껴왔던 점이기도 하다.

두 번째는 일본의 지명에 대한 인식 부족이다. 이 역시 일본사 관련 서적을 읽을 때 항상 애로 사항으로 등장하는 점이다. 그래서 필자는 처음 이 책을 기획하였을 때, 다수의 지도를 활용하고자 했다. 그런데 책을 편집하는 입장에서 보면 많은 지도를 작성하는 작업을 부담으로 느끼는 것 같았다. 영세한 한국 출판시장의 현실적인 어려움 속에서 본서의 출판에 쾌히 응해준 보고사의 입장을 고려한다면 마냥 필자의 생각만 고집할 수 없었다. 그 결과, 원래 의도하고 준비해둔 많은 지도들을 싣지 못했다. 독자들은 책에서 일본 지명이 나오면 스스로 그 지명을 인터넷의 '구글 지도'에 넣어서 일일이 찾아보는 수고를 하셔야 할 것 같다.

본서의 구성과 내용에 관하여 전체적으로 살펴보면 다음과 같다.

제1부는 고려 말 왜구를 이해하기 위한 전제가 되는 지식인 「남북조 내란 개관」이다.

제2부 「쇼니씨와 왜구」와 제3부 「정서부와 왜구」는 간노노조란부터 시작해 이후 내란이 종식되는 1392년까지의 일본의 역사를 왜구의 온상(溫床)이라 할 수 있는 규슈 지역의 상황을 중심으로 서술하고 있다.

제4부 「동아시아 국제 질서의 동요와 고려 말 왜구」에서는 고려 말 왜구를 〈팍스 몽골리카의 동요와 붕괴〉라고 하는 동아시아 국제 질서의 대변동 속에서 서술함으로써 기존의 왜구 연구가 보여준 한계를 극복하고 더 나아가 이 시기의 국제 관계에 대한 새로운 시좌(視座)를 제시하고자 했다. 그리고 이러한 변동과 혼란 속에서 왜구 문제 해결을 위해 고려가 취했던 외교적 노력, 명나라의 고려와 일본에 대한 외교 압력, 그리고 이에 대한 일본의 대응 등을 삼국 간의 유기적인 관계 속에서 서술하였다.

제5부 「일본의 왜구 왜곡과 그 배경」에서는 남북조 내란사에 대한 인식이 근대 이후 일본의 정치와 사회에 어떻게 전개되어 왔으며 그 과정에 고려 말 왜구가 어떻게 왜곡돼 왔는가를 서술하였다. 이는 고려 말 왜구가 근대 이후 지금에 이르기까지 한국과 일본 양국 사회에 어떠한 의미를 지니고 있는지를 고찰한 것이다.

이하 본서의 내용과 참고 문헌 등에 관하여 좀 더 구체적으로 서술해보자. 제1부의 제1장은 '가마쿠라 막부의 멸망', 제2장은 '건무신정의 붕괴와 남북조 내전의 시작', 제3장은 '간노노조란'으로 이루어져 있다. 그리고 이를 위해 지금까지 출간된 다양한 종류의 관련 서적들에서 공통되는 내용을 한국인 독자들이 비교적 이해하기 쉽게끔 축약(縮約)해서 번역하였다. 일본의 일반 독자를 위한 교양서로 간행된 것들을 출판순서에 따라 나열하면 다음과 같다.

- 도요다 다케시(豊田武)『人物·日本の歷史5. 內亂の時代』(讀賣新聞社, 1966)
- 사토 신이치(佐藤進一)『日本の歷史9. 南北朝の動亂』(中公文庫, 1974)
- 사토 가즈히코(佐藤和彦)『日本の歷史11. 南北朝內亂』(小學館, 1974)
- 이토 기요시(伊藤喜良)『日本の歷史8. 南北朝の動亂』(集英社, 1992)
- 나가하라 게이지(永原慶二)『大系日本の歷史6. 內亂と民衆の世紀』(小學館, 1988)
- 역사군상(歷史群像) 시리즈10.『戰亂 南北朝の動亂』(學硏, 1989)
- 무라이 쇼스케(村井章介)『日本の中世10. 分裂する王權と社會』(中央公論新社, 2003)
- 무라이 쇼스케(村井章介)(編)『日本の時代史10. 南北朝の動亂』(吉川弘文館, 2003)
- 모리 시게아키(森茂暁)『戰爭の日本史8. 南北朝の動亂』(吉川弘文館, 2007)
- 고바야시 가즈타케(小林一岳)『日本中世の歷史4. 元寇と南北朝の動亂』(吉川弘文館, 2009)

그리고『태평기』의 현대 일본어 번역으로는 다음과 같은 책을 참고로 하였다.

- 나가이 미치코(永井路子)『現代語譯 太平記』(學習硏究社, 1990)

- 하세가와 다다시(長谷川端)(교정 및 번역)『新編 日本古典文學全集 54. 太平記』(小學館, 1994)
- 하세가와 다다시(長谷川端)(교정 및 번역)『日本の古典をよむ16. 太平記』(小學館, 2008)
- 야마자키 마사카즈(山崎正和)『ビジュアル版 日本の古典に親しむ6. 太平記』(世界文化社, 2006)
- 도쿠나가 신이치로(德永眞一郎)『太平記物語－物語と史蹟をたずねて』(成美堂出版, 1997)

특히 특별히 역사적으로 중요한 장면들은 위의『新編 日本古典文學全集54. 太平記』(小學館, 1994)의 서술을 발췌해 번역하였다.
만화로 출간된 것으로 다음과 같은 것을 참고로 하였다.

- 효도 히로미(兵藤裕己)『マンガ 太平記』전3권(河出書房新社, 1990)
- 사이토 다카오(さいとうたかお)『マンガ 日本の古典 19. 太平記』전3권(中公文庫, 2000)

제2부「쇼니씨와 왜구」의 내용은『倭寇と日麗關係史』(『왜구와 고려·일본 관계사』)와『팍스 몽골리카의 동요와 고려 말 왜구』에 게재된 논문들을 간략하게 정리하고「초자바루 전투와 왜구」를 추가했다.
제3부「정서부와 왜구」에서는 앞의『황국사관과 고려 말 왜구』의 내용 중 일부(치후·니나우치 전투와 우왕 2~3년의 왜구)와 그리고 이미 논문으로는 발표했지만 책에 싣지 않았던「고려 말의 왜구와 남조 - 경신년(1380) 왜구를 중심으로」(『한일관계사연구』30집, 2008. 12.)와「〈경신년(1380) 왜구=기쿠치씨(菊池氏)〉설에 관한 한 고찰 - 무력의 특징을 중심으로」(『일본역사연구』35집, 2012. 6.)의 내용을 정리해 전재하고 있다.

제4부 「동아시아 국제 질서의 동요와 고려 말 왜구」의 제1장 '팍스 몽골리카와 왜구'는 『팍스 몽골리카의 동요와 고려 말 왜구』의 내용 중 일부를 전재하였으며 제2장 '원명의 교체와 고려의 왜구 대응'은 『황국사관과 고려 말 왜구』에 게재한 「14세기의 동아시아 국제 정세와 왜구 - 공민왕 15년(1366)의 금왜 사절의 파견을 중심으로」를 전재하였다. 그리고 새로 다음 논문을 추가하였다.

- 「고려 우왕 원년(1375)의 나흥유 일본 사행의 외교적 성과」(『한국 중세사 연구』 47호, 2016. 11.)
- 「우왕 3년(1377) 정몽주 일본 사행의 시대적 배경」(『일본역사연구』 제46집, 2017. 12.)
- 「전근대 동아시아 수전의 양상과 공민왕 13년 이작도 해전의 실상」 (『일본역사연구』 제48집, 2018. 12.)
- 「1364년 김속명의 진해현 전투와 육전론」(『역사교육논집』 제70집, 2019. 2.)
- 「우왕 원년(1375) 나흥유의 일본 사행 당시의 규슈 정세와 규슈탄다이(九州探題) 이마가와 료슌(今川了俊)의 왜구 대응의 배경」(『한국중세사연구』 제60호, 2020. 3.)

제5부 「일본의 왜구 왜곡과 그 배경」의 제1장과 3장에서는 『황국사관과 고려 말 왜구』의 내용 중 일부를 전재하였다. 그리고 제2장 '황국사관과 전전의 영웅 구스노키 마사시게 숭배'는 다니타 히로유키(谷田博幸)의 『국가는 어떻게 구스노키 마사시게를 만들었는가?(國家はいかに楠木正成を作ったのか) - 비상시의 일본의 구스노키 마사시게 숭배(非常時の日本の楠公崇拜)』河出書房新社, 2018년의 8~82쪽의 내용을 요약해 정리했다.

부록의 '고려 말 왜구 관련 사적지 답사'는 왜구의 침구가 절정에 달했던 우왕 대의 주요 사료에 근거해 왜구가 상륙해서 이동한 경로를 지도상에 표시한 것이다.

출판계의 어려운 상황 속에서도 별로 영업에 도움이 되지 않을 본서의 출판을 기꺼이 해주신 보고사의 김흥국 사장님과 편집에 애써 주신 황효은 선생님께 감사드린다.

목차

제1부
남북조 내란 개관

제2부
쇼니씨와 왜구

제3부
정서부와 왜구

제4부
동아시아 국제 질서의 동요와 고려 말 왜구

서문
왜 일본의 남북조 시대를 알아야 하는가?

　본서가 다루고자 하는 남북조 시대는 일본 역사에 있어서 중세(中世)
에 해당한다. 일본사에서 중세는 보통 가마쿠라 시대(鎌倉時代, 1185~
1333)에서 무로마치 시대(室町時代, 1336~1574)까지를 의미한다. 무로마
치 시대는 또 남북조(1336~1392)·무로마치(1392~1467, 또는 1493)·센고
쿠(戰國, 1467~1574, 또는 1493~1574) 시대로 세분화되기도 한다.[1] 본서는
그중에서도 남북조 내란(1335~1392)에 대하여 중점적으로 서술하고자
한다.

　이 시기는 2천년 일본 역사 속에서도 일본 민족의 일대 변혁기로
평가되고 있다. 전국적으로 화폐가 일상적으로 통용되기 시작해 소위
'화폐경제의 단계'로 진입함으로써 일본이 혈연(血緣) 사회에서 지연(地
緣) 사회로 변화해가는 시대이다. 이 남북조 내란은 1336년 말, 아시카
가 측에 유폐당하고 있던 고다이고 천황이 교토를 탈출해 요시노(吉野)

---

1) 1336년에서 1574년까지를 광의(廣義)의 무로마치 시대, 그리고 남북조 시대에 이어지
　는 시대를 협의의 무로마치 시대라고 하기도 한다.

지방으로 거처를 옮긴 것에서 시작된다. 그로부터 약 60년 가까이 일본 국내는 내란이 이어진다. 1372년 무렵에 완성된 것으로 전해지는『태평기(太平記)』라는, 이 시대 무사들의 활약상을 서술한 군기물(軍記物)은 당시 사회의 모습을 현대인들에게 생동감 있게 전해주고 있다. 그것은 무사들의 배반과 권모술수, 처참한 살육으로 점철된 세계였다.[2]

연이은 쟁란은 무사들을 옛 질서와 권위에서 해방시켜, 공가 귀족과 무사들의 이원적(二元的)인 지배라는 전대(前代) 가마쿠라 시대의 복잡한 지배구조를 서서히 환골탈태(換骨奪胎)시켜 나간다. 그리고 남북조 시대가 끝날 무렵, 남은 것은 고대적 권위의 완전한 몰락과 그것에 대신하는 시대의 주인공 무가(武家)들이 재편성한 새로운 질서가 지배하는 세계였다.

한국인들에게 일본 역사는 아직 생소한 지식 분야이다. 임진왜란과 일제강점기라는 침략의 어두운 역사에 기인(基因)한 민족감정과 일본 우익 정치가들의 거듭되는 몰지각한 역사 왜곡 언동은 한국인들로 하여금 일본 역사를 애써 외면하게 한 주요한 원인 중 하나가 되어 왔다.

약 반세기의 역사를 가지고 있는 한국의 일본 역사에 대한 연구는 광개토 대왕 비문(碑文) 해석을 둘러싼 논쟁으로 상징되는 삼국시대와, 임진왜란 그리고 개화기(開化期) 이후 일제강점기에 이르는 시기에 집중되어 왔다. 따라서 한국 지식인층의 일본 역사에 대한 관심과 이해도 고대(삼국시대)에서 중세를 껑충 뛰어넘어서 근세(임진왜란)와 근대와 현대의 한국사와 밀접한 관련이 있는 시기에 치우쳐 있는 것이 현실이다.

---

2) 15세기 후반, 센고쿠 시대에 일본에 왔던 서양의 선교사들은 일본인들의 내면을 이해하기 위해서는 12세기 말의 일본의 전란(戰亂)을 서술한『헤이케모노가타리(平家物語)』와 함께『태평기(太平記)』를 읽어야 한다고 쓰고 있다.

일본에서 일정 기간 생활하였거나 또는 일본인들과 교류해본 경험이 많은 사람들이라면, 그들의 문화[3]가 한국의 그것과 많은 부분 공통점을 지니고 있으면서도, 상이한 점 역시 적지 않다는 지적에 수긍이 갈 것이다. 예를 들어, 공통점으로 불교와 유교 등과 같은 종교와 중국 문화 등을 든다면, 일본의 전통적인 신앙인 신도(神道)와 조직의 구성 및 작동 원리, 인간관계 등등을 상이점으로 들 수 있을 것이다. 그리고 그러한 상이점들이 한국과는 다른, 자연적인 조건과 역사적 경험에서 유래한다는 지적에 대충 공감할 것이다.

일본 역사학계에서는 고대 말에서 중세에 이르는 시기가, '일본적인 것'이 형성되고 현출(顯出)하는 때라고 한다. 따라서 일본 문화의 심층(深層)에 접근하기 위해서는 일본의 근대 이전의 역사와 문화, 특히 그 중에서도 중세 사회에 대한 이해가 필수 기본적인 전제 조건이라 할 수 있다. 그런데 위에서 언급한 것처럼, 한국 사회의 일본 중세에 대한 연구와 사회적 관심은 극히 제한적이다.

그중에서도 본서에서 다루고자 하는 남북조 내란기는 더욱이 한국 역사와 특별한 관련이 없는 것으로 여겨져 왔다. 그러나 이 시기는 고려 시대 말기로, 왜구가 대규모의 병력으로 빈번하게 침구해 와 국가의 존립과 백성의 생활을 위태롭게 하던 때였다. 즉 14세기 후반의 고려 사회는, 한반도를 둘러싼 국내외 정세의 격변으로 인해 마치 풍전등화(風前燈火)와 같이 위태로웠다. 약 1세기 가까이 지속된 원(元)제국의 지배가 동요되자, 중국에서는 '홍건적의 난'이 전국적으로 확산되

---

3) 여기서는 문화의 의미를 '공동체의 구성원들이 공유하는 가치체계 또는 행동양식'으로 정의한다.

어 그 세력 중 일부가 고려를 침공해 수도 개경을 점령하고 국왕은 경북 안동까지 피신해야만 했다. 또 이 시기에 남쪽에서는 왜구가 거의 매년, 한반도의 모든 해안 지역은 물론 내륙까지 침구해 왔다.

흔히 〈고려 말 왜구〉에 관해 논할 때, '남북조 내란'이라는 역사적 용어는 항상 함께 등장한다. 그런데 우리나라에서는 물론 일본에서도 남북조 내란과 왜구가 구체적으로 어떤 상관관계가 있는지에 관해서는 구체적으로 알려지지 않았다. 그저 막연히 고려 말 왜구는 내란기(內亂期)의 혼란을 틈타 변경 지역의 어민 또는 해적들이 침구해 온 것, 이라는 식으로 이야기되어 왔다. 더욱이 아직까지 한국에서는 남북조 내란이 어떤 역사적 사건이었는지 조차 제대로 알려지지 않았다. 남북조 내란에 관해 상세하게 소개한 책은 전무하다.

그러면 21세기의 한국 지식인들에게 일본의 남북조 내란과 그 연장선상에서 고려 말 왜구를 이해하는 것은 어떤 의미가 있을까?

<u>첫째, 이웃나라 일본 사회를 지탱하고 있는 이데올로기와 그 정신적 및 정서적 배경을 이해할 수 있다.</u>

일본은 세계 제3의 경제대국이자 문화강국이다. 2020년 현재 일본의 국토 면적은 377,900제곱킬로미터로 한반도 전체 면적 223,340제곱킬로미터의 약 1.7배에 달하며 남한의 면적인 10만 제곱킬로미터의 4배 가까운 크기이다. 2020년 현재, 인구는 일본이 약 1억 2595만 명으로 한국의 5178만 명의 약 2.43배가 된다. 1인당 GDP(2018년)는 일본이 약 3만 9천 달러, 한국이 약 3만 3천 달러로 큰 차이가 없지만 전체적으로 보면 일본이 한국의 약 3배 이상 총생산이 많다.

다시 말해 일본은 근년에 쇠퇴하고 있지만 여전히 경제적으로 큰 나라이다. 그런데 개인적으로는 이러한 경제력이나 국토의 면적, 인구보다 그들이 축적해온 지적 문화적 자산이야말로 더 큰 저력(底力)이라고 생각한다. 예를 들면 과학 분야의 노벨상 수상자들을 지속적으로 배출하고 있다든지, 현대 일본인들의 일상생활 속에서도 활용되고 있는 다양한 전통 문화 등이다.

그런데 문제는 이러한 경제력과 문화적인 힘을 바탕으로 현재 일본이 군사강국, 정치대국화를 꾀하고 있으며 더욱 심각한 것은 이러한 일본의 변신을 세계의 유일한 초강대국 미국이 뒤에서 지원하고 있는 것이다. 더욱이 한일 양국이 식민지 지배와 같은 과거사 인식에서 많은 대립과 갈등을 보이고 있는 가운데 이와 같은 일본의 변신은 앞으로 두 나라 사이에 적지 않은, 심각한 문제를 만들어 낼 것이 틀림없다. 그러므로 우리는 일본의 이러한 변화에 주의를 기울여야 한다. 그런 점에서 근대 이후, 일본 사회를 지탱해오고 있는 이데올로기와 그들의 정신적 및 정서적 배경의 깊은 부분을 이해할 필요가 있다.

여기서 근대 이후 일본 사회를 지탱해온 이데올로기란 달리 표현하자면 '근대 천황제'라고 할 수 있다. 이 근대 천황제와 밀접한 관련을 지니고 있는 것이 본서에서 서술하는 바, 황국사관, 남북조 정윤논쟁, 구스노키 마사시게 숭배 등이다. 이들은 모두 다 남북조 내란을 배경으로 하고 있다. 따라서 남북조 내란에 대한 이해는 단순히 일본 중세 역사에 대한 이해에 그치지 않고 명치유신 이후 일본 사회를 규정해온 이데올로기와 그 정서적 배경에 대한 인식으로 연결된다.

둘째, 남북조 내란에 대한 이해는 왜구를 매개로 하는 한반도의 역사와 결합될 때, 14세기 후반의 동 아시아 세 나라의 역사를 유기적인 관계 속에서 이해할 수 있게 해준다. 흔히 한국을 가리켜 중국과 일본 사이에 끼여 있는, '샌드위치'와 같은 존재라고 한다. 여기서 '샌드위치'란, 양대 강국 사이에 끼여 있어서 항상 큰 피해를 입어왔다는 피동적이고 부정적인 의미가 담겨있다.

그리고 혹자는 한반도가 대륙 세력과 해양 세력의 이해관계가 충돌하는 지역이기 때문에 역사적으로 수많은 이민족의 침입을 감수해야만 했으며 지금도 또한 그러하다고 한다. 여기에도 운명론적이고 체념적인 한국사 인식이 저변에 깔려있다.

특히 14세기 후반은 소위 '팍스 몽골리카(Pax Mongolica)' 즉, 원(元) 제국의 군사력과 경제력에 의해 성립, 유지되었던 동 아시아 국제 질서가 크게 동요하고 붕괴되어 갔던 시기이다. 이러한 동요와 붕괴는 원 제국의 외연부(外緣部)에 위치한 일본에서 가장 먼저 가마쿠라 막부의 멸망과 남북조의 내란으로 나타난다. 일본의 내란은 국경을 넘어 왜구로 표출되었고 거의 동시에 일어난 중국 대륙에서의 한인군웅(漢人群雄)들의 거병(擧兵)과 뒤이은 고려 공민왕의 반원자주개혁 등으로 동 아시아 국제 사회는 대 변동의 시대를 맞이한다.

이러한 팍스 몽골리카의 동요와 변동으로 수많은 고난과 역경이 마치 해일(海溢)처럼 연속적으로 밀려오던 14세기 후반, 한반도에서 삶을 이어갔던 고려인들은 이러한 역사의 시련을 운명적인 것으로 체념하고 피동적인 자세로 임하고 있었을까? 만약 그러했다면, 고려가 멸망한 지 불과 수십 년 만에 한국역사상 최대의 문화적 성취기라 할 수 있는 세종 임금의 치세(治世)가 출현할 수 있었을까?

일본의 왜구 연구자들은 왜구의 침구가 고려 멸망의 한 원인이 되었다고 역설하고 있다. 그러나 이는 틀린 주장이다. 오히려 고려와 명나라의 일본에 대한, 왜구 금압을 요구하는 대일(對日) 외교적 압력이 60여 년 동안 지속되었던 남북조 내란을 종식시켰다고 해야 옳다. 다시 말해, 원나라를 대신해 중원의 새로운 지배자로서 등장한 명 제국이 고려와 일본에 대하여 왜구 금압을 요구하는 외교적 압력을 가해왔고, 이러한 중원 정세의 변동에 대한 현실 인식을 토대로, 고려 조정이 무로마치 막부에 대하여 행한 주도적인 외교적 역할이 일본의 남북조 내란을 종결로 이끌었다고 할 수 있다.

셋째, 남북조 내란과 이에 기초한 14세기 후반 동 아시아 국제 질서의 변동에 관한 이해는 21세기 현재 한반도를 둘러싼 첨예한 국제 정세를 조망하는 새로운 시좌(視座)를 제공해준다. 원 제국의 동요와 붕괴 그리고 그것이 초래한 혼란은 21세기 초 현재, 세계 최강대국 미국의 영향력의 상대적인 축소로 비유할 수 있다. 14세기 중반, 홍건적을 위시한 중국 전역에서 일어난 한민족 출신의 군웅(群雄)들의 군사 활동은 결국 원(元)의 멸망과 명(明)의 건국으로 이어졌다. 이는 21세기 초 현재, 초강대국 미국의 영향력 약화와 쇠퇴, 그와 반대로 국제사회, 특히 동아시아에 지역에서 점점 더 현실감을 더해가는, 중국의 부상을 연상하게 한다.

'팍스 몽골리카의 붕괴와 명 제국의 등장'이라는 14세기 후반의 국제질서의 변동을 초래한 중원 정세와 한반도 그리고 일본 열도에서의 정치사회적 변동을 상호유기적인 관련 속에서 종합적으로 검토하는 작업은 현재 진행형의 '팍스 아메리카나의 동요와 중화제국의 중흥(中興)'이라는 21세기 국제정세의 변동 속에서, 한민족의 통일과 중흥을 위해 취해야 할 현명한 판단에 도움이 될 역사적 교훈을 제시해줄 것이다.

세계 정치, 경제의 중심축 중 하나는, 세계 제2와 제3의 경제대국인 중국과 일본이 있는 동아시아 지역으로 확실하게, 그리고 빠른 속도로 옮겨 오고 있다. 그리고 거기에는 제2차 세계 대전 이후 가장 빠른 경제성장을 통해 세계 11위의 경제 규모와 정치 및 사회의 민주화를 달성한 한국이 있다. 이와 같은 한민족의 저력은 세계 4대 인류 문명의 발상지 중 하나인 중국과 세계 경제 및 문화 대국인 일본 민족의 사이에서 겪어야만 했던 수많은 시련들을 지혜와 용기로 극복해왔던 선조들의 고난의 역사 속에서 배태(胚胎)된 것이라고 생각한다.

14세기 후반의 역사는 한반도에서 삶을 영위했던 사람들이 경험했던 수많은 고난 중에서도 가장 크고 오랫동안 지속된 시련이었다. 이러한 역사를 올바르게 이해하기 위한 전제(前提)로, 일본의 남북조 내란을 이해할 필요가 있다. 이것이 본서가 제1부에 남북조 내란에 관한 개관(槪觀)으로 시작하고 있는 이유이다.

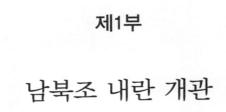

제1부

남북조 내란 개관

제1장
가마쿠라 막부의 멸망

1. 고다이고(後醍醐) 천황, 가마쿠라 막부 타도를 꾀하다

1185년, 무사들이 가마쿠라에 자신
들의 공동 이익을 지키기 위해 막부를
세운다. 그러자 그때까지 권력을 독점
해왔던 원정(院政)[1]은 당연히 가마쿠라
막부를 눈에 가시처럼 여기게 된다.
1223년, 당시의 고토바(後鳥羽) 상황은
막부 타도에 나선다. 그러나 실패하고
오키(隱岐)섬으로 유배당하고 만다. 상

고다이고 천황

황은 결국 그 섬에서 나오지 못하고 사
망한다. 그로부터 약 100년이 지나 고다이고 천황이 또다시 막부를 타

---

1) 천황의 아버지를 '태상천황(太上天皇)' 줄여서 상황이라고 한다. 헤이안 시대 말기부
터 일본은 천황의 아버지인 상황이 권력을 장악하고 정치를 행하기 시작했다. 이러한
정치 형태를 원정(院政)이라고 한다.

도하고자 한다.

고다이고 천황은 학문과 문학, 종교 등에도 깊은 관심을 가지는 등, 역대 천황 중에서도 보기 드물게 다방면에서 뛰어난 재능을 지닌 인물이었다. 또 그는 전직 최고 관리의 딸을 납치해 자기 부인으로 삼기도 했다. 그의 주변에는 수많은 여성들이 있었으며, 기록에 의하면 18명의 후비(后妃)로부터 아들 18명, 딸 18명 등 모두 36명의 자녀를 낳았다고 한다. 왕자들은 이후 지방에 파견되어 그의 사후(死後)에도 그의 뜻을 받들어 전국 각지에서 남조(南朝)를 지탱하는 역할을 하였다.

그가 즉위하던 시기, 일본은 무사들이 권력을 장악하고 정치를 행하던 가마쿠라(鎌倉) 막부의 지배 아래 놓여있었다. 막부의 실권자는 호조씨(北條氏) 일족들이었다. 당시 천황 집안은 지명원통(持明院統)과 대각사통(大覺寺統)으로 나뉘어져 서로 교대로 왕위를 계승하도록 되어 있었다. 따라서 대각사통의 고다이고 천황은 자신의 왕위를 아들에게 물려주지 못하고 지명원통 쪽에 넘겨주어야 했다. 이런 체제를 뒷받침한 것은 막부이다. 고다이고 천황이 이런 상황에서 벗어나 왕위를 자기 아들에게 물려주기 위해서는 막부를 타도해야 했다.

그러나 고다이고가 꾀한 두 차례의 쿠데타는 모두 실패해, 천황은 오키(隱岐)라는 작은 섬으로 유배당하는 신세가 되었다. 그렇지만, 거기서 포기하지 않고 오키섬에서 육지의 여러 무사들에게 편지를 써서 궐기할 것을 종용했다. 고다이고 천황은 주자학의 대의명분론(大義名分論)에 따라 중국의 송나라 황제처럼 일본의 천황도 절대적인 권력을 장악하고 국정을 친히 통할해야 한다고 생각했다. 무사들이 권력을 장악하고 정치를 행하는 것은 절대로 있어서는 안 된다고 생각한 것이다.

고다이고 천황이 활동하기 약 100년 전, 고토바(後鳥羽) 상황(上皇)이 막부를 타도하고자 조큐의 난(承久の亂)을 일으켰지만 실패한다. 그러나 그때와는 달리 막부는 쇠퇴해 가고 있었다. 1274년과 1281년에 두 차례에 걸친 여몽 연합군의 침공에 맞서 싸운 무사들은 기대했던 만큼의 경제적 대가(恩賞)를 막부로부터 받지 못해 경제적으로 파탄상태에 빠져있었다. 그래서 무사들의 막부에 대한 불만은 고조되어 있었다. 막부의 실권자인 싯켄(執權)[2] 호조씨는 〈여몽 연합군의 일본 재침〉을 핑계 삼아 권력을 전제화해갔다. 그 일족들은 슈고(守護)와 지토(地頭) 자리를 더 많이 차지해 권력과 부를 한 손에 차지하게 된다.[3] 이러한 혜택을 누리지 못한 채 경제적으로 궁핍해진 무사들의 가마쿠라 막부에 대한 불평불만은 나날이 커져 갔다. 그런데도 막부의 최고 실력자인 호조 다카토키(北條高時)는 이에 아랑곳하지 않은 채 취미생활인 덴가쿠(田樂)[4]와 투견에만 빠져있었다.

이런 상황 속에서 고다이고 천황은 히노 스케토모(日野資朝)와 히노 도시모토(日野俊基)라는 근신을 중심으로 송학(宋學, 주자학)을 연구한다는 핑계로 모임을 열고 거사를 추진할 동지들을 규합한다. 거기에 행동대원으로 무사들도 끌어들였다. 그리고 지위나 신분의 차이에 상관

---

2) 막부의 무사들을 관리하는 사무라이도코로(侍所)와 재정을 관리하는 만도코로(政所)라는 두 기관을 장악하고 있던 호조씨의 우두머리를 싯켄이라고 불렀다.

3) 슈고는 가마쿠라 시대, 전국 60여 개의 지방행정단위인 '구니(國)'의 치안을 담당하는 역할이고 지토는 각 장원 내의 치안을 담당하고 세금을 거두어들이는 권한을 지니고 있었던 직책이다.

4) 헤이안(平安) 시대 중기경부터 유행한 예능으로 농경행사에 수반하는 춤과 노래에서 시작되어 뒤에는 전업(專業)으로 이를 행하는 덴가쿠 법사(田樂法師)가 출현해 그들의 조직도 생겨났다.

없이 어울려 즐기는 술자리인 '부레이코(無禮講)'라는 연회를 열고 놀았다. 가마쿠라 막부의 감시의 눈을 피하기 위해서 일부러 흐트러진 모습을 보인 것이다. 이 술자리에 함께했던 여자들의 모습에 대해 『태평기』는 "나이 17~8세 정도의 미녀들이 20여 명, 투명한 한 겹 비단옷을 입고 술을 따랐는데, 여자들의 하얀 눈 같은 살결이 비쳐서 연꽃잎에 물이 떨어지는 것처럼 아름다웠다."고 기록하고 있다.

고다이고 천황 측은 드디어 교토의 서북부에 있는 기타노텐만구(北野天滿宮)에서 열리는 축제날에 막부 측의 감시가 소홀해지는 틈을 타서 교토에 있는 가마쿠라 막부의 감시기관인 로쿠하라탄다이(六波羅探題)를 기습 공격하기로 했다. 그리고 교토 북쪽의 히에이잔(比叡山)에 있는 엔랴쿠지(延曆寺)와 교토 남쪽 나라(奈良)의 도다이지(東大寺)의 승병(僧兵)들로 하여금 거병하도록 했다. 이러한 막부 토벌 계획은 쇼추(正中) 원년(1324) 9월 23일의 축제가 열리는 당일에 거사가 거행될 예정이었지만, 거사에 참가하기로 한 무사의 배신과 고발로 실패한다.

로쿠하라탄다이는 곧바로 가마쿠라에 긴급 전령을 파견하고 교토 인근의 무사들을 소집한다. 거사 예정일의 나흘 전인 9월 19일 새벽 6시, 로쿠하라탄다이에서 출동한 약 3천 명의 병력은 거사에 참가하기로 한 무사들의 저택을 기습해 체포한다. 거사를 꾸몄던 고다이고 천황의 두 근신은 체포당해 10월 4일 아침에 가마쿠라로 압송되었다. 이를 '쇼추노헨(正中の變)'이라고 한다.

주모자 히노 스케토모는 사도(佐渡)라는 육지에서 멀리 떨어진 섬으로 유배당한 뒤 처형당한다. 히노 도시모토 역시 체포당해 가마쿠라로 잡혀갔지만, 천황의 칙사가 가마쿠라로 내려가자, 다음 해에 사면되었다. 즉, 거사 계획이 사전에 누설되어 실패로 끝나자 고다이고 천황은

교토 시내 가모가와(鴨川)에서 본 히에이잔의 모습

엔랴쿠지 근본중당의 모습

곧 가마쿠라에 사람을 보내어 "이번 일은 자신과는 아무런 관련이 없으며 모든 것은 히노 스케토모와 도시모토가 꾸민 일"이라고 변명한다. 막부도 조정과 특별히 마찰을 일으키고 싶지 않았기 때문에 이를 받아들여 관대한 조치를 취한 것이다.

거사가 실패한 뒤, 막부는 고다이고 천황에게 지명원통의 가즈히토 황태자에게 양위할 것을 정식으로 요구해 왔다. 발등에 불이 떨어진 고다이고 천황은 마침내 또다시 막부 토벌을 결행한다. 1330년 3월 8일, 고다이고 천황은 이번에도 승병들의 협력을 기대하면서 미리 아들 모리요시 왕자를 출가시켜 히에이잔 엔랴쿠지(延曆寺)의 주지로 삼아놓았다.

가마쿠라로 끌려갔다가 사면되어 돌아왔던 히노 도시모토는 다시 기나이(畿內) 지방을 돌아다니면서 막부 토벌에 가담할 것을 권유하는 적극적인 활동을 전개한다. 이에 응해 나라와 히에이잔의 주요 사찰들은 로쿠하라탄다이의 감시를 피해, 고다이고 천황의 밀명을 받들어 막부 토벌을 기원하는 의식을 열었다.

이 당시 지명원통 측에서도 고다이고 천황의 거사 계획을 알아차리고 "고다이고 천황을 퇴위시키고 우리 황통의 황태자를 즉위시킬 절호의 기회가 왔다."고 기뻐하며 밀사를 가마쿠라에 파견해 거사 계획을 밀고했다. 고다이고 천황은 이번에는 막부가 그냥 넘어가지 않으리라 생각하고 궁궐을 탈출한다. 이렇게 해서 고다이고 천황의 두 번째 막부 타도 계획인 '겐코(元弘)의 난'이 시작된다.

2. 고다이고, 가사기산으로 도주하다

고다이고는 1331년 8월 24일 체포를 피하기 위해 궁궐을 몰래 빠져나왔다. 그때 그는 히에이잔으로 올라가려고 했다. 히에이잔 엔랴쿠지는 고다이고 천황의 편이었다. 이에 아들 모리요시 왕자는 히에이잔의 승병 3천 명을 모아서 경비를 강화하고 부왕(父王)을 그곳에 모시기로 했다. 그리고 막부의 토벌대를 맞이해 싸우면서 전국의 무사들이 거병해 모여들 때까지 기다리기로 했다. 그는 서둘러 고다이고 천황이 있는 곳에 사람을 파견했다.

이 무렵, 고다이고 천황에게도 "로쿠하라탄다이의 토벌대가 (자신을 체포하기 위해) 출동 준비를 서두르고 있다."는 정보가 들어왔다.

가사기산에서의 천황의 군대와 로쿠하라탄다이 군의 격투 장면을 형상화한 가사기역 앞의 조형물

고다이고는 천황의 지위를 상징하는 삼종(三種)의 신기(神器)를 싣고 궁녀로 변장한 뒤, 궁녀들이 타는 수레를 타고 궁궐을 빠져나왔다. 그리고 그 길로 히에이잔을 향해 달렸다. 그러나 교토 북쪽에 위치한 히에이잔으로 향하는 길에는 이미 로쿠하라탄다이가 파견한 병사들이 삼엄한 경비를 펼치고 있었다. 고다이고는 곧바로 측근 신하를 불러서 자기 대신 천황으로 변장하게 한 뒤, 샛길을 이용해 히에이잔으로 올라가도록 했다. 그리고 자기는 방향을 바꿔 남쪽에 위치한 나라(奈良)를 향해 내려갔다.

이에 앞서 고다이고 천황은 도다이지(東大寺)에 몰래 사람을 파견해 나라로 행차할 것을 알렸기 때문에 천황은 승려들의 호위를 받으며 무사히 도다이지에 들어갈 수 있었다. 그런데 도다이지에 도착해보니 나라의 사원 병력은 예상했던 것보다 턱없이 부족했다. 더욱이 승려들이 파벌 싸움을 벌여 분열 대립해 있었다. 그중에는 가마쿠라 막부를 지지하는 승병들의 세력도 적지 않았다. 그래서 고다이고는 가사기산으로 옮겨가기로 했다.

가사기산은 높이가 290미터 정도밖에 되지 않지만 산 주변이 기즈가와(木津川)가 흐르는 계곡으로 둘러싸여 있어서 적병이 손쉽게 접근하기 어려운 지형 조건을 갖추고 있었다. 그래서 산 정상에 있는 가사기데라(笠置寺)를 임시 거처로 삼고 초소와 목책을 세웠다.

로쿠하라탄다이에서는 고다이고 천황이 히에이잔으로 올라갔다고 생각하고 있었다. 그래서 2천의 병력을 동원해 쳐들어갔다. 한편 히에이잔의 승병들은 자기들이 천황을 모시고 있다고 믿고 있었다. 그래서 그들은 전력을 다해 로쿠하라탄다이가 파견한 토벌대와 싸웠다. 그때, 천황을 더 안전한 곳으로 모시기 위해 승도들이 몰려왔는데 때마침

가사기산의 고다이고 천황의 행재소 터임을 알리는 알림판

가사기산은 1331년 8월 27일에 교토의 궁궐을 탈출한 고다이고 천황이 임시 피난처로 삼은 곳으로 그 정상은 해발 290미터이다. 천황 측의 군사 2500명은 로쿠하라탄다이 측의 토벌대 75000이라는 대군을 상대로 약 한 달 동안이나 공방을 벌였다. 그러나 마침내 9월 28일 한밤 중에 불어온 비바람을 이용해 50명의 결사대가 야습을 감행해 불을 놓았다.

가사기산에서 내려다보는 주변의 모습

강한 바람이 불어서 천황이 앉아 있던 가마의 주렴이 들어올려졌고 안에 있는 사람이 천황이 아니라 측근 신하였음이 드러났다. 그러자 실망하여 분노한 승도들은 전열에서 이탈해 뿔뿔이 흩어졌다. 모리요시 왕자 일행과 가짜 천황으로 분장한 신하도 모두 히에이잔을 내려와 고다이고가 있는 가사기산을 향해 갔다.

3. 일본을 대표하는 충신, 구스노키 마사시게의 등장

오늘날 일본의 충신으로 대표적인 인물이 누구냐고 일본인들에게 묻는다면, 거의 대부분 바로 이 시대에 활약한 무사 구스노키 마사시게(楠木正成)라고 말할 것이다. 이는 1897년 이후부터 지금까지 천황이 거주하는 도쿄성(東京城) 앞의 황거(皇居) 광장에 그가 말 탄 무사의 동상으로 서있는 것만 봐도 잘 알 수 있다.

천황이 거주하고 있는 도쿄성 앞 광장에 서 있는 구스노키 마사시게의 동상

『태평기』를 보면, 마사시게는 고다이고의 꿈속에서 최초로 등장한다. 쿠데타 계획이 발각되어 가사기산에서 농성하고 있을 때의 일이다. 『태평기』 권제3. 「선제(先帝), 가사기산으로 도피한 일(先帝笠置臨幸の事)」에는 고다이고와 마사시게의 만남을 다음과 같이 기록하고 있다.

겐코(元弘) 원년(1331) 8월 27일, 고다이고 천황은 가사기데라(笠置寺)로 행차해, 본당(本堂) 건물을 임시 거처로 정했다. 처음 며칠 동안에는 눈치를 보느라 이곳으로 오는 사람이 없었다. 그런데 히에이잔의 기슭에 위치한 히가시사카모토(東坂本)에서 천황의 부대가 승리했다는 소식이 알려지자, 인근 지역 무사들이 몰려오기 시작했다. 그렇지만 그중에 용맹하기로 유명한 무사는 한 사람도 보이지 않았다.

이래서야 천황을 경비하는 것도 어려울 것이다, 라고 걱정하던 어느 날, 고다이고가 꿈을 꾸었는데 꿈속 장소는 궁궐 안에 있는 시신덴(紫宸殿) 앞마당이었다. 거기에는 큰 상록수 한 그루가 푸른 나뭇잎이 무성하게 나있고, 가지가 남쪽으로 아주 힘차게 펼쳐져 있었다. 그 나무 밑에 많은 고관들이 각자의 자리에 앉아있었다. 남쪽을 향하고 있는 상석(上席)에는 귀인을 위해 다다미(疊)를 높게 깔아놓았는데, 아직 아무도 앉아있지 않았다. 천황은 꿈꾸듯 황홀한 기분이 되어 "도대체 누구를 앉히려고 준비한 자리인가?"라고 의아하게 여기면서 일어섰다. 그러자 머리카락을 미즈라(角髮)[5] 형태로 묶은 동자(童子) 두 명이 갑자기 나타나서 천황 앞에 무릎을 꿇고 눈물을 흘리며 다음과 같이 아뢰었다.

"이 세상에는 잠시라도 폐하의 몸을 숨길 곳이 없습니다. 그렇지만 저 나무 그늘에 남쪽으로 뻗은 가지 밑에 자리가 있습니다. 그것은 폐하를 위해 마련한 옥좌(玉座)입니다. 잠시 동안 거기로 가시기 바랍니다."

그런 뒤 동자들은 저 멀리 하늘 높은 곳으로 사라졌다. 천황은 꿈이 깬 뒤 곰곰이 생각했다. 그리고 "하늘이 나에게 계시를 내리는 것이다"라고 여기고 글자(漢字)로 풀어 그 꿈의 의미를 점쳐보니, 나무

---

5) 일본 고대(古代) 남성들의 머리 스타일로 머리 윗부분을 중앙에서 좌우로 나누어 귀 근처에서 묶어서 귀 앞에서 늘어뜨린 것. 나라 시대에는 소년의 머리 스타일이 된다.

미나토가와 신사의 전시관에 있는, 고다이
고 천황이 꿈속에서 보았다는 나무 아래에
놓여진 천황의 의자

(木)에 남(南)이라고 쓰자 '구스노키(楠
木)'라는 글자가 되었다. 그 나무 그늘
에서 남쪽을 바라보라는 것은, 천자(天
子)는 항상 남쪽을 향해 앉게끔 되어 있
었기에, 자신이 다시금 백성들을 다스
리게 된다는 계시라고 해몽(解夢)했다.
그러자 다시금 희망이 솟아났다.

그다음 날 아침, 이 가사기데라의 승
려를 불러 "혹시 이 근방에 구스노키(楠
木)라는 무사가 있는가?"라고 묻자, 승
려는 머리를 조아리고 "이 근처에 그러
한 성을 지닌 자가 있다는 말은 들은 적
없습니다. 그러나 가와치(河內)의 곤고
잔(金剛山) 서쪽에 '구스노키다몬효에
마사시게(楠木多聞兵衛正成)'라는 무예
가 뛰어나기로 유명한 사람이 있다고
합니다."라고 답했다.

천황은 "그렇다면, 어제 밤 꿈은 이
것을 의미하는 것이구나."라고 생각하
고 곧바로 마사시게를 데려오게 했다.
마사시게는 고다이고의 부름을 받고
"나 같은 사람을 천황 폐하께서 알아주시다니, 이보다 더한 명예는
없다."고 하면서 곧바로 가사기산으로 달려갔다.

천황은 측근 신하를 통해 말씀하시길, "막부를 정벌하기 위해 그대
에게 칙사를 보냈는데, 조금도 주저하지 않고 달려왔으니 폐하께서
크게 기뻐하는 바이다. 그러면 천하통일을 시작하는 데 어떤 방책을
쓰면 단숨에 승리해 천하를 태평하게 할 수 있을지, 생각하는 바를
조금도 거리낌 없이 아뢰어라."라고 했다.

마사시게는 머리를 조아리고 다음과 같이 진언(進言)했다.

"막부의 최근 악역(惡逆)은 천벌을 받아 마땅합니다. 폐하께서 하늘을 대신하여 벌을 내리시고자 하는 데 어찌 어려움이 있겠습니까? 그렇지만, 천하통일을 달성하기 위해서는 무략(武略)과 지모(智謀), 이 두 가지가 모두 필요합니다. 만약 무력으로 싸우고자 한다면, 일본 전국 60여 주(州)의 무사들을 모아서 막부가 있는 무사시(武藏, 도쿄)와 사가미(相模, 가나가와현)의 2주의 세력에 대항한다고 해도 이기기 어려울 것입니다.

그러나 만약 책략을 사용해서 싸운다면, 막부의 무력을 깨트리고 굳건한 방어를 격파하는 것은 어렵지 않습니다. 이기고 지는 것은 전쟁에서 흔히 있는 일이오니 한 차례의 승패에 지나치게 연연하지 않도록 하십시오. 마사시게 이 한 몸이 아직 살아있다는 소식을 들으시면 폐하의 운은 결국에는 열릴거라고 생각해주십시오."

그리고 마사시게는 돌아갔다. 이 이야기는 물론 사실이 아니다. 마사시게의 등장을 신비스럽게 다뤄 독자들의 흥미를 높이기 위해 무사들의 활약상을 다룬 군기물(軍記物)인 『태평기』가 지어낸 이야기이다.

4. 고다이고 천황, 오키섬으로 유배당하다

가사기산 정상에 있는 천황의 부대는 불과 2천여 명밖에 되지 않았지만, 로쿠하라탄다이의 토벌대는 7만 5천 명이나 되었다. 천황의 부대는 20여 일 동안이나 잘 버티고 있었다. 그러나 막부의 토벌대가 연이어 도착해 가세하자 더 이상 버틸 수 없게 되었다. 어느 날 적병이 몰아치는 비바람을 이용해 성안으로 침투해 불을 놓았다. 그러자 가사기산의 고다이고의 부하들은 더 이상 저항할 수 없게 되었다. 고다이고는 가사기산을 버리고 탈출해 마사시게가 있는 곳으로 가서 다시 기회를 노리기로 했다. 성을 벗어난 천황 일행은 산속을 사흘 동안 길을 잃고 헤매다가 적군에게 잡히고 말았다. 이때, 고다이고를 따르는 사람은 둘밖에 없었다. 고다이고는 머리가 풀어헤쳐지고 한 벌만 겨우 입은 초라한 행색을 하고 있었다. 역대 천황 중에서 몸소 산성에서 농성한 뒤, 적에 쫓기는 신세가 되어 내리는 빗속에서 며칠씩 굶으며 떠돌아다녔던 사람은 고다이고 천황밖에 없었다.

산속에서 헤매던 고다이고는 때마침 옆을 지나가던 시골 무사에게 붙잡혀 로쿠하라탄다이가 있는 교토로 송환되어 감금당했다. 고다이고를 따르던 대부분의 측근 신하들도 이미 다 체포당한 상태였다. 단지 아들 모리요시 왕자만 잡히지 않았다.

다음 해인 1332년 3월 7일, 고다이고 천황은 오키(隱岐)섬으로 유배의 길을 떠났다. 천황이 탄 수레가 어느 지방에 머물렀을 때, 고지마 다카노리(兒島高德)라는 무사가 몰래 숙소의 뜰에 숨어들어와 벚꽃 나뭇가지를 꺾어서 "중국의 월왕(越王) 구천(勾踐)을 위해 범려(范蠡)라는 충신이 나타난 것처럼, 멀지 않아 전국에서 천황 폐하를 위해 의병들이 들고일어날 것입니다."라고 천황을 위로했다고 『태평기』는 기록하고 있다.

5. 모리요시 왕자, 게릴라전을 전개하다

모리요시(護良)는 고다이고가 오키섬에 유배당한 뒤에도 요시노(吉野)와 구마노(熊野) 지방의 깊은 산속에서 막부의 토벌대와 싸웠다. 그는 가사기 산성이 함락되자 시기산(信貴山) 비샤몬도(毘沙門堂)에 숨어들어갔다. 이어서 나라(奈良)의 한냐지(般若寺)에서 은신했다. 이 사실을 안 막부 측의 승려가 승병 500명을 이끌고 한냐지를 습격했다. 모리요시는 이제 죽을 때가 왔다고 여기고 자살하려고 했다. 그러다가 불경을 넣는 상자 속에 숨어들어가 겨우 위기를 모면했다. 그 뒤에 부하 무라카미 요시테루(村上義光) 등과 함께 기도사(祈禱師)인 야마부시(山伏)의 모습으로 변장하고 구마노 지방으로 향했다. 그러나 믿고 있었던 구마노의 승병들은 모리요시에 협력하려고 하지 않았다. 그래서 그는 요시노를 근거지로 삼고 다시 활동을 시작했다. 그러다가 죽은 줄로만 알고 있던 구스노키 마사시게가 살아있다는 소식을 들었다. 마사시게는 게릴라전을 전개한 끝에 마침내 아카사카 성을 탈환하고 이후에도 막부의 토벌대를 격파했다. 이처럼 모리요시 왕자와 마사시게의 활동이 다시 활기를 띠기 시작하자, 가마쿠라 막부는 1333년 1월 16일에 토벌대 6만 대군을 파견해 모리요시 왕자와 마사

말을 탄 모리요시 왕자의 모습

시계를 토벌하도록 한다.

요시노로 온 토벌대의 무사 한 명이 밤에 몰래 성 안에 들어와 불을 놓자 이를 신호로 토벌대의 대군이 공격해 들어왔다. 모리요시는 이제는 모든 것이 끝이다, 라고 여기고 자오도(藏王堂) 앞 큰 뜰에 천막을 치고 마지막 연회를 열었다. 왕자의 갑옷에는 화살이 7개 박히고 뺨과 두 팔에 부상을 입었다. 정면 방어선도 격파당해, 적군과 아군의 함성 소리가 모리요시 왕자가 연회를 열고 있는 자오도 앞까지 들려왔다. 이때 부하 무라카미 요시테루가 피 묻은 칼을 들고 달려와서 자기가 왕자의 갑옷을 대신 입고 왕자인 척 할 터이니 빨리 여기를 벗어나 피신할 것을 청했다.

모리요시는 그의 말에 눈물을 머금고 부하 몇 명만을 데리고 성을 빠져 나와 고야산(高野山)을 향해 도주했다. 요시테루는 이 광경을 보

자오도의 모습

모리요시 왕자의 진영 터

고 난 후, 성문 앞 망루 위로 올라가서 토벌대를 향하여 다음과 같이
외쳤다.

"이 몸은 고다이고 천황의 왕자 모리요시다. 너희들과 같은 역적놈
들 때문에 곧 죽겠지만, 저승에 가서도 이 원한을 갚기 위해 이제 자
결하겠다. 이 모습을 잘 보고 너희들도 무운(武運)이 다해 할복할 때
이처럼 하라!"

그리고 갑옷을 망루 아래로 던지고는 배를 한 일자로 긋고 내장을
손으로 쥐어 초소 아래로 던진 후, 칼이 꽂힌 채 앞으로 엎어지면서
뛰어내려 숨을 거두었다.
숨을 멈추고 쳐다보던 토벌대 병사들은 정말로 왕자가 자살했다고
믿고 서로 그 목을 잘라서 상을 받기 위해 앞 다투어 망루 쪽으로 달려

갔다. 왕자의 목을 확보했다고 의기양양해서 교토로 돌아온 토벌대 대장은 나중에 그것이 가짜임을 알고, 속은 것에 분통해 했다.

6. 구스노키 마사시게,
가마쿠라 막부를 붕괴시키는 사투를 시작하다

고다이고의 거병에 대응해 가장 이른 시기에 호응한 것이 구스노키 마사시게였다. 그는 자기 집이 있는 아카사카(赤坂)와 지하야(千早)에 성을 쌓고 막부의 토벌대를 기다렸다.[6] 그때는 이미 고다이고 천황이 오키섬으로 유배당한 뒤였다. 그는 소수의 병력을 가지고 막부의 대규모 토벌대와 끝까지 사투를 벌여 선전했다.

아카사카 마을은 산촌(山村)이다. 마사시게는 이 산악 지형을 교묘하게 이용해 높은 곳에서 통나무를 굴리기도 하고 돌을 던지기도 하는 등, 산악전과 농성전, 그리고 게릴라전을 적절하게 구사해 막부의 토벌대를 괴롭혔다. 이처럼 마사시게가 막부의 대군을 맞이하여 용감하게 잘 싸우고 있다는 소식은 막부의 눈치만 보면서 숨을 죽이고 있던 전국의 많은 무사들에게 용기를 주어 그들이 일제히 궐기하는 계기를 만들어 주었다. 이러한 마사시게의 분전은 결국은 가마쿠라 막부가 붕괴하는 계기가 된다.

그의 근거지 아카사카 마을은 대도시 오사카(大阪)에서 그다지 멀지 않다. 간사이(關西) 공항에서 차를 타고 다리를 건너 육지 쪽으로 접근

---

6) 아카사카, 지하야 마을은 현재 오사카부 미나미가와치군(南河內郡)에 속해있다.

아카사카 성의 모습

아카사카 성의 위에서 내려다본 모습. 가파른 경사를 확인할 수 있다.

해가다 보면, 멀리 정면에 산맥이 보인다. 이 산맥을 따라 북쪽으로 차를 달려 사카이시(堺市) 근처까지 가면 오른쪽으로 보이는 산맥의 높은 곳에 아카사카 마을이 있다. 그리고 이 마을과 부근 몇 개 마을의 수호신 역할을 하는 것이 다케미쿠마리(建水分) 신사이다. 이 마을의 유력한 토호였던 마사시게의 집터는 가까운 초등학교 안에 있었다고 한다.

7. 전국의 무사들이 거병하기 시작하다

막부의 토벌대는 1333년 2월 22일에 구스노키 군의 본부인 아카사카 성을 공격하기 시작했다. 이에 대응해 마사시게는 얼마 되지 않은 병력으로 농성전을 전개하고 있었다. 마사시게는 병력이 소수인데도 지형을 잘 이용한 전법으로 적을 괴롭히고 있었다. 막부의 토벌대는 사상자만 늘어날 뿐 쉽게 성이 함락되지 않자, 정면 공격을 포기하고 성 안으로 통하는 송수관을 끊고 식수가 떨어지기를 기다리는 '단수(斷水)' 작전을 펼쳤다. 그러자 성 안의 병사들 중에는 목이 말라서 더 이상 견디지 못하고 항복하는 사람도 나왔다. 결국 마사시게는 아카사카 성을 포기하고 아카사카 성과 산줄기로 연결되어 있는 곤고잔(金剛山) 기슭에 있는 지하야성(千早城)으로 옮겨갔다. 높이 약 200미터, 주위 약 1리(里)에 불과한 작은 성이다.

『태평기』권제7. 「전국의 병력들이 시와야로 출발(諸國の兵, 知和屋へ 發向の事)」에는 마사시게의 활약을 다음과 같이 기술하고 있다.

원래 이 성의 동쪽과 서쪽은 깊은 계곡이어서 사람들이 올라올 수 없다. 남쪽과 북쪽은 곤고잔(金剛山)과 연결되어 있으며 산 정상부(頂上部)는 고립되어 있다. 그렇지만 높이는 2정(町, 약 220미터) 정도이고, 주위가 1리(里)도 채 되지 않는 작은 성이기 때문에, 손쉽게 점령할 수 있을 것이라 여겼다. 그래서 막부의 토벌대는 처음 하루 이틀 동안에는 진영도 구축하지 않고 공격 준비도 갖추지 않은 채 앞 다투어 성 입구까지 공격해 올라갔던 것이다.

성안의 병사들은 조금도 동요하지 않고 조용히 침묵을 지키고 있었다. 그리고 높은 초소 위에서 큰 돌을 계속 아래로 내던져 나무판자로 만든 적의 방패를 산산 조각냈다. 또한 공격하던 적병들이 허겁지겁 도주하자, 재빨리 연속적으로 화살을 쏘아댔다. 그러자 적들이 사방 언덕에서부터 굴러떨어져 쌓여갔다. 부상당해 죽는 자가 하루에도 5~6백 명이나 되었다.

마사시게의 전법, 즉 산성을 쌓고 농성하는 것은 당시 기나이(畿內) 지방의 아쿠토(惡黨)[7]들이 자주 사용한 전법이었다. 남북조 시대에 들어오면서 전투는 그때까지 보편적으로 행해지고 있던 '기마무사들의 일대일 대결'이라는 양상에서 벗어나 보병들의 싸움으로 변해가고 있었다. 마사시게가 막부의 대군을 상대로 지속적으로 승리할 수 있었던 것은 산악지형을 활용한 농성전(籠城戰)과 게릴라 전술을 활용했기 때문이었다. 특히 그가 현지 토호의 협력을 얻어, 이 새로운 전법을 최초로 그리고 대규모로 적용한 것이 그가 성공할 수 있었던 가장 큰 요인이었다.

---

7) '아쿠토'는 가마쿠라 막부의 통치에 저항하는 소위 '반체제 무사들'을 의미하지만, 그 용례가 광범위하여 아직까지 학계에서 그 정의가 완전히 정해지지 않았다.

그런데 고려 말에 침구해온 왜구들 역시 이들 남북조 시대의 일본 무사들과 완전히 똑같은 전술을 쓴다. 즉 산악지형을 이용한 농성전과 게릴라전이다. 섬진강을 따라 내륙 깊숙이 침투한 왜구들은 지리산을 거점으로 농성전과 게릴라전을 전개해, 이를 토벌하기 위해 출동한 고려의 장수들을 괴롭혔다. 지리산에는 이성계가 왜구를 토벌할 때 칼로 내리쳐 두 동강이를 냈다는 전설이 전해지는 '칼바위'가 있다.

마사시게가 지하야성에서 대규모 토벌대를 맞이해 선전(善戰)하는 것을 보고, 전국의 반 막부 세력들이 용기를 얻어 여기저기에서 궐기하기 시작한다. 1333년이 되자, 하리마(播磨, 효고현 일대)의 사요노쇼(佐用庄)의 지토(地頭) 아카마쓰 엔신(赤松円心)이 모리요시의 지령을 받고 거병한다. 명령서 안에는 만약 거사에 참가하면 하리마 지방의 슈고(守護) 자리를 주겠노라고 쓰여 있었다. 엔신은 오키섬에 유배당한 고다이고 천황 측에 가담하기로 결심하고 자기 집 뒷산에 성채를 짓고 인근 무사들을 불러 모았다.

세토나이카이(瀬戸内海)의 남쪽에 있는 시코쿠(四國) 지방에서도 윤2월, 이요(伊子, 에히메현) 지방의 호족인 도이 미치마스(土居通増) 등이 거병한다. 규슈에서는 히고(肥後)의 기쿠치 다케토키(菊池武時)가 아소 화산으로 유명한 규슈의 호족 아소씨(阿蘇氏)를 끌어들여 봉기한다. 그리고 3월 13일에 기쿠치 다케토키가 진제이탄다이(鎮西探題) 호조 히데도키(北條英時)를 공격했다. 그런데 이 공격 계획은 원래 쇼니씨(少貳氏)가 주도한 것이었다. 거기에 기쿠치씨와 오토모씨(大友氏)를 끌어들인 것이었다. 그런데 뒤에 중앙에서의 상황이 고다이고 천황이 불리하게 전개되자, 쇼니 사다요리는 자신이 주도한 규슈탄다이 공격 계획을 기쿠치씨가 한 것처럼 꾸미고 고자질하고 말았다. 그리고 기쿠치씨와 약속했던 장소에 나타나지 않았다. 이 사실을 알았지만 기쿠치 다케토키와 그 아들은 용감히 싸우다가 전사한다. 이러한 쇼니씨의 배신은 이후에 기쿠치씨와 쇼니씨의 대립과 갈등의 한 원인이 되었다. 어쨌든 기쿠치 씨의 거병은 규슈 지역에 최초로 반(反) 막부의 기치(旗幟)를 세운 것이었다.

이런 각지의 거병 소식은 로쿠하라탄다이와 막부 당국자들을 당황하게 했다. 그리고 더 충격적인 소식이 전해졌다. 고다이고 천황이 오키섬에서 탈출한 것이다.

8. 고다이고 천황, 오키섬에서 탈출하다

유배지로 유명한 오키섬에서 고다이고 천황은, 육지로부터 전해진 여러 무사들의 거병 소식을 듣고 동요하기 시작한 현지 무사들의 도움으로 1년 만에 섬을 탈출했다. 천황이 탄 배는 호키(伯耆, 돗토리현) 지방의 나와미나토(名和湊)에 도착했다. 고다이고는 이 지방의 호족인 나와 나가토시(名和長年)에게 도움을 요청했다. 나가토시는 그날 중으로 천황을 센조산(船上山) 꼭대기의 지샤쿠지(智積寺)로 모시고 농성전(籠城戰) 준비에 착수했다. 전투에 필요한 병량(兵糧)을 조달하기 위해 그는 쌀을 자기 집에서 산꼭대기까지 운반하면 일당(日當) 500문을 주겠노라고 하며 농민을 모았다. 그러자 농민들 5~6천 명이 모여 하루 만에 5천 석이나 되는 쌀을 운반해 버렸다. 나가토시는 자기 집에 불을 질러 태워버리고 배수진(背水陣)을 친 뒤, 일족 150여 명과 함께 적의 토벌대가 오기를 기다렸다.

나가토시는 센조산에 아군 병력이 많이 있는 것처럼 보이기 위해, 흰색 광목(白布)으로 500개의 깃발을 만들어 무사들의 문장을 그려서 산봉우리에 세우기도 하고 나무의 높은 가지에 묶기도 했다. 깃발은 바람에 휘날려 마치 대군이 모여 있는 것처럼 보였다.

"천황이 센조산에 계신다."는 소문을 들은 인근의 무사들이 각각 부하들을 이끌고 속속 모여들기 시작했다. 산 위에서는 연회가 열려 고다이고는 나가토시를 호키(伯耆)의 국수(國守)에 임명하고 나와씨(名和氏)의 가문 문장(紋章)으로, 자신이 오키섬 탈출 때 탔던 '돛이 달린 배의 모습'을 사용하도록 허락했다. 또한 고다이고는 센조산에서 전국 각지로 역적을 토벌하라는 명령서를 보냈다.

9. 아시카가 다카우지, 드디어 거병하다

천황을 모시고 오키섬에서 탈출한 지쿠사 다다아키(千種忠顯)는 1333년 3월 중순에 1천여 기의 병력으로 센조산을 출발해 교토로 향해 갔다. 도중에 각지에서 합세해 무사들이 1만 명 이상으로 늘어났다. 그러나 교토의 정세는 반드시 유리한 것만은 아니었다. 교토에 가장 먼저 입성한 아카마쓰 엔신도, 모리요시 왕자의 명령에 따르고 있던 히에이잔의 승병들도 막부의 부대와 싸워 패하자 위축되어 있었다.

지쿠사 다다아키는 아군과 서로 연락을 취하며 협력해야 했지만 공명심에 사로잡혀 병력의 숫자가 많은 것만 믿고 단독으로 교토의 로쿠하라탄다이를 향해 진격해 갔다. 그러나 곧바로 격파당하고 말았다.

고다이고 천황의 탈출 소식과 천황의 군대가 교토로 진입했다는 소식이 연달아 들어오자 가마쿠라 막부는 큰 충격을 받는다. 막부는 아시카가 다카우지(足利尊氏)를 사령관으로 하는 대규모의 토벌대를 출동시켰다. 여기서 다카우지에 대하여 구체적으로 살펴보기로 하자. 당시 사람들은 다카우지를 다음과 같이 평가했다.

전장에서도 웃음을 띠고 두려워하는 기색이 없고, 원수(怨讐)도 용서할 줄 알았으며, 또 남에게 재물을 나눠주는 것도 아까워하지 않았다.

이러한 평가를 받았던 다카우지는 당시 무사들이 이상형으로 여겼던 인물형이었다. 고다이고 천황이 막부 타도 계획을 세우고 지시한 인물이라면 모리요시 왕자와 구스노키 마사시게는 최초의 행동 대원이었다. 그리고 막부의 멸망을 결정지은 것은 아시카가 다카우지였다.

다카우지는 가마쿠라 막부의 멸망은 시간문제라고 여기고 있었다. 막부의 최고 권력자 호조 다카토키(北條高時)도 이런 다카우지의 마음을 믿지 못했는지, 그를 토벌대의 사령관으로 임명한 뒤, 출정에 앞서 배반하지 않겠다는 서약서를 쓰게 했다. 그리고 그 처와 4살 된 아들을 인질로 삼았다. 다카우지는 3천여 기를 거느리고 가마쿠라를 출발했다.

다카우지는 교토로 가서 자기 집안의 땅이 있는 단바(丹波, 京都府)의 시노무라(篠村)에 들어가 진을 치고 시노무라하치만(篠村八幡) 신사에 참배하고 막부를 토벌하기 위해 거병한다. 다카우지가 다른 무사들에게 연락해 함께 막부에 대항해 싸울 것을 요청하자, 사방에서 무사들이 모여들었다. 다카우지는 자신이 권력을 장악하기 위해 거병한 것이

시노무라 하치만구의 모습

아시카가 다카우지가 거병한 곳

지, 결코 고다이고 천황을 위해 거병한 것은 아니었다.

그런데 이런 다카우지를 라이벌로 여기고 있던 무사가 닛타 요시사다(新田義貞)였다. 닛타씨(新田氏)는 고즈케(上野, 群馬縣)의 닛타노쇼(新田庄)라는 장원을 최초로 개발한 영주였다.[8] 닛타씨는 아시카가씨와 함께 세이와겐지(清和源氏)[9]의 주류(主流)로 조상이 같았을 뿐 아니라 아시카가씨보다 오히려 더 적통(嫡統)에 가까웠다. 그런데 다카우지는 가마쿠라 막부의 중요한 인물 중 한 명이었지만 요시사다는 당시까지 거의 무명(無名)에 가까운 시골 무사에 불과했다. 고다이고 천황은 이러한 닛타 요시사다의 다카우지에 대한 라이벌 의식을 이용한다.

---

8) '닛타노쇼'는 현재 군마현 오타시(太田市)에 있다.

9) 간무헤이씨(桓武平氏)와 함께 일본 무사단의 양대 계보를 이루는 무사단.

10. 로쿠하라탄다이의 무사 400여 명 할복자살하다

다카우지는 마침내 2만 3천의 병력을 이끌고 교토로 돌입했다. 반란군 토벌대장인 다카우지가 막부를 배반하고 고다이고 측에 가세했다는 소식을 들은 로쿠하라탄다이(六波羅探題)의 두 책임자 호조 나카토키와 호조 도키마스는 큰 충격을 받고 대책 마련에 고심했다. 그 결과 마사시게를 토벌하기 위해 지하야성을 포위하고 있던 병력 2만 명을 급히 교토로 철수시키기로 한다.

그러나 때는 이미 늦었다. 5월 7일 이른 아침, 적군 약 3만 명이 동시에 세 방향에서 교토로 쳐들어 왔다. 로쿠하라탄다이의 병력은 1만, 해가 질 무렵까지 힘껏 싸웠지만, 시간이 흐를수록 패색이 짙어갔다. 나카토키와 도키마스는 고곤 천황, 고후시미 상황, 하나조노 상황을 대동하고 한밤중에 가마쿠라를 향해 도주하기로 했다.

천황 일행 30명을 1천 기의 무사가 경호하면서 오사카야마(逢坂山)[10]를 넘어서 세타(瀨田)의 오하시(大橋)[11]까지 왔을 때는 날이 밝기 시작한 뒤였다. 따라오는 무사들은 어느 새 반으로 줄어들어 있었다. 그리고 고곤 천황은 왼쪽 허벅지에 화살을 맞은 상태였다.

동쪽을 향해 서둘러 행군해 그날 밤에는 아군의 성에서 보냈다. 다음 날 에치가와(愛知川)[12]를 건넜을 때, 일행의 후방을 경호하던 무사가 일행을 버리고 부하들을 거느리고 사라져버렸다. 쫓기는 기분으로 반

---

10) 현재의 시가현(滋賀縣) 오쓰시(大津市) 서쪽에 위치하는 표고 325미터의 산.
11) '세타노가라하시(瀨田の唐橋)'라고도 한다. 세타가와(瀨田川)에 걸려있는 다리.
12) 시가켄 동부를 흐르는 요도가와(淀川) 수계(水系)의 일급 하천.

바(番場)[13]역에 도착했을 때, 나카토키는 약 3천 명의 노부시(농민군)에게 포위당한 사실을 알게 되었다. 그러자 나카토키는 "어차피 죽을 바에야 노부시 따위의 손에 당하는 것보다야…" 하고 죽기를 결심하고, 고곤 천황 등 19명의 왕족과 공경 대신, 궁녀들을 렌게지(蓮華寺)로 옮긴 뒤, 일족 432명과 절 앞뜰에서 집단자결을 했다.

『태평기』권제9. 「반바에서의 할복(番場にて腹切る事)」는 다음과 같이 묘사하고 있다.

로쿠하라탄다이의 책임자 호조 나카토키(北條仲時)는 한동안 심복 부하인 사사키 도키노부가 도착하기를 기다리고 있었다. 그러나 시간이 지나도 아무 기별이 없자, 믿었던 부하도 변심해 이제는 적 편이 되고 말았다고 생각했다. 나카토키는 부하들에게 이렇게 말했다. "막부의 운도 이미 기울었다. 우리 호조 집안의 멸망이 가까워졌음을 알고 있으면서도 무사의 명예를 소중히 여기어, 평소의 친분을 잊지 않고 여기까지 따라와 준 제군들에게 감사드린다. 일가의 운명이 이미 다 되었으니, 언제 어떻게 이 은혜를 갚을 수 있을지 모르겠다. 그래서 이제는 내가 여러분들을 위해 할복해 지금까지의 은혜를 갚고자 한다. 나카토키는 불초한 몸이지만, 막부 제일가는 씨족 호조씨의 일원이다. 그러니 내 목을 가지고 간다면 적들은 반드시 제군들에게 높은 지위를 내릴 것이다. 자, 나카토키의 목을 가지고 적에게 넘겨줘서 (호조씨를 따랐다는) 과거의 죄를 용서받기 바란다."고 한 뒤, 말이 다 마치기도 전에 나카토키는 갑옷을 벗고 맨몸 상태에서 종횡으로 열십자(十字)로 배를 가르고 쓰러졌다.

가스야 사부로 무네아키(糟谷三郞宗秋)는 이 모습을 보고 갑옷 소

매에 뚝뚝 떨어지는 눈물을 닦으면서, "이 무네아키가 먼저 할복해서 저 세상으로 가는 길을 안내하려고 했는데, 주군께서 먼저 가시다니 유감입니다. 이승에서는 주군의 마지막 가는 모습을 지켜보았습니다. 앞으로는 저승이라고 해서 주군을 먼저 보내는 일은 없을 것입니다. 잠시 기다려 주소서. 죽음의 산과 저승으로 가는 강을 동행하겠습니다."고 말하고 나카토키의 배에, 손잡이까지 박혀 있는 칼을 잡고서 자기 배를 여덟팔자(八字)로 가르고, 나카토키의 허벅지를 껴안고 쓰러졌다. 무네아키의 충의가 무사들의 마음 속 깊이 그리고 엄숙하게 스며들었다.

그러자 일동은 "바로 지금 나카토키 님이 하신 말이 귓전에 맴돌아 견딜 수가 없다. 충의를 다하고자 하는 마음이 누가 가스야보다 못하겠는가?"라면서 모두 갑옷을 벗고 432명이 동시에 할복 자결했다.

그들이 흘린 피는 사람들의 몸을 적셔서 마치 황하가 흐르는 것

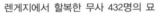

렌게지에서 할복한 무사 432명의 묘

같았다. 또 이들의 사체는 뜰에 가득 차서 마치 해체된 짐승들의 고기와 같았다. 당나라 때의 기해년(759)에 일어난 안록산(安祿山)과 사사명(史思明)의 난 때문에, 담비 가죽으로 만든 모자를 쓰고 비단 옷을 입은 5천 명의 관군이 오랑캐가 일으키는 노란 먼지 속에서 전사하고, 동관(潼關)전투에서 백만 명의 관군이 강물에 빠져 죽었다고 하지만, 그들의 참상도 이 정도는 아니었을 것이다. 천황과 상황은 이렇게 죽은 자들의 모습을 넋을 잃고 그저 멍하니 바라보고 있을 뿐이었다.

렌게지의 주지승이 작성한 로쿠하라 과거장(六波羅過去帳)에 전해지는 당시 할복자살한 무사들 중에는 18~19살의 젊은 사무라이들도 있다. 살아남은 왕족들은 붙잡혀 교토로 돌려보내졌다.

11. 닛타 요시사다, 가마쿠라를 점령하다

다카우지가 로쿠하라탄다이를 공격하기 5일 전, 인질로 잡혀있던 처와 아들이 몰래 탈출했다. 그리고 다카우지가 로쿠하라탄다이를 공격한 바로 다음 날, 닛타 요시사다가 거병한다. 요시사다에 호응해 모인 일족은 모두 150여 기에 불과했지만, 가마쿠라로 향하던 도중 각지에서 무사들이 합류해 금방 2만여 기나 되었다. 이때 다카우지의 4살밖에 되지 않은 아들[14])이 500여 기를 이끌고 닛타의 진영을 찾아왔다.

요시사다가 거병했다는 소식을 듣고 막부의 호조씨는 곧 바로 토벌대를 파견했다. 요시사다는 이 싸움에서 승리하고 그 기세를 타고 단

---

14) 뒷날 무로마치 막부의 2대 쇼군 아시카가 요시아키라(足利義詮).

이나무라가사키에서 바라본 에노시마의 모습

번에 가마쿠라까지 진군한다. 닛타군은 18일 일찍부터 이나무라가사키(稻村ヶ崎)[15]에서부터 가마쿠라로 들어가 해변 일대에 불을 놓는다. 그러나 호조씨 측의 무사들은 이를 격퇴한 뒤, 높은 곳에 진을 치고 이나무라가사키 일대에 있는 닛타군을 내려다보면서 화살을 쏘아댔다. 21일 밤, 닛타군은 고쿠라쿠지자카(極樂寺坂)[16]의 적진을 격파하고 22일 이른 아침에 썰물 때를 이용해 해변을 따라서 가마쿠라로 진공해 들어갔다.

　이나무라가사키 일대를 지키고 있던 나가사키 다카시게(長崎高重)의 방어선이 무너지자, 닛타군은 가마쿠라 시내 한가운데를 둘로 나누는

---

15) 가나가와(神奈川)현 가마쿠라시 서남부에 있는 곳으로 닛타 요시사다가 이곳을 통해 가마쿠라로 진입했다는 이야기로 유명하다.

16) 외부에서 가마쿠라 시내로 통하는 7개의 길(이를 기리토시(切通)라고 함) 중 하나.

큰길인 와카미야오지(若宮大路)[17]로 들어가 불을 질렀다. 가마쿠라 시내의 거의 태반이 검은 연기로 뒤덮여서 오후 무렵에는 이미 대세는 기울어 버렸다.

한편, 호조씨 집안의 원찰(願刹)인 가마쿠라 시내의 도쇼지(東勝寺)[18]에서는 호조 다카토키가 패잔병 1천여 명과 함께 이미 죽음을 각오하고 있었다. 먼저 나가사키 뉴도(長崎入道)가 할복 하자, 그 모습을 보고 술 한 잔을 비우고 다카토키도 배를 갈랐다. 그때 나이 31살. 그를 따라 죽은 무사들은 모두 283명이었다. 이 광경을 보고 있던 하급 무사들도 검은 연기와 화염으로 가득한 사찰에서 서로 상대방을 칼로 찌르면서 죽어갔다. 그 숫자는 모두 870여 명이라고 전해진다.

『태평기』권제10. 「다카토키 일족 이하, 도쇼지에서의 자결(高時一門以下東勝寺にて自害の事)」에는 호조씨 일족들의 할복 장면이 다음과 같이 묘사되어 있다.

다카시게는 뛰어 돌아다니면서, "빨리 할복하십시오. 다카시게가 먼저 할복해 모범을 보이도록 하겠습니다."라고 말하고 곧바로 동체(胴體) 부분만 남아있던 갑옷을 벗어 던졌다. 다카토키 앞에 있던 술잔을 잡고 동생에게 술을 따르게 한 뒤, 세 번 기울인 다음 이어서 도준(道準) 앞에 두고서, "한 잔 드리겠습니다. 이것을 안주로 삼길 바랍니다"라고 왼쪽 옆구리에 칼을 세워서 오른쪽 옆구리까지, 칼날을 쑤셔 넣은 곳을 길고 크게 베어서 내장(內臟)을 손으로 끄집어낸

17) 가마쿠라 시내 한복판에 쓰루가오카 하치만구(鶴ヶ岡八幡宮)로 이어지는 참배도(參拜道)에 해당하는 대로.
18) 가마쿠라 시내에 있는 사찰로 가마쿠라 막부의 싯켄으로 활약한 호조씨의 영혼을 모신 사찰.

뒤, 도준의 앞에 엎어져 쓰러졌다. 도준은 술잔을 손에 쥐고서는, "아아, 좋은 안주감이다. 설사 술을 못하는 사람이라도 이 술잔을 들지 않을 사람은 없을 것이다"고 농담하면서 반 정도 마신 뒤 잔을 스와뉴도(諏訪入道) 앞에다 두고 똑같이 배를 가르고 죽어갔다.

스와뉴도는 그 잔을 가지고 조용히 세 번 기울여 최고 권력자 호조 다카토키 앞에 두고 "젊은이들이 지혜를 짜내어 흥을 돋워주었는데, 늙은이라고 해서 가만히 있을 수는 없다. 지금부터는 모두 이것을 저 승길로 가는 안주로 삼길 바란다."고 말하고 십자(十字)로 배를 가르고 그 칼을 다카토키 앞에 놓았다.

나가사키뉴도(長崎入道) 엔키(円喜)는 다카토키를 시종일관 염려하고 있었던 탓인지, 아직까지 배를 가르지 못하고 있었다. 그러나 금년에 15살이 되는 나가사키 신자에몬(長崎新左衛門)이 할아버지 앞에서 옷매무새를 단정하게 하고 "조상들의 이름을 후세에 떨치는 것이 자손들이 마땅히 해야 할 효행이니, 불신(佛神) 삼보(三寶)도 용서해 주시겠지" 하고서는 노쇠한 엔키의 팔꿈치 근처를 두 번 칼로 찌른 다음, 그 칼로 자기 배를 가르고 조부(祖父)를 끌어당겨 넘어뜨리고 그 위에 겹쳐진 형태로 쓰러졌다.

이 젊은 무사의 행동에서 무사가 가야 할 길을 깨닫고 다카토키 역시 배를 갈랐다. 그러자 연이어 조뉴도(城入道)가 배를 갈랐다. 이 모습을 보고서 건물 안에 쭉 늘어서 있던 호조씨 일족들도 그리고 다른 집안사람들도 하얀 살을 차례로 드러내고, 배를 가르는 사람도 있고 스스로 목을 찌르는 사람도 있었다. 죽음을 맞이하는 각자의 마지막 모습은 정말로 훌륭해 보였다.

이 사람들을 위시하여 이상 130여 명, 모두 합쳐서 호조씨 일족 380여 명이 모두 앞다투어서 배를 가르고 건물에 불을 놓자, 불은 활활 타올라서 검은 연기가 하늘을 뒤덮었다. 뜰과 문 앞에 늘어서 있던 병사들도 이 모습을 보고서 어떤 자는 배를 가르고 불 속으로 뛰어들어가고, 또 어떤 자들은 부자형제끼리 서로 상대방을 찌르고

가마쿠라 막부의 호조씨 일족들이 할복한 도쇼지의 무덤

쓰러져 몸을 서로 겹쳐서 죽는 자들도 있었다. 피는 흘러서 대지에 가득 차 마치 큰 강물처럼 흘렀고, 사체는 길 여기저기에 쭉 이어 널브러져서 마치 시체를 버리는 벌판처럼 보였다.

　이 한 장소에서만 죽은 사람이 870여 명이나 되었다. 그 외에 일족들, 호조씨의 은혜를 입은 승려와 속세 사람들, 남녀를 불문하고 모두 이 죽음을 전해 듣고 또 전해 들어서 사후의 세계에서나마 은혜에 보답하고자 한 사람들, 또 이런 세상을 비관하고 죽은 자들이 먼 지방은 모르겠지만 가마쿠라 내에서만도 합계 6천여 명이었다.

　아아, 오늘이 어떤 날인가? 겐코 3년(1333) 5월 22일에, 호조씨 9대의 번영은 단숨에 멸망해버리고 겐지(源氏)는 오랜 숙원을 풀 수 있었다. "교만한 자는 오래가지 못 한다"는 이치(理致)대로 천지(天地)는 교만한 사람 편이 아니라고 말들 하지만, 이 비참한 광경을 눈

앞에서 본 사람들은 모두 눈물을 흘리지 않을 수 없었다.

141년 동안 지속되었던 가마쿠라 막부는 이렇게 막을 내렸다. 로쿠하라탄다이가 멸망한 지 15일 뒤의 일이었다. 지하야성을 포위하고 있던 막부의 토벌대는 가마쿠라 막부가 멸망했다는 소식을 전해 듣고 당황해하며 앞 다투어 각자의 고향으로 돌아갔다.

제2장
건무신정의 붕괴와 남북조 내전의 시작

1. 건무신정, 실패로 끝나다

고다이고는 새 정부를 구성한다. 그리고 마침내 오랜 숙원이었던 왕정복고(王政復古)와 천황친정(天皇親政)에 착수했다. 그리고 연호(年號)를 '건무(建武)'라고 새로 정했다. 이렇게 시작된 고다이고 천황의 새로운 정치를 '건무신정(建武新政)'이라고 한다.

신정부는 들어서자마자, 이제부터 토지소유권에 변경이 있을 때에는 모두 다 고다이고 천황에게 승인받아야 한다는 명령을 내렸다. 이어서 전국적으로 역적들의 토지를 몰수하였으며 가마쿠라 막부의 잘못된 재판 판결을 고치고 재판에서 패한 사람들을 구제하기 위한 오판재심령(誤判再審令)을 내리고 또 가마쿠라 막부가 세운 사찰이 소유하고 있는 토지에 대한 몰수령 등을 차례로 발포했다.

그리고 신정부는 은상방(恩賞方)을 설치해, 막부 타도에 가담한 무사들에게 상(賞)을 내렸다. 무사들 중에서는 아시카가 다카우지가 최고의 공로자로 평가되었다. 그는 가마쿠라 막부가 위치하던 핵심 지역인 무사시(武藏)[1], 가즈사(上總)[2], 히타치(常陸)[3]의 슈고직(守護職)과 29개소의 지토직(地頭職), 그리고 종삼위(從三位) 무사시노카미(武藏守)[4]라는 높은 관직을 하사받았다. 또한 영광스럽게도 천황의 이름인 '다카하루(尊治)' 중의 한 글자이면서 발음이 같은 '다카(尊)'를 하사받아 '다카우지(尊氏)'라고 칭하게 되었다. 그때까지 다카우지는 호조 다카토키(北條高時)의 '다카(高)'를 쓰고 있었다. 고다이고 천황이 다카우지를 우대한 것은 그가 무사들의 인기가 높아서 무시할 수 없었기 때문이었다.

아시카가 다카우지의 라이벌이면서 가마쿠라 막부 멸망의 또 다른 일등공신이라고 할 수 있는 닛타 요시사다도 큰 상을 받았다. 그는 종사위상(從四位上) 에치고노가미(越後守)와 에치고(越後)[5], 하리마(播磨)[6], 고즈케(上野)[7] 세 지방의 슈고직(守護職)을 하사받았다. 아시카가 다카우지가 '종삼위'인데 비해 닛타 요시사다는 그보다 낮은 '종사위상'을 받은 셈이다.

가와치 지방의 일개 토호에 불과했던 구스노키 마사시게는 이번 공로로 가와치(河內)[8]와 이즈미(和泉)[9] 두 지방의 슈고직을 받았다. 당시의 관념으로 볼 때 파격적인 승진이었다. 미천한 신분인 나와 나가토시도 고향 호키(伯耆)와 그 후에 세운 군공으로 이나바(因幡)[10]의 슈고직

---

1) 오늘날의 도쿄도(東京都) 일대.
2) 오늘날의 지바현(千葉縣) 일대.
3) 오늘날의 이바라기현(茨城縣) 일대.
4) 오늘날의 도쿄도 일대를 통치하는 최고 직책.
5) 오늘날의 니가타현(新潟縣) 일대.
6) 오늘날의 효고현(兵庫縣) 일대.
7) 오늘날의 군마현(群馬縣) 일대.
8) 오늘날의 오사카부(大阪府) 남부.
9) 오늘날의 오사카부 일대.

을 하사받았다.

이들 몇몇을 제외하고 다른 무사들에 대한 은상은 아주 박했다. 예를 들어 구스노키 마사시게와 함께 이른 시점에 거병해 교토에 제일 먼저 진입한 아카마쓰 엔신은 사요노쇼(佐用庄)의 지토직(地頭職)을 인정한다는 문서만을 받았다. 이 지토직은 가마쿠라 시대 초기부터 이미 아카마쓰씨가 가지고 있던 것이었다. 화가 난 아카마쓰 엔신은 고다이고 천황의 문서를 가지고 온 사자(使者) 앞에서 문서를 찢어버리고 다음과 같이 말했다.

> "가서 은상방의 책임자에게 전해라. '이번 로쿠하라탄다이에 대한 공격에서 가장 먼저 교토로 진격해 천황을 위해 분신쇄골(焚身碎骨) 해 많은 부하들을 죽게 만든 우리 아카마쓰 집안을 우습게 생각하는가? 나는 이처럼 눈 먼 공경귀족(公卿貴族)들이 있는 교토에 단 하루도 더 있고 싶지 않다. 라고…"

엔신의 분노로 가득 찬 음성이 주변을 쩡쩡 울렸다. 그리고 곧바로 고향 하리마(播磨)로 철수했다. 이처럼 무사들에 대한 은상은 보잘 것 없었다. 이에 비해 공가 귀족들에 대한 은상은 아주 후했다. 멸망한 호조씨 일족과 호조씨 편에 가담한 무사들로부터 빼앗은 땅을 차지한 것은 모두 다 천황과 왕족, 공경 귀족, 기생, 게마리(蹴鞠)[11]를 잘하는 사람, 여러 예능 잡기에 뛰어난 사람, 에후(衛府)의 하급 관리, 궁녀,

---

10) 오늘날의 돗토리켄(鳥取縣) 동부 일대.
11) 일본 고대 헤이안 시대에 유행한 공놀이 중 하나. 사슴 가죽으로 만든 공을 일정한 높이까지 차올려 얼마나 많은 횟수를 계속해서 찰 수 있는지를 겨루는 놀이.

승려들이었다. 그야말로 재주는 곰이 부리고 돈은 엉뚱한 놈이 차지하는 격이었다.

원래 무사들이 가마쿠라 막부 타도에 나선 것은 '천황 폐하에 대한 충성을 다하기 위해서'가 아니었다. 그들은 모두 전공을 세워 그 대가로 조금이라도 더 많은 땅을 받기 위한 것이었다. 그런데 공가 귀족들은 "호조씨가 멸망해 천황의 운이 열리게 된 것은 무사들 덕분이 아니다. 무사 따위는 오래전부터 조정의 적이었다. 우리 편에 가담한 덕분에 가문이 망하지 않게 된 것을 천황의 은혜로 감사히 여겨야 한다. 은상을 받고 싶다면 지금부터라도 충성을 다해야 할 것이다."고 생각했다. 따지고 보면 이런 결정은 예견된 것이었다. 왜냐하면 고다이고 천황은 150년 가까이 권력을 쥐고 있던 무사들을 제압하고 자신이 직접 정치를 하려는데 무사들이 설사 막부를 타도하는 데 공을 세웠다고 하더라도 모든 무사들에게 상으로 땅을 줄 수는 없었다.

공가 귀족들은 이처럼 주자학의 대의명분론(大義名分論)적 사고에서 벗어나지 못하고 있었기 때문에 신정부가 잘 되어갈 리 만무했다. 무사를 예전처럼 궁정의 호위역할이나 장원의 경호원처럼 다루었다. 무사들로부터 분노와 불만으로 가득한 소리가 나오는 것도 무리가 아니었다.

불만은 그것만이 아니었다. 고다이고는 호조씨의 토지를 몰수하고 '겐코의 난' 이후에 호조씨에게서 은상으로 받은 토지의 소유권은 모두 무효(無效)라고 선언했다. 또 토지 소유권을 변경하려면 반드시 천황의 명령서(린지, 綸旨)가 있어야 한다고 선언했다.

권력을 장악하기 위해서는 경제권과 군사경찰권의 장악이 필수적이다. 따라서 이는 당연한 방침이었다고 할 수 있다. 그러나 땅 소유자들은 엄청난 불안을 느끼지 않을 수 없었다. 이 때문에 일본 전국이 큰 혼란에 빠져, 고다이고도 혼자서 감당할 수 없음을 깨닫고 잡소결단소(雜訴決斷所)[12]를 세워서 이를 전담하게 했다. 그러나 그것만 가지고서는 도저히 해결할 수 없는 문제가 쌓여갔고 그 결과, 신정부에 대한 불신과 불만의 목소리는 커져갔다.

군공(軍功)도 없는 사람이 인맥을 활용해 땅을 하사 받는다든지, 고다이고에 적대적이었던 사람이 토지의 소유권을 인정받는 등, 불공평한 사례가 속출했다. 고다이고의 친정이 실패한 가장 큰 이유는 이러한 토지 소유권 문제와 은상 문제 처리에 대한 불만이 증폭되었기 때문이었다. 고다이고의 결재(決裁)가 법이나 제도보다 우선시(優先視)되었기 때문에 은상방의 미숙한 대처는 곧바로 천황 친정에 대한 실망으로 표출되었다.

무사 정치가 싫어서 친정을 꿈꾸던 고다이고 천황이었지만, 무사 정권을 타도하기 위해서는 무사들의 힘을 빌려야 했다. 그러한 모순 때문에 고다이고는 대가를 치러야만 했다. 고다이고는 현실을 모르는 이상주의자에 불과했다. 그리고 현실과 동떨어진 자신의 이상을 실행하기에는 너무나도 세상을 모르는 독선자(獨善者)였다.

이러한 고다이고 천황의 지나친 자신감과 독선은 '건무'라는 연호를 제정할 때에도 어김없이 드러났다. '건무'는 원래 중국 후한(後漢)의 광무제(光武帝) 당시의 연호를 그대로 채택한 것이었다. 선례와 격식에 까다로운 공경(公卿)들이 '건무' 즉 '무를 세운다'는 의미가 불길하다고

---

12) 조정의 소송기관. 주로 토지와 관련된 소송의 재판을 담당. 건무신정이 붕괴되면서 단기간에 소멸되었다.

하자, "천황은 짐이 새로 정한 것은 앞으로의 선례가 될 것이다"라고
말하면서 껄껄 웃었다. "짐은 천황이다. 천황이 하는 일에 틀린 것은
없다"라는 지나친 자신감에서 나온 말이었다. 그리고 궁궐을 짓는 데
필요한 자금을 조달하기 위해 화폐를 만들려 했다. 이러한 움직임은
아직 전화(戰火)의 상처가 채 아물지 않은 농촌에 세금을 늘이고 물가를
오르게 했다. 그러자 그해 8월에 니조가와라(二條河原)[13]에 누가 쓴 것
인지 모르는 낙서(落書)가 내걸렸다. 그 낙서는 다음과 같이 세상의 혼
란과 모순을 풍자하고 있었다.

> 요사이 교토에 유행하는 것.
> 야습(夜襲) 강도, 가짜 천황의 명령서
> 몸종, 파발마, 쓸데없는 소란
> 방금 자른 사람의 목, 승려의 환속, 허가받지 않고 출가하기
> 졸지에 땅 부자(大名)가 된 사람, 갈피를 잡지 못하고 헤매는 사람
> 소유권의 인정(安堵)과 은상(恩賞) 거짓 싸움
> 고향을 떠나는 소송인
> 소송 문서를 넣은 가느다란 상자

2. 모리요시 왕자의 체포와 감금, 그리고 피살

고다이고 천황의 친정, '건무신정'은 2년도 지속되지 못하고 붕괴되
었다. 그것은 모리요시 왕자와 아시카가 다카우지의 권력 다툼에서 시

---

13) 교토 시내를 흐르는 가모가와(鴨川)의 북쪽 하천 부지 일대.

작되었다. 모리요시는 신정부의 개혁 방향과 다카우지를 추종하는 세력에 반감을 품고 있던 귀족과 무사들의 입장을 대변하고 있었다. 정이대장군(征夷大將軍)과 병부경(兵部卿)이라는 벼슬은 모리요시 왕자가 가지고 있었지만, 실제로 많은 무사들의 마음을 얻고 있었던 것은 진수부장군(鎭守府將軍)인 아시카가 다카우지였다. 모리요시는 다카우지를 공격하려 했지만, 다카우지의 세력이 너무 강해 쉽지 않았다.

그 이외에도 모리요시 왕자는 또 다른 적이 있었다. 그것은 아버지 고다이고 천황이 가장 총애하는 후궁 아노 렌시(阿野廉子)였다. 건무 원년인 1334년 정월, 고다이고는 그녀가 낳은 쓰네요시 왕자를 세자로 세웠다. 모리요시 왕자를 낳은 생모의 신분이 낮았기에 그로서도 어쩔 수 없었지만, 모리요시는 섭섭한 마음을 감출 수 없었다. 자신이야말로 가마쿠라 막부를 타도하는 데 있어서 가장 큰 공을 세웠노라고 자부하고 있었기에 더욱 그러했다. 모리요시는 이 모든 일이 아시카가 다카우지와 렌시가 짜고 한 것이라고 생각했다. 그리고 한편으로는 아버지 고다이고 천황에 대한 원망으로 분을 참을 수 없었다. 모리요시 왕자는 이러한 분을 참지 못하고 폭력적인 행동을 거듭했다. 『태평기』에는 "모리요시 왕자가 마음 내키는 대로 오만한 행동을 하고 주위 사람들이 말리는 것도 무시하고 음란한 쾌락만을 일삼았다."고 전하고 있다. 또 『태평기』는 모리요시의 부하 중 한 사람이 매일 밤 교토 시내의 시라카와(白河) 근방을 배회하면서 길에서 어린아이와 여자까지 베어 죽였는데 모리요시가 그것을 묵인했다고 기록하고 있다. 당시 교토의 치안 유지를 책임진 것은 아시카가 다카우지였다. 따라서 이러한 모리요시 왕자 측의 행동은 다카우지에 대한 도발이었다. 다카우지도 이를 수수방관하고 있지 않았다. 다카우지는, 모리요시가 전국의 무사들에게 보낸 명령서를 증거로 내세워 그가 반역을 꾀했다고 하면서 천황에게 왕자의 체포를 요구했다.

고다이고 천황은 모리요시 왕자를 궁궐로 불렀다. 궁궐에서 열리는 시를 읊는 모임에 참가하라는 것이었다. 왕자는 별 다른 의심 없이 부하 몇 명만 데리고 궁궐로 들어갔다. 그런데 어디선가 갑자기 무사 십여 명이 뛰어나와, "천황의 명령이다."라고 소리치면서 모리요시를 체포해 감방에 넣었다. 죄목은 "천황 자리를 찬탈하고자 역모를 꾸미고, 전국에 명령을 내려 병력을 모은 반란죄"였다.

모리요시는 다음 달, 수백 기 병사들의 감시 속에 가마쿠라로 끌려갔다. 그리고 아시카가 다카우지의 동생인 아시카가 다다요시의 손에 넘겨졌다. 다다요시는 지하에 토굴(土窟)을 파서 왕자를 감금했다.

가마쿠라 막부가 멸망할 때, 싯켄 호조 다카토키에게는 아들이 두 명 있었다. 도쇼지(東勝寺)에서 할복하기 전에 다카토키는 두 아들을 각각 다른 부하 무사들에게 맡겼다. 그중 한 무사는 호조씨와 관련이 깊은 사찰에 다카토키의 아들을 맡긴 뒤, 닛타군에 항복했다가 마음이 바뀌어서 배반한다. 또 한 명의 아들은 신슈(信州, 나가노현)로 무사히 도피해 그곳에서 성장해 도키유키(時行)라고 칭하게 된다.

이 도키유키가 1335년 6월 신슈(信州)[14]에서 거병한다. 그러자 고다이고 천황의 정치에 불만을 품고 있던 동쪽 지방 무사들이 대거 합세했다. 그들은 5만의 대병력으로 가마쿠라를 향해 진격했다.

가마쿠라를 방어하고 있던 아시카가 다다요시는 가마쿠라를 버리고 도주하지 않으면 안 되는 상황에 처하게 되었다. 그때 다다요시는

---

14) 오늘날의 나가노현(長野縣) 일대.

모리요시 왕자가 약 7개월 동안 감금되어 있던 가마쿠라구(鎌倉宮)의 토굴

토굴에 감금된 지 8개월째가 되는 모리요시 왕자를 "이대로 그냥 방치해둔다면, 호조(北條)의 무리들의 손에 들어가 화근이 될 것이다. 이런 혼란을 틈타 죽여버리는 것이 좋겠다."고 결심한다. 다다요시는 부하 후치노베(淵邊)를 불러서 모리요시의 살해를 지시한다. 『태평기』권제 13, 「모리요시 왕자의 살해(護良卿親王を失ひ奉る事)」에는 당시 상황이 이렇게 묘사되어 있다.

왕자는 하루 종일 암흑 같은 감옥 안에서 아침이 되는지도 모르고 여전히 등잔불을 켜고 불경을 읽고 있었다. 후치노베가 경건한 태도로 모시러 왔다고 하자, 왕자는 그를 한번 보더니, "네가 나를 죽이라는 명령을 받은 놈이구나." 하고 후치노베의 장검을 빼앗으려고 달려들었다. 후치노베는 장검을 고쳐 잡고서 왕자의 무릎을 세게 쳤다. 왕자는 감옥 안에서 반년이나 앉은 채로 있었기 때문에 제대로 일어서지도 못하고 앞으로 넘어졌다. 그러자 후치노베는 일어나지 못하도록 왕자의 가슴 위를 말 타는 자세로 앉아서 허리의 칼을 빼서 목을 베려고 했다. 그러나 왕자는 목을 움츠리고 칼끝을 꽉 깨물었다. 그러나 완력이 센 후치노베도 칼을 빼앗기지 않으려고 무리하게 칼을 잡아당기는 바람에 칼끝이 1촌(寸, 30센티) 넘게 부러지고 말았다. 후치노베는 그 칼을 버리고 단도로 왕자의 가슴을 두 번 찔러 힘이 빠진 왕자의 머리카락을 꽉 잡고 목을 베어 땅에 떨어뜨렸다.

감옥 안이 어두웠기 때문에 후치노베는 밖으로 달려 나가 밝은 곳에서 왕자의 목을 보았다. 왕자가 조금 전에 물어서 끊어버린 칼끝은 아직 입안에 남아 있고 눈빛도 살아있는 것 같았다.

3. 나카센다이의 난

다카우지는 동생 다다요시가 패전했다는 소식을 듣고 직접 싸우러 가기로 결심했다. 그리고 이 기회에 자신을 정이대장군에 임명해줄 것을 고다이고에게 주청(奏請)했다. 그러나 고다이고는 이를 거부했다. 그러자 다카우지는 8월 2일, 천황의 공식 명령이 내려지기도 전에 500기를 이끌고 교토를 떠나 동쪽으로 향했다. 다카우지를 따르는 병력은 다다요시와 합류할 무렵에는 3만 기까지 늘어나 있었다.

다카우지는 가마쿠라로 향했다. 앞을 가로막는 적들을 연파하고 파죽지세(破竹之勢)로 진격해 가마쿠라를 탈환했다. 이 일련의 전투를 '나카센다이(中先代)의 난'이라고 한다. 이는 호조씨를 선대(先代), 아시카가씨를 당대(當代)라는 관점에서 도키유키를 '양자의 중간에 위치하는 선대'라는 의미로 불렸기 때문이다.

실제로 도키유키의 난은 호조씨의 싯켄(執權) 정치와 아시카가 막부를 연결하는 중계 역할을 했다. 이 도키유키의 난을 계기로, 다카우지는 고다이고에 대한 복종하는 태도를 버리고 정권 장악의 의지를 확실하게 드러낸다. 따라서 호조씨 부흥을 꾀한 '나카센다이의 난'은 실패로 끝났지만, 그것이 그 뒤의 역사 전개에 미친 영향은 아주 컸다고 할 수 있다.

4. 다카우지의 칩거

모리요시 왕자가 죽은 뒤, 다카우지를 가로막는 가장 큰 적은, 같은 세이와겐지(淸和源氏) 출신인 닛타 요시사다였다. 원래 요시사다의 세력은 처음부터 다카우지의 상대가 되지 못했다. 그러나 요시사다는 가문으로 따지자면, 닛타씨가 형이고 아시카가씨는 동생뻘이라는 생각을 가지고 있었다. 그래서 다카우지가 자기보다도 더 우대받는 것을 불쾌하게 생각하고 있었다. 게다가 자신이 가마쿠라를 공격해 함락시켰다는 자부심이 있었다.

고다이고 천황은 요시사다의 다카우지에 대한 라이벌 의식을 자극해 다카우지를 견제하려고 했다. 다카우지는 천황의 허락도 받지 않은 채 간토(關東)로 내려가 가마쿠라를 다시 회복했다. 그러자 고다이고는 사자를 가마쿠라로 내려 보내어 "장수와 병사들의 논공행상은 린지(천황의 명령서)에 따라서 조정에서 행한다. 다카우지는 빨리 상경해 보고하라."고 했다. 천황의 허락도 얻지 않고 교토를 벗어난 죄를 묻지 않

가마쿠라 소재 겐초지의 모습

을 뿐 아니라, 나카센다이의 난을 평정한 군공에 대하여 상을 주고 종
이위(從二位) 참의(參議)에 승진시킨다, 라는 칙명도 전했다.

다카우지는 마음이 흔들렸다. 고민하던 다카우지는 모든 것을 동생
에게 맡기고 잠시 가마쿠라의 겐초지(建長寺)에서 칩거하기로 했다. 칙
사를 파견해 상경하도록 재촉해도 가마쿠라에 주저앉아 움직이려 하
지 않는 다카우지의 처분을 둘러싸고 조정은 논의를 거듭했다. 고다이
고는 처음에는 요시사다가 다카우지 토벌을 재촉해도 이에 동의하지
않았다.

그런데 그해 11월에 다카우지가 요시사다를 토벌하라는 쇼군의 명
령서인 미교쇼(御敎書)[15]를 전국 각지에 보내어 병력을 모으고 있었음

---

15) 헤이안 시대에서부터 무로마치 시대에 걸쳐서 3위 이상 및 이에 준하는 지위에 있는

이 드러났다. 요시사다는 이를 기회로 여기고 천황에게 다카우지 토벌을 명령하는 린지(綸旨)[16]를 내려달라고 주청했다.

한편 다카우지는 자신의 적은 고다이고가 아니라 요시사다라고 여러 차례 주장하면서 천하의 역적인 요시사다를 토벌하라는 린지를 내려달라고 주청했다. 고다이고 천황은 다카우지와 요시사다를 서로 대립시켜 양자를 조정하면서 권력을 유지하고자 했지만, 이제는 다카우지를 적으로 삼지 않을 수 없다고 결심했다.

천황은 마침내 결단을 내렸다. 다카나가(尊良)[17] 왕자를 상장군, 요시사다를 대장군에 임명해 다카우지를 토벌하라고 명령했다. 요시사다는 기다렸다는 듯이 5천 기를 이끌고 가마쿠라를 향해 진격해 갔다. 한편, 요시사다가 관군의 사령관이 되어 쳐들어오고 있다는 보고를 듣고 다다요시는 칩거하고 있는 다카우지에게 달려가, "적들이 하코네(箱根)[18]를 넘어오기 전에 방어하지 않으면 걷잡을 수 없는 결과를 초래합니다. 빨리 출진하십시다."라고 재촉했다.

그러나 다다요시가 아무리 말해도 다카우지는 일어나려고 하지 않았다. 할 수 없이 다다요시는 혼자서 싸우기로 했다. 다다요시의 부대

사람의 집사가 주인의 의사를 받들어 발급한 고문서 형태. 4위 이하의 공가(公家) 귀족이나 슈고다이묘(守護大名) 급의 무사의 집사가 주인의 의사를 받들어 발급하는 같은 형식의 문서는 '호쇼(奉書)'라고 한다.

16) 린지는 천황의 비서실격인 '구로도도코로(藏人所)'가 천황의 뜻을 받들어 발급하는 명령문서.

17) 고다이고 천황의 아들 왕자들은 모두 '良' 자를 이름에 포함하고 있는데 이를 예전에는 '나가'라고 읽었지만 최근에는 '요시'라고 읽기도 한다. 따라서 '다카나가'는 '다카요시'라고도 읽는다.

18) 도쿄에서 가까운 온천 관광지로 유명한 하코네는 예로부터 서쪽에서 간토(關東) 지방으로 들어가는 관문과 같은 고개였다.

는 요시사다의 부대와 싸웠지만 패하고 말았다. 이렇게 되자 다카우지도 드디어 동생을 구원하기로 했다. 다카우지가 출진한다는 소식을 전해들은 아시카가 측 진영은 갑자기 활기를 띠기 시작했다. 그리고 하코네의 다케노시타(竹之下) 전투에서 승리한다.

5. 고다이고 천황, 히에이잔으로 도피하다

다카우지는 자신은 어디까지나 요시사다를 토벌하기 위해 이 싸움에 나섰다고 하면서 도주하는 관군을 추격했다. 교토로 도망해온 요시사다는 작전회의를 열어서 교토에 대한 방어를 강화하기로 했다. 교토의 동북쪽 관문인 세타(瀨田) 방면에 지쿠사 다다아키, 나와 나가토시, 유키 지카미쓰가 이끄는 3천 기, 남쪽 관문인 우지(宇治) 방면은 닛타 요시사다의 동생 와키야 요시스케(脇屋義助)의 7천 기, 예비부대로 히에이잔의 승병 1천 명을 배치했다.

아시카가 부대는 이들의 몇 배나 되는 병력이었다. 더욱이 서쪽에서도 아카마쓰 엔신(赤松円心)의 부대가 교토를 향하여 접근해오고 있었다. 교토 입성을 꾀하는 다카우지의 군대와 이를 방어하는 닛타 요시사다가 이끄는 관군은 교토 남부에 위치한 오와타리(大渡), 야마자키(山崎)에서 일대 격전을 전개한다.

이 전투에서 승리한 것은 다카우지 측이었다. 그의 군대는 교토에 입성하고 고다이고는 히에이잔(比叡山)으로 도피한다. 고다이고는 천황을 상징하는 삼종의 신기(神器)를 히가시사카모토(東坂本)로 옮겼다. 천황이 온다는 소식을 듣고 3천 명의 승도(僧徒)들은 갑옷으로 무장하

세타 가라하시의 모습

고 모여들어 동전 6만 관(貫)과 쌀 7천 석을 준비했다. 전투는 세타(瀬田) 방면에서 가장 격렬하게 벌어졌다.

다카우지는 우지가와(宇治川)를 건너 후시미(伏見)[19]를 거쳐 교토로 들어와 거처를 정하고 휴식을 취했다. 그러나 곧바로 동북 지방에서 출발한 기타바타케 아키이에(北畠顯家)의 부대가 도착하자 고다이고 천황 측이 세력을 회복했다. 아키이에는 당시 나이 19세에 불과한 청년이었다. 그는 2년 전에 어린 노리나가 왕자를 모시고 교토에서 1,000킬로나 떨어진 다가성(多賀城)[20]에 부임했었다. 그런 그에게 다카우지를 토벌하기 위해 상경하라는 명령이 전해졌다. 아키이에는 곧바로 노

---

19) 교토시 남부 후시미 구 일대.
20) 오늘날 미야기현(宮城縣) 다가조시(多賀城市)에 있었던 일본 고대의 성책.

리나가 왕자를 앞세우고 남하했다. 그는 출발한 지 20일 만에 오미(近江)[21] 지방에 들어와 에치가와(愛知川) 하구에서부터 사흘에 걸쳐서 전 부대원이 비와코(琵琶湖)를 배로 건너서 천황이 있는 사카모토(坂本)에 도착했다. 아키이에의 부대가 도착했다는 소식을 듣고 고다이고 측은 마치 기사회생(起死回生)이라도 한 듯이 사기가 크게 올라, 곧바로 반격에 나서게 되었다.

6. 다카우지, 규슈로 작전상 후퇴하다

아시카가 측은 교토 인근 지역 전투에서 여러 장수들이 연이어 전사했다. 그래서 다카우지는 교토에서 예전에 거병을 결심했던 시노무라(篠村)[22]까지 철수한 뒤 효고(兵庫)로 나아갔다. 거기에는 아군이 배 500척을 준비하고 기다리고 있었다. "우선 규슈로 가서 재기를 꾀하는 것이 어떻겠습니까?"라는 부하의 의견을 받아들이기로 했다.

그러자 아카마쓰 엔신이 "이번 전투에서 패한 것은 닛타군이 천황의 깃발을 가지고 관군임을 내세워 아군의 사기가 저하되었기 때문입니다. 우리도 천황의 깃발을 가지고 싸워야 합니다."고 했다. 그래서 엔신이 고곤(光嚴) 상황의 깃발을 받아내기로 했다.

다카우지 등을 태운 선단이 하리마(播磨)의 무로노쓰(室ノ津)[23]에 도착했을 당시, 아카마쓰 엔신이 고곤 상황의 명령서를 보내왔다. 다카

---

21) 비와코(琵琶湖)를 에워싸고 있는 시가현(滋賀縣) 일대.
22) 교토 부 가메오카시(龜岡市) 시노마치(篠町).
23) 효고현 다쓰노시(たつの市)에 있는 어항.

우지는 매우 기뻐하며 상황의 명령서를 감사하는 마음으로 받았다. 이 명령서가 그의 입장을 정당화해 주었다. 이로써 일본 역사 이래로 두 개의 정부가 공존하는 초유의 사태가 시작된 것이다.

7. 아카마쓰 엔신, 적의 추격을 지연시키다

다카우지는 패주하면서도 재기를 위해 여러 가지 방안을 준비해 놓았다. 이에 반해 교토의 고다이고 측은 승전의 기쁨에만 젖어있었다. 고다이고는 교토로 돌아와 무사들의 군공을 치하했다. 기타바타케 아키이에(北畠顯家)는 진수부 장군에 임명되어 다시 오슈(奧州)[24]로 내려갔다.

요시사다에게는 큰 상이 내려졌다. 고다이고가 총애하던 20여 명의 미인 중 한 사람인 고토노나이시(勾當內侍)를 받은 것이다. 천황이 신하에게 자기가 아끼는 여자를 하사한다는 것은 당시에는 가장 큰 상으로 여겨지고 있었다. 요시사다는 마음속으로 동경하던 미인을 얻고 뛸 듯이 기뻐했다. 그때 그의 나이 36살이었다. 다카우지를 추격해 토벌하라는 명령에도 불구하고 그는 매일 밤낮으로 고토노나이시를 끌어안고 뒹굴었다. 너무 지나치게 여색을 탐했기 때문이었는지, 요시사다는 병에 걸려 눕고 말았다.

규슈로 도주한 다카우지를 서둘러 추격하지 않았던 것은 다카우지

---

24) 일본 고대 율령국가 시대 당시의 지방. 무쓰노쿠니(陸奧國). 현재의 후쿠시마현(福島縣), 미야기현(宮城縣), 이와테현(岩手縣), 아오모리현(靑森縣) 일대.

로 하여금 재기할 수 있는 시간적인 여유를 안겨주고 결과적으로 큰 후환이 되어 돌아왔다. 그해(1336) 2월 29일, 고다이고 천황은 엔겐(延元)으로 연호를 바꿨다. 3월이 되자 겨우 요시사다는 사랑하는 연인 고토노나이시를 교토에 남겨두고 출동했다. 일차 공격대상은 아카마쓰 엔신의 거성인 하리마의 시라하타성(白旗城)이었다. 엔신은 이 성에서 농성하면서 서쪽으로 내려간 다카우지에 대한 관군의 추격을 저지하는 역할을 맡고 있었다. 다카우지가 패주한 지 이미 한 달 이상 지난 뒤였다.

요시사다는 다카우지와 비교될만한 인물이 아니었다. 그에 대한 부하들의 평가도 낮았고 천황 군의 총사령관으로서 지휘를 할 정도의 능력도 없었다. 사랑하는 여인에 빠져서 적을 추격해야 할 시기를 놓치고 만 그냥 평범한 시골 무사에 지나지 않았다. 그의 지휘관으로서

멀리서 바라 본 시라하타성의 모습

의 무능함을 보여주는 사례가 시라하타성 전투이다. 그는 성을 수비하고 있던 엔신의 완강한 저항에 부딪치자 50일 동안이나 움직이지 않고 그대로 머물러 있었다.

8. 다카우지, 상경 길에 오르다

마사시게가 걱정했던 것처럼, 규슈에서 다카우지 세력은 나날이 커져갔다. 처음 규슈에 왔을 때, 다카우지는 수백 기에 불과한 병력으로 기쿠치 다케토시(菊池武敏)가 이끄는 천황 측 병력과 지금의 후쿠오카 시내에 있는 다다라하마(多々良浜)²⁵⁾에서 싸웠다. 다카우지는 이길 가능성이 없다고 여기고 싸우기 전에 차라리 할복하고 죽는 것이 낫지 않을까? 라고 생각했다. 그런데 적에 가세했던 마쓰라토(松浦黨) 세력이 아시카가 측에 내응했기 때문에 기적적으로 승리할 수 있었다. 다카우지는 4월 3일, 500척의 선단으로 하카타항을 출발해 상경길에 올랐다. 규슈로 건너간 것은 2월 20일이었으니 규슈에 불과 40여 일 체재하는 동안 교토로 올라갈 수 있는 병력을 모은 것이었다. 닛타 요시사다가 추격하지 않고 머뭇거렸고, 또 아카마쓰 엔신이 하리마에서 서쪽으로 향하던 요시사다의 부대를 붙잡아서 다카우지에게 만회할 수 있는 시간적인 여유를 준 것이었다.

다카우지는 바닷길로, 다다요시는 육로를 이용해 동쪽으로 상경 길에 올라, 5월 10일, 빈고(備後)²⁶⁾의 도모노쓰(鞆ノ津)²⁷⁾를 출발할 때는 배

---

25) 현재의 후쿠오카 시 동구(東區)에 위치.

도모노우라의 모습

가 1,100여 척, 육상에는 기병이 7만 기나 되어 있었다. 다카우지의
상경 길에 인근 지역의 무사들이 너도나도 할 것 없이 모두 가세한
것이다. 불과 얼마 전에 규슈로 도주했던 다카우지 군이 엄청난 병력
을 이끌고 교토로 올라오고 있다는 소식을 들은 고다이고 천황의 측근
대신들은 어쩔 줄 몰라 했다.

---

26) 현재의 히로시마현 동쪽 반에 해당하는 지역.

27) '도모노우라'라고도 함. 현재 히로시마현 후쿠야마 시(福山市) 도모(鞆) 지구의 누마구
마(沼隈) 반도 남쪽 끝에 있는 항만과 그 주변 해역 일대.

9. 구스노키 마사시게, 결사의 각오를 하다

닛타 요시사다 군은 아카마쓰 엔신의 작전에 말려서 시라하타성을 함락시키지 못하고 있고, 아시카가 다카우지를 규슈로 쫓아냈던 기타바타케 아키이에 부대는 멀리 떨어진 오슈(奧州)로 돌아간 지금, 고다이고 천황이 믿을 수 있는 것은 구스노키 마사시게밖에 없었다. 고다이고는 초조해하면서 마사시게를 불러 대책을 물었다.

『태평기』 권제16, 「구스노키 마사시게 형제, 효고로 내려간 일(楠木正成兄弟兵庫下向の事)」에서는 당시 상황을 다음과 같이 묘사하고 있다.

마사시게는 천황에게 다음과 같이 아뢰었다.

다카우지 경(卿)이 규슈의 병력을 이끌고 상경한다면 이는 반드시 엄청난 대군일 것입니다. 아군은 피로에 지쳐있고 병력도 얼마 되지 않는데, 이를 가지고 적의 대군과 정상적으로 싸운다면 아군이 반드시 패할 것입니다. 그러니 부디 바라옵건데 요시사다를 교토로 불러들이고 (천황 폐하도) 예전처럼 히에이잔(比叡山)으로 행차하시옵소서. 소인도 가와치(河內)로 내려가서 긴키(近畿) 일대의 병력을 이끌고 여기저기에서 길을 차단하고 양쪽에서 교토를 공략한다면, 적들은 점차 지쳐서 사방으로 흩어져 도주하게 될 것이고, 아군에게는 나날이 병력이 모여들 것입니다. 그때 요시사다는 오테(大手)[28]의 군세로 히에이잔에서 교토로 진격하고, 마사시게는 가라메테(搦手)[29]가 되어 가와치에서 쳐들어와 협공한다면, 적들을 한번의 전투로 멸망

---

28) 적의 정면을 공격하는 부대.
29) 성의 뒷문이나 적진의 뒤쪽을 공격하는 부대.

시킬 수 있을 것입니다.

요시사다도 반드시 이렇게 생각하고 있을 것으로 생각됩니다만, 도중에 한 번도 싸우지 않으면 완전히 무기력한 사람으로 여겨질 것이 두려워 효고에서 방어전을 벌일 것으로 생각됩니다. 전투는 무엇보다도 최후의 승리가 중요합니다. 천황 폐하께서 잘 생각하셔서 결정을 내리셔야 할 것이옵니다. 라고 아뢰었다.[30]

그러자 고다이고 천황은 "과연 그렇구나. 전투는 무사들에게 맡기자"고 말하고 다시 여러 대신들에게 회의하게 했다. 그때, 보몬사이쇼키요타다(坊門宰相淸忠)가 강하게 주장하기를, "마사시게의 말도 일리가 있습니다만, 역적들을 정벌하기 위해 파견된 무장이 아직 한번도 싸우지 않았는데, 천황 폐하가 수도를 버리고 1년에 두 번씩이나 히에이잔으로 도피하신다는 것은, 한편으로는 천황의 권위가 손상되고 또 한편으로는 관군도 체면을 잃게 됩니다. 설사 다카우지가 규슈의 군세를 이끌고 상경하더라도 이와 맞서 싸워야 합니다. 작년 봄 전투가 시작되어서 적군이 패배할 때까지 아군은 병력이 적은데도 매번 대규모의 적을 맞이해 격파한 것은 결코 전략이 뛰어나서가 아닙니다. 오로지 폐하의 운이 천명(天命)에 따랐기 때문입니다. 따라서 이번 전투에서도 별 문제가 되지 않을 것입니다. 즉각 구스노키를 내려보내야 한다고 생각합니다."고 말했다. 그러자 천황은 아주 좋은 생각이라고 하며 다시 마사시게에게 내려갈 것을 명했다.

마사시게는 "이렇게 된 바에야 쓸데없이 이의를 제기할 것도 없다. 결국은 싸워서 죽으라는 명령이다."라고 하면서 그날 즉시 500여 기를

---

30) 『태평기』 권제16. 「楠正成兄弟兵庫御下向の事」.

이끌고 교토를 출발해 효고(兵庫)로 향했다.

이것이 마사시게와 고다이고의 마지막 만남이었다. 마사시게는 자신의 부대가 야마자키(山崎)의 산기슭, 미나세(水無瀬) 신사 가까운 사쿠라이(櫻井)역[31]까지 왔을 때, 11살 된 장남 마사쓰라(正行)를 불러 고향으로 돌아갈 것을 지시했다.

『태평기』권제16, 「구스노키 마사시게 형제, 효고로 내려간 일(楠木正成兄弟兵庫下向の事)」은 이 장면을 다음과 같이 묘사하고 있다.

마사시게는 이것이 마지막 전투가 될 것이라고 각오했다. 그때 장남 마사쓰라(正行)가 11살이 되어 아버지와 동행하고 있었는데, 마사시게는 그를 사쿠라이(櫻井)의 역참(大阪府三島郡島本町櫻井)에서 가와치(河內)로 돌아가게 했다. 그리고 눈물을 흘리면서 다음과 같이 말했다.

"사자는 새끼를 낳아서 사흘이 지나면 만길 낭떠러지에서 떨어뜨리는데, 만약 그 아기 사자가 사자로서 살아갈 운명이라면 아무 것도 가르쳐 주지 않아도 공중에서 회전해 죽지 않는다고 한다. 너는 이제 10살이 넘었다. 이 한마디가 귀에 남아있다면, 나의 가르침을 거스르지 않도록 하라. 이번 전투는 천하의 패권을 다투는 싸움이 될 터이니, 이승에서 너의 얼굴을 보는 것은 이것이 마지막이 될 것이다. 내가 전사했다는 소식이 알려지면 천하는 반드시 쇼군의 것이 될 것으로 알고 있어라. 그러나 세상이 그렇게 변하더라도 당장 목숨을 부지하기 위해 오랜 세월동안 쌓아왔던 충절을 버리고 항복해 도의에 벗어나는 행동을 해서는 안 된다. 일족의 젊은 무사들 중에서 한 사람이

---

31) 현재의 오사카부 미시마군(三島郡) 시마모토초(島本町) 사쿠라이(櫻井) 1초메(一丁目)에 있는 고대 율령제도 하의 역.

JR 시마모토 역 앞 공원에 있는 옛 사쿠라이 역에서의 구스노키 부자가 이별하는 모습

라도 살아남는다면 곤고잔(金剛山, 마사시게의 본거지)에서 농성하면서 적이 공격해오면 목숨을 던지고 싸워 명예를 후대까지 남기도록 하라. 이것이 네가 할 수 있는 효도라고 생각해라."

마사시게는 눈물을 닦으면서 이렇게 말하고, 천황에게서 받은 국화 문장이 새겨진 칼을 유품으로 삼으라며 건네주었다. 아버지와 아들은 각각 동과 서로 헤어져 갔다. 이 모습을 바라본 무사들은 모두 눈물을 흘렸다.

10. 구스노키 마사시게, 미나토가와에서 장렬하게 전사하다

마사시게가 이끄는 약 700기의 부대는 24일, 효고(兵庫)에 도착했다. 닛타 요시사다 1만여 기, 와키야 요시스케의 5천여 기, 오다테 우지아키(大館氏明)의 3천여 기로 모두 약 2만이 채 안 되는 병력이었다.

이에 비해 다카우지가 이끄는 선단의 병력 2만 5천 명, 다다요시가 이끄는 약 1만 정도의 아시카가 군의 육상부대 이외에도 호소카와 젠코(細川禪高)가 이끄는 시코쿠(四國)의 수군(水軍) 등 다수의 병력이 있었다.

구스노키 군 700여 명은 아시카가 군 2만여 명에게 사방에서 공격당한다. 마사시게의 병력은 사력을 다하여 싸웠지만, 아군의 사상자가 급속히 증가하자 전력은 급격히 저하되었다. 6시간 동안에 16차례나 출격하는 사투(死鬪)를 다한 끝에 칼은 부러지고 화살은 소진되고 아군은 50여 명만 남게 되었다. 마사시게는 이제 마지막이다, 라고 여기고 동생 마사스에를 불러서 미나토가와[32]의 동쪽 기슭의 민가에 들어가 일족 부하들과 함께 자결했다.

『태평기』권제16, 「구스노키 마사시게 형제 이하, 미나토가와에서 자결하다(楠木正成兄弟以下湊川にて自害の事)」는 당시 상황을 다음과 같이 묘사하고 있다.

구스노키 마사시게는, 동생 마사스에(正季)에게 "적이 우리의 앞뒤를 차단해 (우리는) 아군 진영과 격리되고 말았다. 이제 도망갈 수 없다. 우선 앞에 있는 적을 해치우고 후방의 적과 싸우자."고 말하자, 마사스에는 "그게 좋겠습니다."고 찬성하며, 앞뒤로 700여 기를 거느리고 적의 대군 속으로 달려갔다.

아시카가 다다요시의 부대는 기쿠스이(菊水)[33] 문장의 깃발을 보고 "싸울 가치가 있는 적이다"고 생각해 포위해서 공격하려고 했다. 그렇지만 마사시게와 마사스에는 적의 대군을 동서로 가로질러 통과하기도 하고 또 남북으로 마구 휘젓고 다니면서 호적수라고 여기면 말을 나란히 달려 상대방을 껴안고 말에서 떨어져 싸웠고, 싸울 가치가 없는 적은 장검을 한번 휘둘러서 쫓아버렸다. 마사시게와 마사스에는 7번 만나 7번 헤어지면서 싸웠다. 그들이 노린 것은 오로지 다다요시에게 접근해서 육박전을 벌이는 것이었다.

한편, 다다요시가 이끄는 50만 기(騎)는 구스노키 마사시게의 700

---

32) 현재의 효고현 고베시(神戶市) 주오쿠(中央區)와 효고쿠(兵庫區) 일대.

33) 물위에 뜬 국화꽃 형상. 구스노키 집안의 문장으로 유명하다.

구스노키 마사시게가 할복한 장소 – JR 고베 역 주변에 있는 미나토가와 신사

미나토가와 신사에 있는 구스노키 마사시게의 묘

여기에 밀려서 고즈케야마(上野山)의 스마테라(須磨寺)[34]로 후퇴했다. 대장인 다다요시의 말은 화살촉을 밟아서 오른쪽 다리를 질질 끌고 있었다. 구스노키의 병사가 이를 쫓아와 하마터면 죽음을 당할 뻔하던 차에, 야쿠시지주로(藥師寺十郎)가 단기(單騎)로 되돌아와 말에서 뛰어내려 2척 5촌(약 76센치)의 작은 창날의 손잡이 부분을 쥐고, 장검을 길게 잡고 돌진해오는 적이 탄 말의 목 옆 부분과 가슴부근을 찔러서 무사를 말에서 떨어뜨리고 이어서 7~8기 정도를 베었다. 그 틈을 타서 다다요시는 말을 바꿔 타고 먼 곳까지 도주할 수 있었다.

다다요시의 병력이 구스노키 부대에 쫓겨서 퇴각한 곳에, 다카우지의 또 다른 부대 6천여 기가 미나토가와의 동쪽으로 달려나와, 구스노키 부대의 배후를 차단하고 포위했다. 구스노키 형제는 추격하던 도중에 되돌아가, 이 부대와 뒤엉켜서 싸웠다. 적과 껴안고 말 위에서 떨어져 죽는 자들도 속출했다. 사람도 말도 제대로 쉬지도 못하고 6시간 정도의 전투에 16번이나 뒤엉켜 싸웠다. 그 때문에 구스노키의 병사들은 점점 전사자 숫자가 늘어나 이제 겨우 70여 기만 남게 되었다.

이 정도 병력일지라도 적진을 격파하고 귀환하려 한다면 돌아갈 수 있었다. 그러나 마사시게는 교토를 출발할 때부터 살아서 돌아가지 않겠노라고 결심했기 때문에 한 걸음도 후퇴하지 않고 있는 힘을 다해 싸웠다. 하지만 이미 힘이 다해버렸기에 미나토가와의 북쪽에 있는 한 민가 안으로 들어가 할복하기로 결심했다.

마사시게는 동생 마사스에(正季)에게 물었다. "원래 인간은 죽기 전 마지막 순간에 어떤 생각을 하는가에 따라서 내세(來世)에 극락에 갈 수 있는지 아니면 지옥으로 떨어질 것인지 정해진다고 한다. 아홉 개의 세계(九界)[35] 중에서 네가 가고 싶은 곳은 어딘가? 이제 곧 거기

---

34) 고베시(神戸市) 스마구(須磨區)의 후쿠쇼지(福祥寺).
35) 지옥(地獄), 아귀(餓鬼), 축생(畜生), 수라(修羅), 인간(人間), 천상(天上), 성문(聲聞),

에 가도록 해라" 하고 물었다. 그러자 마사스에는 껄껄 웃으면서 "일곱 번 다시 태어나더라도 역시 똑같은 인간으로 태어나 역적들을 쳐부수고 싶다"고 대답했다. 그러자 마사시게는 아주 기쁜 표정으로 "죄업(罪業)이 깊어서 구원받지 못할 것 같지만, 나도 같은 생각이다. 자, 그러면 우리 똑같이 다시 태어나서 이 오랜 숙원을 꼭 이루도록 하자"고 약속하고, 형제는 서로 상대방을 찌르고 같은 장소에 쓰러졌다. 또 주요한 일족 16명과 따르는 병사들 50여 명도 각자의 생각대로 나란히 동시에 배를 가르고 죽었다.

기쿠치 시치로 다케토모(菊池七郎武朝)는 형의 사자(使者)로 스마구치(須磨口) 전투 상황을 보러 왔다가 마침 마사시게가 할복하는 장면을 보게 되었다. 그는 "이들을 내버려두고 어찌 돌아갈 수 있겠는가?" 하고 구스노키씨(楠木氏) 일족 무사들과 함께 배를 가르고 죽고 말았다.[36]

"겐코의 변(元弘の變) 이래, 황공하게도 고다이고 천황의 신뢰를 받고 충의를 다해 전공을 쌓은 자가 얼마나 많았던가? 그러나 다카우지가 뜻밖에 난을 일으킨 이후, 인(仁)을 이해하지 못한 자는 조정의 은혜를 저버리고 적에게 가담했고, 용기 없는 자는 비겁하게도 죽는 것을 두려워하다가 형벌을 당했다. 그리고 지혜가 없는 자는 시세의 변화를 이해하지 못해 도리에 어긋난 행동을 했다. 이런 와중에도 지(智)·인(仁)·용(勇)의 세 가지 덕(德)을 모두 겸비해 인간으로서 떳떳하게 최후를 맞이한 자 중 이 마사시게 만한 사람이 없었다. 도망할 수 있었음에도 그렇게 하지 않고 마사시게 형제가 함께 자살한 것은,

---

연각(緣覺), 보살(菩薩).

36) 기쿠치 다케토모가 구스노키 일족과 함께 할복하고 이후에도 일족들이 일치단결해 남조에 충성을 다함으로써 메이지 유신 이후 기쿠치 일족은 구스노키씨에 버금가는 충신으로 칭송되어왔다. 그리고 기쿠치 일족들의 거점인 기쿠치가 있는 구마모토현은 규슈에서도 가장 우익(右翼) 성향이 강한 곳으로 명성황후를 시해한 일본 낭인들 중에도 구마모토현 출신이 가장 많았다.

임금이 또다시 나라를 잃어버리고 역적들이 마음대로 난폭한 위세를 떨치게 될 전조(前兆)일 것이라고, 지혜로운 사람들은 몰래 걱정했던 것이다.

형제의 죽음을 들은 다카우지는 "과연 구스노키 형제답게 용감하게 싸우고 무사답게 죽었구나, 정말 훌륭한 무사로다."고 말하고 눈물을 닦고 정성스럽게 마사시게의 장례를 치르게 했다고 한다.

남북조 내란은 결국 무사들의 승리로 끝났다. 따라서 이후 수 세기에 걸쳐서 구스노키 마사시게는 무로마치 막부에 의해 역적으로 여겨져 왔었다. 그러다가 에도시대(1603~1867) 초기가 되어 군사학이 발달하면서 마사시게는 점점 병법가로서 숭배되었고 구스노키 류(楠木流) 군사학이라는 것도 생겨났다. 또 유학(儒學)의 입장에서 마사시게의 충의가 높이 평가되었다. 의용지(義勇智)의 일체를 겸비한 마사시게의 지모(智謀)와 무략(武略)에 대한 칭송은 병법가로서의 마사시게에게 유학 측면에서의 새로운 평가가 더해진 것이었다. 그러나 마사시게의 충정(忠貞)에 대한 찬미는 존왕사상(尊王思想)이 발달한 뒤부터 점점 고조되기 시작했다. 특히 일본이 군국주의(軍國主義) 사회가 되면서 그는 절대무비(絶對無比)의 충신이 되었다. 태평양 전쟁의 현장인 아시아 지역 곳곳에서 일본군과 국민들은 자신들이 교육받은 구스노키 마사시게 부자(父子)를 머리에 떠올리면서 육탄돌격을 감행했던 것이다.

일본의 육군사관학교를 졸업한 박정희 전 대통령이 생전에 이순신 장군의 충성심을 현양(顯揚)하고 동상(銅像)을 세종로 거리에 세운 것도, 구스노키 마사시게의 동상에서 힌트를 얻은 것일지도 모른다. 박 전 대통령은, 배반과 권모술수가 판치던 남북조 시대에 오로지 순수한 충정(忠貞)으로 신명(身命)을 다 바친 구스노키 마사시게와, 임진왜란이라는 국가위기상황 속에서, '백의종군(白衣從軍)'의 정신으로 초지일관(初志一貫)했던 이순신 장군을, 자신과 동일시(同一視)했던 것이 아닐까, 라는 생각이 든다.

마사시게가 실제로 활동한 기간은 불과 5년에 지나지 않는다. 그럼에도 불구하고 그는 일본을 대표하는 충신으로 평가되고 있다. 천황이 살고 있는 도쿄성 앞의 광장에 기마무사(騎馬武士)의 동상으로 서있는 그는, 1945년 이전의 학교 교육에서 타의 추종을 불허하는 최고의 충신이며 군신(軍神)으로 칭송을 한 몸에 받았다. 그런데 그가 충성을 바친 대상은 남조 즉, 대각사통(大覺寺統)의 고다이고 천황이었다. 북조(持明院統)의 후손인 메이지 천황과 현재의 천황 가문이, 자신들에게 칼을 겨눈 그를 최고의 충신으로 치켜세운 것은 천황에 대한 국민들의 충성심을 이끌어 내기 위한 정책의 일환이었다.

그러나 태평양 전쟁에서 패하자, 구스노키 마사시게도 가와치(河內) 지방의 토호(土豪)에 불과하고 아쿠토(惡黨)의 우두머리 정도로 폄하되었다. 이와 반대로 절대악(絕對惡)과 같은 존재였던 아시카가 다카우지는 지금은 오히려 마사시게 정도의 인물역량으로는 도저히 비교조차 할 수 없을 정도로 우수한 정치력을 겸비한 무장으로 높이 평가되어왔다. 군국주의자들이 자국민들을 전쟁에 동원하기 위해, 맹목적인 천황 숭배에 구스노키 마사시게를 악용했던 과거 역사에 대한 반성과 비판 때문에 그에 대한 평가가 저하되었던 것이다.

그런데 '1억 총우경화(總右傾化)'의 시대라고 일컬어지는 지금의 일본 사회에서 구스노키 마사시게에 대한 평가는 또다시 변모하고 있다. 지방 여기저기에서 그를 현창하는 움직임이 다시금 활발해지는 것이다.

구스노키 마사시게의 신격화(神格化)가 단순히 일본의 흥미로운 옛날 이야기에 그치지 않는다는 것에 주목해야 한다.

그리고 기쿠치 시치로 다케토모(菊池七郎武朝)가 구스노키 형제와 함께 할복한 것이 구스노키 일족과 어깨를 나란히 하는 충신으로 여겨지게 되는 계기가 되었다는 점 역시 주목해야 한다. 나카무라 히데타카를 위시한 일본의 왜구 연구자들이 기쿠치씨가 왜구의 실체 중 하나라는 사실을 감추고 오히려 화척(禾尺)과 재인(才人), 그리고 제주도 사람 등 고려인들이 왜구의 실체였다고 주장해 왔던 이유가 여기에 있는 것이다.

11. 고다이고 천황, 또다시 히에이잔으로 도피하다

구스노키 군을 괴멸시킨 아시카가 군은 닛타군에 대해 공격을 집중하기 시작했다. 닛타 요시사다는 마사시게처럼 처음부터 죽기를 각오하고 싸울 생각이 없었다. 승산이 없다고 판단하자 남아있는 병사 6천 기를 이끌고 도주하기 시작했다. 이 소식을 들은 고다이고는 또다시 피난길에 올랐다. 1336년 5월 27일이었다. 이럴 줄 알았다면, 마사시게가 말한 대로 일찍 피난할 것인데, 라고 모두들 마음속으로 후회하고 있었다.

29일에는 다카우지의 선봉 부대가 교토에 들어갔다. 6월 14일, 다카우지는 지명원통의 고곤 상황과 도요히토 왕자를 모시고 도지(東寺)에 진을 쳤다. 다카우지는 다음 날, 미나토가와에서 전사한 마사시게 형제의 목을 로쿠조가와라(六條河原)에 내걸었다. 그 뒤 그 목은 상자에

담겨 구스노키의 고향인 가와치에 보내졌다. 목이 도착하자 이를 본 아들 마사쓰라는 너무도 슬퍼서 불당에 들어가 아버지의 칼로 자살하려고 했다. 그런데 어느 틈인가 뒤에 와있던 어머니가 그를 껴안고 "네가 진정 아버지의 아들이라면 도리를 모르지는 않을 것이다. 아버지가 사쿠라이 역에서 너에게 자신의 뒤를 쫓아서 자살하라고 했느냐? 그렇지 않다. 아버지의 뜻을 받들라고 너를 남기고 떠나셨을 것이다."라고 말했다. 어머니의 훈계를 듣고 마사쓰라는 자살하려던 생각을 거두었다. 그리고 죽을 때까지 반드시 이 복수를 하겠노라고 굳게 결심했다.

아시카가 부대 6만여 기가 고다이고가 피신한 히에이잔에 대하여 공격을 개시했다. 양측은 일진일퇴를 거듭했다. 교토에서부터 히에이잔에 걸쳐 민가와 사찰이 매일 불타고 쌍방의 사상자 숫자도 엄청나게

간신지(觀心寺)에 있는 구스노키 마사시게의 구비쓰카(具塚)

늘어났다. 이때 나와 나가토시가 전사했다. 나가토시 그리고 마사시게, 유키 지카미쓰, 지쿠사 다다아키의 4명을 '일목삼초(一木三草)'라고 하며 고다이고의 공신이라고 칭송했는데, 모두 다 전사하고 만 것이다.

8월 15일, 지명원통의 고곤 상황은 다카우지의 주청을 받아들여 동생 도요히토 왕자의 즉위식을 거행했다. 이가 고묘(光明) 천황이다. 이로써 교토와, 교토에서 멀지 않은 히가시사카모토에 두 사람의 천황이 존재하게 되었다.

『태평기』 권제19, 「도요히토 왕자, 등극하다(豊仁王登極の事)」는 당시 상황을 다음과 같이 묘사하고 있다.

> 1336년 8월 15일, 새로운 천황 도요히토(豊仁, 光明天皇) 왕자의 즉위식이 거행되었다. 세상은 아직 평온을 되찾지 못했고 전투가 끝나지 않았기 때문에 의식은 충분하게 치러지지 않았다. (중략) 다카우지 경이 규슈에서 상경할 때에 상황이 명령서를 하사한 것도, 그리고 고다이고 천황과 헤어져 몰래 도지(東寺)로 옮겨가서 천하를 대각사통과 지명원통의 싸움이라는 형태로 만들고 쇼군에게 가세한 것도 이 고곤 상황이었다. 따라서 "어떻게 이 은혜에 보답하지 않을 수 있으랴?"고, 다카우지 경과 다다요시가 여러 번 천거했기 때문에 공경들도 다시 반론을 제기하기 어려워 고곤 상황을 임금으로 삼기로 결정했던 것이다. 그래서 그 무렵 시골 사람들은, "고곤 상황은 아주 행복한 사람이다. 그 힘든 전투를 한 번도 치르지 않고 쇼군으로부터 왕위를 받다니…"라고 쑥덕댔다.
>
> 건무 5년(1338) 8월 28일, 연호가 바뀌어서 랴쿠오(曆應) 원년이 되었다. 다카우지 경은 자기보다 상관인 공경 11명을 제치고 정2위 정이대장군에 올랐고, 동생 다다요시는 종4위상을 제수(除授)받아, 사효에노카미(左兵衛督) 겸 사가미노카미(相模守)로 정동장군(征東

將軍)에 임명되었다. 경사스러운 일이었다.

　이 외에 주요 일족 40여 명이 어떤 자는 각별한 영예를 입어 곧바로 궁정을 출입하게 되었다. 또 어떤 자는 별다른 재주도 없이 중앙 정부의 고관이 되었다. 그뿐 아니었다. 그 일족은 전국의 슈고와 고쿠시(國司)를 겸직했고 간파쿠(關白) 등, 천황의 정치를 보좌하는 공경들도 이제 와서는 아시카가씨 일족보다 더 높은 벼슬을 하는 것을 꺼려했다. 하물며 유명 가문과 유학자 집안사람들조차 아시카가 일문의 부하가 된 것을 기뻐했다. 지금까지의 관례는 모두 쇼군 마음대로 무시했다. 쇼군의 위세를 믿고 천하의 무사들은 자기 마음대로 행동하며 기세등등해졌다.

12. 고다이고, 거짓 항복하다

　고다이고 천황은 나라(奈良)의 고후쿠지(興福寺)에 격문을 보내어 교토에 있는 아시카가 부대를 공격하도록 권유했다. 그러자 고후쿠지는 히에이잔과 호응해 교토로 공격해 들어갔다. 요시사다는 이 전투에 운명을 걸고 싸웠지만 아시카가의 대군 앞에서 많은 희생자를 내고 철수하고 말았다. 그 뒤, 수천 명의 공가 귀족과 무사들을 석 달 가까이 먹여 살리느라 히에이잔도 병량미가 바닥을 드러내고 말았다.

　그러자 고다이고는 오슈(奧州)의 기타바타케 아키이에를 다시 불렀다. 그러나 아키이에의 부대는 상경도 하기 전에 전투에서 연패하고 말았다. 이러한 상황에 고다이고도 어찌할 바를 모르고 있을 때 다카우지가 밀서를 보내왔다. 밀서의 내용은, 자기가 적대시하고 있는 것은 요시사다와 같은 간신들이다, 그러니 만약 천황이 교토로 돌아온다면 기꺼이 받들어 모시고 과거에 대해서는 묻지 않고 원래대로 관직과 영지를 돌려주고 천하의 정사는 천황에게 맡기겠다는 것이었다.

그런데 고다이고 측은 의외로 간단하게 "그런 조건이라면 교토로 돌아가도 좋다."고 승낙한다. 이는 자신을 위해 힘들게 싸워온 닛타 요시사다에게는 한 마디 상의도 하지 않고 내린 결론이었다. 요시사다는 이 말을 듣고 그 진위를 믿기 어려웠다. 그렇지만, 만약의 경우를 생각해서 고다이고가 있는 엔랴쿠지(延曆寺)의 근본중당(根本中堂)으로 부하 사다미쓰를 보내어 확인하게 했다. 그랬더니 과연 고다이고가 탄 가마가 이제 막 출발하려 하고 있었다. 사다미쓰는 가마의 손잡이에 매달려, "지금까지 목숨 걸고 싸워온 우리들을 저버리고 이렇게 항복하신다니 너무하십니다."라고 울부짖었다.

그때 요시사다 형제도 뒤늦게 달려왔다. 요시사다는 사다미쓰처럼 원망 섞인 말은 일체 하지 않고 뜰 위에 나란히 엎드렸다. 고다이고 천황은 아주 부드러운 어조로, "병사들이 피로에 지쳤으니 일단 다카우지에게 화해하자고 한 뒤 때를 기다리려는 것이다. 짐이 교토로 돌아가면 그대는 역적이라는 오명을 쓰게 될 것이다. 그러니 동궁(쓰네요시 왕자)에게 천자 자리를 넘겨주겠다. 그대도 동궁과 함께 북쪽 지방으로 내려가 천하의 모든 일을 그대가 결정하도록 하라. 동궁을 짐이라고 여겨 섬겨주기 바란다. 그대의 변함없는 충절을 짐은 고맙게 여기고 있다."라고 하면서 눈물을 참고 설득했다.

이 말을 듣고 요시사다는 눈물을 흘리며 다음과 같이 아뢰었다.

> "제가 능력이 부족해 이렇게 되고 말았습니다. 죄스러운 마음을 다 아뢰지 못하겠나이다. 분부하신 대로, 저는 동궁 폐하를 모시고

북쪽 지방으로 가서 주상 전하를 위해 싸워 세력을 만회하도록 하겠습니다."

이것이 요시사다와 고다이고 천황의 이승에서의 마지막 대면이 되고 말았다. 두 사람 다 하염없이 눈물을 흘렸다. 곧바로 쓰네요시 왕자에게 왕위를 넘겨주는 의식이 거행되었다. 이미 날이 저물었기 때문에 다음 날 오전 10시 경에 고다이고는 몇 안 되는 수행자를 데리고 산을 내려갔다.

산을 내려간 고다이고는 연금당하고 만다. 그 후 삼종의 신기를 지명원통의 새로운 천황인 고묘 천황에게 넘겨주도록 요구하는 사자가 왔다. 아시카가 다카우지는 고다이고 천황이 산을 내려온 5일 뒤, 17개 조로 이루어진 '건무식목(建武式目)'을 공포하고 막부를 교토에 둔다고 했다. 11월 14일에는 고다이고의 아들 나리요시(成良)를 황태자로 정했다. 다카우지가 고다이고에게 제안한 대로, 두 집안이 교대로 왕위를 계승한다는 약속을 실행한 것이다.

13. 고다이고, 요시노로 도주하다

다카우지는 자신이 고다이고 천황과의 약속을 지켰고 또 그의 체면을 세워주었기 때문에 더 이상 불만이 없을 것이라고 안심했다. 그런데 한 달이 조금 지난 12월 21일, 고다이고는 연금당하고 있던 곳에서 탈출했다.

고다이고는 어떤 역경 속에서도 포기를 모르는 사람이었다. 그는

요시미즈 신사 – 요시노에 있던 고다이고 천황의 거처

요시노산 기슭의 요시미즈(吉水) 신사를 임시 거처로 정했다. 천황의 도주 소식을 들은 다카우지는 "호조씨가 한 것처럼 먼 섬으로 귀양을 보낼 수도 없고 어찌해야 하나 고민하던 차에 스스로 달아났으니 잘 되었다"고 했다고 한다.

고다이고는 오슈(奧州)의 기타바타케 아키이에(北畠顯家)에게 사람을 보내 요시노로 도피한 사실을 알리고 그곳의 무사들을 거느리고 다시 상경할 것을 명령했다. 고다이고는 당시 측근 신하들에게 고묘 천황에게 넘겨준 신기(神器)는 미리 준비해두었던 가짜이고, 지금 자기가 가지고 있는 것이 진짜라고 말했다.

이리하여 요시노와 교토, 두 곳에 조정이 병존하는 시대가 57년 동안 이어지게 되었다.

14. 요시사다, 적의 매복에 걸려 자결하다

요시사다는 두 왕자와 7천 기를 이끌고 비와코(琵琶湖)의 서쪽 길을 따라 북상해 시오즈(鹽津)에서부터 쓰루가(敦賀)까지 산길을 걸어 넘었다. 앞에는 에치젠(越前)의 슈고(守護) 시바 다카쓰네(斯波高經)의 군대가 가로막고 있었다. 후방을 지키는 도이(土居)와 도쿠노(得能)는 맹렬한 눈보라를 만났고 적의 추격을 당해 길을 헤매다가 추위로 일족 300여명이 동사(凍死)하고 말았다. 요시사다 부대도 눈보라와 추위 속에서 10월 13일 저녁에 겨우 쓰루가(敦賀)에 도착해 현지 무사의 영접을 받으면서 가네가사키성(金か崎城)으로 들어갔다. 여기는 쓰루가의 동부에 위치한 쓰루가 만에 돌출한 작은 반도에 있는, 주위 1리도 채 되지 않는 작은 성이었다. 그러나 삼면이 바다로 둘러싸여 있고 절벽 위에 위치한 천연의 요해지였다.

다음 해 1337년 정월 일찍부터 적군 6만 기가 가네가사키성을 공격했다. 요시사다를 중심으로 휘하 무사들은 필사의 항전을 전개했지만 성 안에는 점점 병량이 부족해 절벽 위에서 낚싯줄을 드리워 물고기를 잡아서 겨우 허기를 채우는 상황이었다. 그러다가 마침내 군마(軍馬)를 매일 두 마리씩 죽여서 그것을 성안의 병사들이 나누어 먹기까지 했다. 적들은 점차 절벽 아래까지 도달해서 성으로 기어올라와 공격을 해왔다.

3월 6일, 요시사다는 뒷일을 아들 요시아키에게 맡기고 성을 빠져나와 8리 북쪽에 위치한 소마야마성(杣山城)[37]으로 가서 재기를 꾀하기

---

37) 후쿠이 켄 난조군(南條郡) 에치젠마치(越前町) 소재.

가네가사키성 - 오른쪽의 바다를 향해 뻗어있는 산

로 했다. 아사(餓死) 직전의 상태에 직면한 가네가자키성에 대해 적병
은 총공격을 가해왔다. 요시사다를 따라 히에이잔을 내려왔던 쓰네요
시 왕자와 다카요시 왕자는 아직 성안에 남아있었다. 쓰네요시 왕자는
작은 배를 타고 바다로 탈출했고 다카요시 왕자와 남은 사람들은 자살
했다.

　쓰네요시 왕자는 얼마 있다가 아시카가 측의 대장 시마즈 다다하루
에게 붙잡혔다. 그동안 요시사다는 소마야마 성에 의거해 세력을 키워
부근 여러 성을 차례차례로 공격하기 시작했다. 다다요시는 심복 부하
를 불러 왕자를 독살할 것을 지시했다. 쓰네요시 왕자는 동생 나리요
시 왕자와 함께 한 방에 감금되었다. 나리요시 왕자는 예전에 다다요
시가 모시고 가마쿠라로 내려간 뒤, 다시 상경해 정이대장군에 임명되
었고 또 이어서 고묘 천황의 황태자로 정해졌다. 그러나 고다이고가
요시노로 도주하자, 황태자 자리에서 쫓겨났다.

　다다요시의 심복 부하는 두 왕자가 있는 곳으로 독약을 가지고 가

가네가사키성

서, 이것은 다다요시가 두 왕자님이 병에 걸리지 말라고 주시는 약이니 7일 동안 나누어 마실 것을 권했다. 나리요시 왕자는 금방 독약임을 알아차리고 뜰에 버리려고 했지만, 쓰네요시 왕자는 "다카우지와 다다요시가 우리를 죽일 생각이라면 우리가 독약을 마시지 않더라도 어차피 죽일 것이다"라고 했다. 두 사람은 독약인 것을 알면서도 매일 염불을 외우면서 7일 동안 나눠 마셨다. 쓰네요시 왕자는 15세, 나리요시 왕자는 13살이었다.

요시사다는 시바 다카쓰네(斯波高經)의 지휘하에 있는 아스와성(足羽城)[38]을 점령하기로 했다. 먼저 그 성의 일곱 개 지성(支城) 중의 하나인 후지시마성(藤島城)[39]을 공격하기 시작했다. 후지시마성은 쉽게 함락되지 않았다. 초조해진 요시사다는 수하 50기를 거느리고 친히 출동했다

---

38) 후쿠이 시내 아스와 산 일대에 있었던 성.
39) 후쿠이 시내 아스와 산 일대에 있었던 성. 정확한 위치에 관해서는 여러 가지 설이 있다.

닛타 요시사다를 신으로 모시고 있는 후지시마 신사

가 적 300기와 부딪혔다. 요시사다 측은 집중적으로 화살 공격을 받게 된다. 그러자 도묘지나와테(燈明寺繩手)[40]의 논 안으로 말이 뛰어 들어가 움직일 수 없게 되었다. 결국 그는 미간(眉間)에 화살을 맞고 말에서 떨어져 죽고 말았다. 요시사다의 나이 36세로 1338년 윤7월 2일의 일이다.

　요시사다는 오로지 고다이고 천황을 위해 싸워온 우직한 시골 무사였다. 그는 실리(實利)보다 체면과 명예에 집착한 장수였다. 고다이고가 그에게 하사한 여인 고토노나이시는 비와코 호반에서 요시사다와 헤어진 뒤, 교토에서 매일 그를 그리워하다가 그의 부름을 받고 호쿠리쿠(北陸)로 향하고 있었다. 도중에 그의 전사 소식을 알게 되고 옥문(獄門)에 걸린 그의 목을 보고서는 머리를 깎고 비구니가 되었다고 한다. 에도 시대에 『태평기』를 읽는 모임이 전국적으로 크게 유행하자

---

40) '나와테'란 논두렁 길 또는 직선으로 된 긴 길의 의미이다.

각지에 그녀의 무덤이 만들어졌다.[41]

15. 기타바타케 아키이에, 또다시 상경 길에 오르다

다카우지를 규슈로 쫓아낸 뒤, 다시 오슈(奧州)로 돌아갔던 기타바타케 아키이에는 다카우지가 교토를 다시 점령했다는 보고를 듣고 또다시 상경 길에 오른다. 고다이고가 요시노로 도주한 지 9개월 뒤인 1337년 8월의 일이다.

그해 12월, 가마쿠라를 함락하고 이듬해 정월 가마쿠라에서 교토로 향하던 도중에 아시카가 측과 전투를 벌인다. 처음에는 기타바타케 측이 우세했지만, 오랫동안 장거리 원정을 해왔기 때문에 피로가 누적된 데에다가 병력들도 줄어들어서 마침내 패주하고 말았다. 아키이에는 적 포위망을 돌파하려다 실패하고 전사했다. 그의 나이 29세였다. 요시사다가 전사하기 40일 전인 5월 22일의 일이었다. 연이은 아키이에와 요시사다의 전사 소식은 고다이고에게 충격과 실망을 안겨주었다. 그 뒤, 요시노 조정은 새로운 인물을 임명해 다시 각지에 파견하기로 했다. 그 대책 중 하나가 바로 가네요시(懷良) 왕자를 규슈(九州)로 내려보내서 장래에 규슈의 남조군을 통할하게 하는 것이었다.

---

41) 메이지 시대에 닛다 요시사다를 제신(祭神)으로 모신 후지시마 신사가 닛다츠카 인근에 세워졌는데, 수해(水害)를 겪은 뒤 아스와 산기슭의 현재 위치로 옮겨졌다. 지금 경내에는 고토노나이시의 무덤이 있는 오쓰시(大津市)의 노가미(野神) 신사에서 영을 모셔와 섭사(攝社)로 모시고 있다.

16. 고다이고, 요시노에서 죽음을 맞이하다

　기타바타케 아키이에와 닛타 요시사다 등 유력한 장수들을 잃어버린 남조는 세력이 약해졌다. 이런 와중에 고다이고는 요시노로 옮겨온 지 2년 9개월만인 1339년 8월 9일, 감기에 걸려 병상에 누운 지 1주일 뒤 왼쪽 손에는 법화경 제5권을, 오른 손에는 보검을 잡고 8월 16일 오전 2시에 52세의 나이로 사망했다.

　다카우지는 고다이고의 명복을 빌기 위해 교토에 덴류지(天龍寺)를 세우도록 했다. 이 절은 1345년에 완성되었다. 아시카가씨가 죽은 고다이고의 원혼이 자기들을 저주할까 두려워 세우게 한 것이라고 세상 사람들은 말했다.

　남북조 내란이 60년 이상 장기간에 걸쳐 이어진 데에는 여러 가지 원인이 있지만, 특히 고다이고 천황의 책임이 크다고 할 수 있다. 가마

고다이고 천황의 묘

쿠라 막부가 140년 넘게 통치하면서 무사들의 세력은 전국적으로 그 뿌리를 단단히 내리게 되었다. 그런데 고다이고 천황은 이 엄연한 현실을 무시하고 천황과 공가 귀족들이 통치하던 수백 년 전으로 역사를 되돌리고자 했다. 이러한 잘못된 현실 인식과 유아독존(唯我獨尊)적인 그의 아집(我執)은 내란이 장기화되는 데 큰 영향을 미쳤던 것이다.

제3장
간노노조란

1. 구스노키 마사쓰라, 부(父)와 같은 길을 가다

마사시게의 아들 구스노키 마사쓰라(楠木正行)가 1347년 7월에 드디어 거병한다. 아버지와 사쿠라이역에서 헤어졌을 당시 11살 소년이었던 마사쓰라는 이제 22살의 청년이 되었다. 구스노키 마사쓰라를 중심으로 한 가와치 세력은 요시노 조정의 무력의 핵심이 되어 있었다. 마사쓰라는 여기저기서 아시카가 측 부대를 격파하는 무공을 올렸다. 패전 소식에 놀란 아시카가 측은 고노 모로나오(高師直)와 모로야스(高師泰) 형제로 하여금 병력 8만 대군을 편성해 단숨에 마사쓰라의 본거지를 궤멸시키기 위해 출진하게 했다.

마사쓰라는 이 소식을 듣고 싸우다 죽기를 각오한 일족 143명을 이끌고 요시노의 고무라카미 천황에게 마지막 인사를 하러 갔다. 이어서 마사쓰라는 고다이고 천황의 무덤을 참배하고 뇨이린도(如意輪堂)[1]의

---

1) 나라현 요시노 군(吉野郡) 요시노 초(吉野町)에 있는 정토종 사찰. 고다이고 천황의

판자벽에다가 각자의 이름을 쓰게 한 뒤, 마지막 유언으로 한 줄의 시를 써서 새겼다. 마사쓰라와 무사들은 사후에 유족이 지내는 49재 행사를 자기 스스로 거행하고 명복을 빌고자 각자 귀밑 머리카락을 잘라 부처님 앞에 바치고 뇨이린도를 떠났다.

요시노의 뇨이린지

마사쓰라의 직속 병력 1천 기는 이코마(生駒) 산의 서쪽 기슭에 있는 로쿠만지(六萬寺)[2]를 본진으로 삼았다. 양군은 곧바로 한 두 차례 격돌했다. 그렇지만 중과부적으로 전황은 시종일관 마사쓰라 군이 열세였다. 적의 병력은 계속 늘어나고 마사쓰라의 병력은 계속 줄어들어가 마침내 300여 기 정도가 되고 말았다. 열심히 싸웠지만 더 이상 어떻게 할 수 없게 된 마사쓰라는 가까운 소나무 숲속으로 들어가 아버지와 숙부가 했던 것처럼, 동생 마사도키와 서로 찌르면서 죽었다. 부하들 30여 명도 전원 할복자살했다. 『태평기』「야마나 도키우지, 스미요시에서 싸운 일(山名時氏住吉合戰の事)」(권제25)에는 다음과 같이 서술하고 있다.

능이 있다.

[2] 히가시오사카시(東大阪市) 로쿠만지초(六萬寺町)에 있는 정토종의 절. 시조나와테 전투 당시 구스노키 군의 본진이었다고 전해진다. 경내에 구스노키 마사쓰라의 묘와 마사시게의 공양탑이 전해진다.

교토의 부대가 구름떼처럼 몰려와 요도(淀)와 야와타(八幡)에 도착했다는 소식이 전해졌다. 구스노키 마사쓰라와 동생 마사도키는 300여 기로 요시노의 궁궐로 가서 시조추나곤다카스케(四條中納言隆資) 경을 통해 천황에게 다음과 같이 아뢰었다.

"선친 마사시게가 보잘 것 없는 세력으로 적의 대군을 격파해 선제(先帝)의 마음을 편안하게 해드린 뒤, 천하는 얼마 지나지 않아 어지러워졌고 역신(逆臣)이 규슈에서 상경해 공격하였습니다. 선친은 위기에 임하여 목숨을 다하여 싸울 것을 이전부터 각오하고 있었기에 마침내 셋쓰노쿠니(攝津國) 미나토가와에서 전사했습니다. 그때 저 마사쓰라는 11살이었습니다. 선친은 저를 전장(戰場)으로 데려가지 않고 가와치노쿠니(河內國)로 돌아가게 하면서, '죽지 않고 살아남아서 일족과 젊은 무사들을 잘 이끌어 조정의 적을 멸망시켜 폐하께서 천하를 통치하시도록 하라.'는 유언을 남기셨습니다.

그런데 지금 제가 장년이 되었는데도 폐하께서 천하를 새로이 다스리는 그날을 위해 목숨을 바쳐 전투에 임하지 않는다면, 저 마사쓰라는 한편으로는 돌아가신 선친의 유언을 어기게 될 것이며 또 한편으로는 무략(武略)이 떨어진다는 비난을 받게 될 것입니다. 그렇지만 사람의 처지는 생각대로 되지 않는 법, 병에 걸려 요절(夭折)하게 된다면 폐하께는 불충한 몸이 될 것이고 선친에게는 불효한 자식이 될 것입니다. 이번에 모로나오와 모로야스의 머리를 벨 것이냐 아니면 마사쓰라와 마사도키의 목이 그들의 칼에 베일 것이냐, 이를 걸고 전투의 자웅을 겨루게 되어 금생에 다시 한 번 폐하의 얼굴을 뵙고자 이 자리에 왔습니다."

마사쓰라가 말을 마치자마자 자기도 모르게 눈물을 갑옷 소매에 흘리며 충성심을 얼굴에 드러내니, 말을 전하는 다카스케 경은 그 말을 아뢰기도 전에 눈물을 소매에 적시고 있었다.

(중략)

마사쓰라 일족과 젊은 무사 200여 명은 그 길에 선제(先帝)인 고다이고 천황의 묘소를 참배하고 이번 전투에서 한 사람도 살아서는 돌아오지 않겠노라고 각자가 신수(神水)[3]를 마시고 맹세하며 뇨이린도(如意輪堂)의 벽에 순서대로 이름을 쓰고 과거장(過去帳)[4]에 이름을 기입한 뒤 그 안쪽에다가,

"살아서는 돌아오지 않겠노라고 각오한 출진이기에 죽으러 가는 사람의 이름을 기록해 남기고자 하노라."

라고 글을 남겨서 사후의 명복을 빌어주기를 기원하며 각각 귀밑 털(鬢毛)을 조금씩 잘라서 불당에 놓고 그날로 요시노를 출발해 적진으로 향했다.

2. 다카우지의 집사, 고노 모로나오의 횡포

시조나와테 전투에서 승리해 의기양양한 고노 모로나오(高師直)는 자기 마음대로 요시노를 향해 진군했다. 고무라카미 천황은 크게 당황해하며 아노우(賀名生)[5]까지 도주했다. 모로나오의 부대가 요시노에 도착했을 때는 이미 아무도 남아 있지 않았다. 화가 난 모로나오는 요시노의 건물에 불을 질렀다.

모로나오는 조정의 권위 따위는 인정하지 않는 폭력적인 인물이었다. 군공을 세운 그는 의기양양해서 교토로 개선했다. 이후, 모로나오의 오만한 행동은 주변의 빈축을 샀다. 모로나오의 집은 다카우지와

---

3) 신사 입구에 있는 신성하다고 여겨지는 물.
4) 죽은 사람의 법명(法名), 속명(俗名), 사망연월일을 기록하는 장부(帳簿).
5) 나라현 남서부의 고조시(五條市) 서부의 옛 촌역. 남북조 시대 남조의 고무라카미 천황의 궁궐이 1348년부터 1352년 2월까지 있었다고 하지만 확실하지 않다. 처음에는 '아노(穴生)'라고 썼는데 교토를 회복하겠다는 염원으로 글자를 바꿨다고 한다.

아노우의 천황 거처를 복원한 모습

다다요시의 저택보다도
훨씬 더 크고 아름다웠
으며 사치의 극에 달했
다. 모로나오는 그 저택
에다가 힘없는 귀족 집
안의 여자들을 끌어들
여 마음대로 농락했다.
그는 당대에 추남(醜男)
으로 널리 알려진 인물

이었지만, 당대 최고 권력자인 쇼군의 집사라는 지위가 사람들을 두려
움에 떨게 했다. 그가 당시 사회를 어떻게 인식하고 있었는지를 잘 보
여주는 일화가 있다. 어느 날 그의 부하 중 한 사람이 상으로 받은 땅이
좁다고 한탄했다. 그러자 모로나오는 "그렇게 영지를 소유하고 싶으면
근방의 신사나 사찰의 땅을 마음대로 빼앗아라. 나는 모른 척 하겠으
니, 막부가 무슨 명령을 내리더라도 그대로 주저 앉아있어라."고 말했
다고 한다.

3. 온건파 다다요시와 강경파 모로나오의 대결

고난은 함께 할 수 있어도 부귀영화는 나눌 수 없다는 말이 있다.
요시노 조정을 공격해 기세를 올린 모로나오의 횡포가 더 심해져가자,
당연히 막부 내부에서 모로나오에 대한 반발이 커져갔다. 그중 한 사
람이 우에스기 시게요시(上杉重能)였다. 그는 자기 아버지가 다카우지

를 대신해서 전사했기 때문에 자기 집안이야말로 더할 바 없는 충신이라는 자부심이 있었다. 그래서 시게요시는 모로나오의 안하무인격인 행동을 참고 볼 수 없었다. 그는 자신과 같은 생각을 가진 하타케야마 나오무네(畠山直宗)와 함께 다다요시의 신임이 두터운 다이큐지(大休寺)의 주지 묘키쓰(妙佶)을 통해 "모로나오 형제를 그대로 내버려두면 막부의 위신이 실추될 것이다. 과감하게 죽여야 한다."고 하면서 다다요시가 결단을 내리도록 압박했다.

이에 다다요시도 1349년 4월, 조카이면서 양자(養子)로 삼은 다다후유(直冬)를 주고쿠탄다이(中國探題)[6]에 임명해 빈고(備後)의 도모(鞆)로 부임하게 했다. 다다후유는 다카우지가 젊었을 때 에체젠노쓰보네(越前局)라는 여성에게서 낳은 아들인데, 단 하룻밤의 정사로 낳은 아들이라 반신반의하면서 자기 아들로 인정하지 않았다. 그런데 다다요시가 자식이 없었기 때문에 그런 조카를 양자로 삼은 것이었다. 다다요시가 다다후유를 주고쿠탄다이에 임명한 것은, 여차하면 다다후유를 매개로 하여 주고쿠 지방의 무사들을 자기편으로 끌어들이기 위해서였다.

그러던 중, 다다요시는 모로나오를 자기 집으로 유인해 죽이기로 계획했다가 실패한다. 그러자 다다요시는 형 다카우지를 압박해 모로나오를 집사에서 파면하도록 종용했다. 모로나오도 가만히 있지 않았다. 오히려 그는 자기 무력을 배경으로 다카우지에게 압력을 가해서 자기 후임에 조카 모로요(師世)를 집사에 임명하도록 했다. 그러자 다다요시는 고곤(光嚴) 상황으로부터 모로나오를 토벌하라는 명령을 받

---

6) 가마쿠라 시대 여몽 연합군의 침공에 대비해 오늘날의 야마구치현에 설치했던 지방행정기구. 뒤에 일본의 서쪽 지방(산양도와 산음도) 전체를 관할하기도 했다.

아내기 위해 노력했다. 그 사실을 알게 된 모로나오는 병력을 거느리고 다다요시의 집으로 쳐들어갔다. 이에 다다요시는 당황해 다카우지의 집으로 도피했다. 모로나오는 다카우지의 집을 포위한 채 다다요시의 측근들, 우에스기 시게요시, 하타케야마 나오무네, 선승 묘키치의 신병 인도를 요구했다.

유력한 무장들은 거의 다 모로나오 군에 가담하고 있었다. 이에 반해, 다다요시를 따랐던 병력은 모로나오 군의 반도 되지 않았다. 그러나 모로나오도 감히 다카우지 집안까지 들어오지는 않았다. 담장을 사이에 두고 모로나오와 다카우지 사이에 협상이 전개되었다. 모로나오는 다카우지의 설득에도 불구하고 자기를 모함한 두 사람, 우에스기와 하타케야마를 넘겨줄 때까지는 포위를 풀지 않겠다고 고집을 꺾지 않았다. 이런 상황을 보고 다다요시는 자기가 맡아오던 막부의 정무직을 사퇴하는 대신에 우에스기와 하타케야마 두 사람은 모로나오에게 넘겨주지 않겠다는 조건을 내세웠다. 이렇게 해서 모로나오와 다다요시 사이에 화해가 성립되었다.

첫째, 우에스기 시게요시와 하타케야마 나오무네를 에치젠(越前)으로 귀양보낼 것.

둘째, 다다요시는 막부 통할자의 지위를 이제 만 19세가 되는 다카우지의 적장자 요시아키라에게 넘겨줄 것.

셋째, 모로나오는 다시 집사에 복귀할 것.

그 결과, 요시아키라는 가마쿠라에서 상경해 다다요시가 맡아오던 정무직을 인수받고 다음 쇼군으로 정해졌다. 요시아키라의 동생 모토우지(基氏)는 간토간레이(關東管領) 자리를 약속받았다. 이 모든 것이 다카우지와 모로나오가 꾸민 연극, 즉 다다요시를 쫓아내 요시아키라를 맞이하기 위해 담합한 것이라는 소문이 퍼졌다. 다다요시는 곧바로 출가를 결심하고 삭발해 에겐(慧源)이라 칭했다. 그러나 모로나오는 에치젠의 유배지에서 우에스기 시게요시와 하타케야마 나오무네를 부하에게 명령해 살해하도록 했다.

또 다다요시의 양자이면서 주고쿠탄다이 인 다다후유를 토벌하기 위해 부대를 파견했다. 이 소식을 들은 다다후유는 재빨리 규슈로 도피했다. 1349년의 일이다. 다음 해 2월 규슈에서 급속하게 세력을 확장시킨 다다후유는 진군해 쇼니 요리히사(少貳賴尚)를 공격하기 위해 북쪽의 다자이후(大宰府)로 진군하기 시작했다. 갑자기 궁지에 몰린 요리히사는 전투에 필요한 병량(兵糧)을 긴급히 조달해야 했고 그래서 자기 휘하 세력인 쓰시마의 소씨에게 한반도를 침공하게 한다. 이것이 소위 '경인년(1350) 왜구'의 배경이다.

그러나 얼마 지나지 않아 요리히사와 다다후유는 손을 잡는다. 다다후유는 요리히사의 사위가 되어 1350년(간노 원년) 가을에 다카우지와 모로나오를 타도하기 위해 거병했다. 그러자 그동안 다카우지의 부하 규슈탄다이(九州探題) 잇시키 노리우지(一色範氏)에게 반감을 품고 있던 여러 장수들도 다다후유에게 모여들었다. 이처럼 다다요시와 모로나오의 대립으로 시작된 이해의 정변을 '간노노조란(觀應の擾亂)'이라고 한다.

4. 모로나오의 최후

다다요시의 반격이 시작되었다. 다다요시는 형과 싸우기 위해 남조에 귀순한다. 그리고 다다요시 측 무장들은 각지에서 거병해 교토를 향해 진군하기 시작했다. 다카우지와 모로나오는 황급히 교토로 향했지만 이미 사태는 걷잡을 수 없게 되어 있었다. 교토의 요시아키라(義詮)는 상황과 천황을 내버려둔 채, 다카우지에게로 달아났다.

다카우지는 다다요시에게 화해를 제의했고 모로나오 형제를 출가시키는 것으로 화의가 성립되었다. 이리하여 다카우지는 효고(兵庫)를 출발해 교토로 향했다. 모로나오 형제는 "뿔뿔이 흩어지면 살해당한다."고 하면서 다카우지에게서 멀리 떨어지지 않으려고 그 뒤를 바짝 붙었다. 모로나오는 머리를 삭발하고 먹물을 입힌 옷을 걸치고 삿갓으로 얼굴을 감추고 있었다. 2월 26일, 차가운 비가 내리는 가운데 무코가와(武庫川)[7] 강둑에 막 도달했을 때, 우에스기 일당 중 한 사람인 미우라 하치사에몬(三浦八左衛門)의 부하 두 명이 숲속에서 달려 나와 "이 중놈아. 삿갓을 벗어라."라고 외치면서 달려들어 모로나오의 삿갓을 강제로 벗겨 버렸다. 그리고 "모로나오 이놈 칼을 받아라."라고 외치면서 장검으로 두 번 내리쳐 간단하게 목을 잘라버렸다. 모로나오의 동생 모로야스는 반 정(半町) 정도 뒤처져서 따라오고 있었는데, 형이 살해당하는 것을 목격하고 당황해 도주했다. 이를 요시에고시로(吉江小四郎)라는 무사가 등 뒤에서 창으로 찌르고 모로야스가 칼을 뽑을 틈도 없이 머리를 베어버렸다.

---

7) 효고현의 남동부를 흐르는 강.

형제가 죽은 뒤, 다카우지와 다다요시는 화해하고 교토로 돌아왔다. 그러나 두 사람 사이는 여전히 앙금이 남았다. 예전에 다카우지는 자신이 가지고 있는 모든 것을 다 동생 다다요시에게 주겠다고 신사에서 기원한 적이 있었다. 같은 어머니의 배에서 태어난 한 살 차이 형제의 우애는 그 정도로 강했다. 하지만 이제는 더 이상 그들의 관계에 기대를 할 수 없게 되었다. 막부의 무장들도 다카우지 파와 다다요시 파로 분열되고 말았다.

둘 사이의 파국은 의외로 빨리 찾아왔다. 다카우지가 사사키 도요(佐々木道譽)[8]를 정벌하기 위해 오미(近江)로 출진했다. 다다요시는 요시아키라와 함께 이를 전송했지만, 그 직후에 요시아키라는 하리마의 아카마쓰 엔신을 토벌한다는 이유로 교토를 떠났다. 다다요시는 다카우지 부자의 출진은 동서에서 자기를 협공하기 위한 거짓이라는 것을 알아챘다. 방어하기에 불리한 교토에 그대로 있으면 몰살당할지 모른다고 생각한 다다요시도 교토를 벗어나 북쪽으로 향했다. 다카우지에게 남은 것은 "아들 요시아키라의 장래를 위해, 다다요시를 살려둬서는 안 된다."는 생각밖에 없었다. 그래서 다카우지는 남조에 귀순한다. 정적인 남조에 머리를 숙이더라도 다다요시를 토벌할 대의명분을 얻겠다는 것이 다카우지의 본심이었다.

다카우지는 남조 측의 요구에 따라 자신의 꼭두각시에 불과한 북조의 수코(崇光) 천황과 황태제(皇太弟) 나오히토(直仁) 왕자를 폐하였다. 다카우지는 다다요시를 토벌하라는 남조의 명령서를 받은 다음 날, 교토 방어를 요시아키라에게 맡기고 가마쿠라로 향했다. 다다요시 군을

---

8) 가마쿠라 말기와 남북조 시대의 슈고다이묘.

격파하고 이듬해 1352년 정월 5일에 가마쿠라에 도착했다.

다다요시가 다카우지에게 항복해 화의가 성립되었다. 그런데 다음 달, 바로 고노 모로나오와 모로야스의 일주기에 해당하는 2월 26일에 다다요시는 47세의 나이로 사망했다. 형 다카우지가 독살했다는 소문이 파다했다.

5. 간노노조란, 양파전(兩派戰)에서 삼파전으로

다카우지가 다다요시를 죽인 뒤, 다카우지가 없는 교토를 남조가 진격해왔다. 다다요시가 죽은 26일에 고무라카미 천황의 본영은 아노우(賀名生)에서 가와치(河內)의 도조(東條)로 진출했다. 이어서 사카이(堺)의 북쪽에 위치하고 있는 스미요시(住吉) 신사로 옮기고 윤2월 19일에는 덴노지(天王寺)를 거쳐 야와타(八幡)로 진출한다. 기타바타케 지카후사(北畠親房)[9]와 구스노키 마사노리(楠木正儀)[10]의 부대는 교토로 진입했다.

요시아키라는 전투를 벌인지 불과 하루 만에 대패하고 20일, 오미(近江)로 도주했다. 교토에 남겨진 지명원통의 세 명의 상황과 폐위되었던 태자는 남조의 고무라카미 천황이 있는 곳으로 옮겨진 뒤 가와치

---

9) 가마쿠라 시대 후기부터 남북조 시대의 공경(公卿). 역사가. 저서인 『신황정통기(神皇正統記)』로 유명하다. 1344년부터 1354년에 사망할 때까지 남조를 실질적으로 지휘한 인물.

10) 구스노키 마사시게의 셋째 아들로 마사쓰라와 마사도키의 동생. 아버지와 형과 함께 나란히 남북조 시대 최고의 명장. 남조의 총대장으로서 교토를 4번이나 탈환했다. 고무라카미 천황 당시, 북조와의 화평을 주재하여 평화교섭의 남조 대표를 여러 차례 역임.

의 도조(東條)로 옮겨졌다. 이를 당시의 연호인 쇼헤이를 따서 '쇼헤이 일통(正平一統)'이라고 한다. 남조의 사람들은 그토록 그리워하던 교토의 땅을 17년 만에 밟을 수 있었다.

그러나 그것은 오래 지속되지 않았다. 막부는 전국 무사들에게 동원령을 내렸다. 곧이어 막부의 무장들이 대거 교토로 향했다. 교토에 입성한 남조군은 채 한 달도 버티지 못하고 남쪽으로 다시 내려갔다. 5월 11일, 고무라카미 천황 이하 남조군은 아노우(賀名生)로 도주했다.

세 사람의 상황과 폐태자가 삼종의 신기와 더불어 남조 측에 넘어갔기 때문에 교토를 탈환하기는 했지만 요시아키라는 곤란한 상황에 처하게 되었다. 그래서 할 수 없이 고곤 상황의 셋째 아들로, 출가하기로 되어 있던 15살의 이야히토(彌仁) 왕자를 삼종의 신기도 없는 가운데 즉위시켰다. 그가 바로 고코곤(後光嚴) 상황이다. 남조 측에 붙잡혀간 세 사람은 아노우에서 2년여, 가와치의 곤고지(金剛寺)에서 3년 동안 연금 당했다가 1357년 2월에 교토로 돌아갈 수 있었다.

6. 다카우지와 다다후유 부자, 파란만장한 일생을 마치다

이 일이 있은 뒤에도 남조는 한 차례 더 교토를 회복한다. 이번에는 남조로 귀순한 아시카가 다다후유에 의해서였다. 1354년 5월, 남조로부터 총추포사(總追捕使)에 임명되어 있던 다다후유는 병력을 이끌고 교토로 진군했다. 다다후유의 상경에 발맞춰서 과거 양부인 다다요시를 따랐던 여러 무장들도 행동을 개시했다. 그러나 이는 모두 다다요시에 대한 은혜와 의리 때문에 거병한 것이지 남조에 대한 충성심에서

나온 행동이 아니었다. 12월 하순, 다카우지는 또다시 교토를 벗어난
다. 다음 해(1355) 정월, 다다후유의 부대가 교토에 입성했다. 한 달여
동안에 걸친 시가전으로 교토 거리는 거의 대부분 재로 변하고 말았
다. 다다후유 군대는 패하고 교토를 넘겨주었다.

그로부터 삼 년 뒤, 다카우지는 등에 생긴 종양이 원인이 되어서
병상에 눕게 되고 1358년 4월에 54살의 나이로 파란만장한 일생을 마
쳤다. 그의 묘는 교토 시내의 도지인(等持院)에 모셔져 있다. 남북조 내
란은 여전히 지속되고 있었다.

다카우지의 아들 다다후유는 그 뒤에도 배다른 동생 요시아키라에
대하여 반기를 들었지만 성공하지 못했다. 그리고 요시아키라의 아들
3대 쇼군 요시미쓰(義滿) 때에 가서 마침내 항복하고 1400년 3월에 74
세의 나이로 그 역시 파란만장한 생애를 마쳤다.

교토 시내 도지인(等持院)에 있는 아시카가 다카우지의 묘

제2부

쇼니씨와 왜구

제1장
간노노조란과 경인년 왜구

1. 왜구가 고려 사회에 끼친 폐해

고려 말 왜구는 당시 사회에 어떠한 폐해를 초래했을까. 1350년부터 시작된 왜구의 침구는 고려 사회에 심대한 피해를 안겨다 주었다. 그 폐해를 열거하자면 다음과 같다. 우선 물자의 약탈이다. 왜구들이 고려에 침구한 가장 큰 목적은 쌀을 위시한 곡식은 물론 경제적인 가치가 있는 재화를 약탈하는 데 있었다. 따라서 그들이 주로 노렸던 곳은 지방의 조세를 수도로 수송하기 위해 전국에 설치되었던 조창(漕倉)을 위시한 창고들, 재물이 모여 있는 사찰과 관청 등이었다. 특히 지방의 조창에서 조세를 수송하는 조운선(漕運船)은 약탈한 물자를 배로 옮길 수고가 필요 없기 때문에 왜구들이

고려 조운선의 복원 모형(목포 국립 해양 문화재 연구소)

목은 이색의 상

노리는 중요한 대상 중 하나였다.

고려가 왜구 때문에 더욱 힘들었던 것은 물자의 약탈보다도 사람을 납치하고 살육하는 것이었다. 공민왕과 우왕 대의 고관이며 학자였던 목은(牧隱) 이색은 『목은시고(牧隱詩藁)』의 「면주(沔州) 곽 원외랑 충룡에게 부치다」

라는 시에서 왜구들이 마을을 기습하는 모습을 다음과 같이 생생하게 묘사하고 있다.

적의 배가 갑자기 나는 듯이 빨리 달려 바람 돛이 푸른 강 하늘을 가로 질러와서 번갯불처럼 번쩍번쩍 칼날을 휘두르며 언덕을 내려 외치면서 그대로 돌격하니 아녀자들은 허둥지둥 달아나고 넘어지며 오리 갈매기 구별 않고 수택(水澤)에 숨어들 제, (후략)

여기서 '면주'란 현재의 충남 당진군 면천읍 일대를 말한다. 왜구들이 타고 있던 돛단배가 조수가 밀물로 바뀔 때, 빠른 속도로 달려와서 물가에 왜구들을 내려놓자, 배에 내린 왜구들이 날카로운 칼을 들고 언덕을 내려오면서 소리치면서 돌격하는 모습, 이에 놀란 아녀자들이 왜구에게 잡혀서 이국땅으로 끌려가 노예로 팔리지 않으려고 허둥대며 필사적으로 도망가다가 넘어지기도 하고 또 어떤 이는 멀리 도망치지 못한 채 물가 숲속에 황급히 숨는 모습 등이 마치 현장에서 목격하는 듯이 생생하게 묘사되고 있다.

왜구들의 방화(放火) 역시 막대한 피해를 초래했다. 그 대상은 주로 병선(전함)과 군영(軍營), 관청, 조운선이었고 민가도 물론 예외가 아니었다. 이처럼 왜구들에게 직접 당하는 피해도 적지 않았지만 그러한 왜구의 침구가 불러오는 파생적인 피해는 더욱 컸다.

파생적인 피해로 바닷길을 통한 물자의 수송과 인간의 이동에 큰 지장을 초래한 것을 지적할 수 있다. 왜구 때문에 고려 조정은 관료(官僚)들에게 지불해야 할 급료를 제때 지급하지 못할 정도가 되었다. 그래서 지방에서 겨우 도착한 조세(租稅)를 배분하는 문제를 둘러싸고 관료들이 서로 다투어 살인하는 사건마저 발생하였다. 정부는 연해지방(沿海地方)에 있는 창고를 내륙으로 옮기거나, 지방에서 중앙으로 보내는 조세의 운반을 일시적으로 해로(海路)를 피해 육로(陸路)를 이용하도록 지시해야 했다.

왜구 때문에 고려가 입은 심각한 피해 중 하나로 농사의 방해를 들 수 있다. 고려의 양질의 경작지는 대개 해안가 지방에 있었다. 왜구가 침범해오자 고려 조정은 백성들에게 처음에는 바다에서 30~40리 정도 내륙까지 들어온 지역으로 이주할 것을 지시했다. 그런데 왜구들도 내륙으로 들어오자 이번에는 70리나 해안에서 떨어진 곳에 거주할 것을 지시했다. 이처럼 백성들은 정든 고향과 농토를 버리고 타지로 옮겨가야 했다. 벼농사는 경작지 가까운 곳에 정주(定住)하면서 적절한 시기에 필요한 농작업을 해야 하는데, 왜구들의 빈번한 침구가 이를 불가능하게 했다. 결국 백성들의 가장 중요한 생계 수단이면서 당시 국가 재원의 대부분을 차지하는 농업은 치명적인 악영향을 받을 수밖에 없었다.

그리고 위험한 바닷가 고향을 떠나 농사를 포기한 농민들은 먹을 것을 찾아서 떠돌아다녀야만 했다. 농민들이 떠난 농토는 자연히 황폐해졌다. 『신증동국여지승람(新增東國輿地勝覽)』의 순천도호부 궁실(宮室)조에 다음과 같은 기사가 있다.

> 고려 말년에 정치는 잘못되고 나라는 위태로워 바다 도둑이 극렬하여 깊이 쳐들어와서 경기(京畿)에까지 이르니, 바다에 연한 수 천리 땅이 버려져 적의 소굴이 되었는데, 순천이 화를 가장 참혹하게 당해서 빈터만 남고 들에는 쑥대만 우거졌으니 가위 한심한 일이었다.

이처럼 바닷가 지방이 왜구 때문에 농사를 짓지 못하고 황폐해졌다는 기사는 일일이 다 열거할 수 없을 정도로 많이 남아 전해지고 있다.

국가로부터 보호받지 못한 많은 백성들이 농사를 포기하고 농토를 떠나자 국가의 세수입은 크게 감소해 재정이 고갈되어 갔다. 1381년 6월의 『고려사』에는 "요물고(料物庫)와 각 창고에서 저장한 물건이 다 고갈되었다고 보고되고 있다. 이는 왜적의 침략과 한재(旱災)로 인해 공물과 부세를 바치지 못한 까닭이었다"라는 기록이 보인다. 그리고 이색은 왜구의 침구가 국가 재정에 미친 영향에 대하여 다음과 같이 읊고 있다.

> 경인년부터 경신년에 이르기까지 해적들이 끊임없이 옴으로 해서 국가 재정은 끝내 고갈되어 가고 민심은 극도로 비탄에 젖었는지라.

농사를 포기하고 농토를 떠난 백성들에게 당면한 문제는 배고픔을 해결하는 것이었다. 『고려사』 최영 전에는 "경상, 강릉, 전라 삼도에서 왜적의 노략질로 인해 백성들이 생업을 잃고 굶어죽은 자가 많았다."

는 기록이 있다.

왜구의 침입은 국가 행정에도 심각한 장애를 초래했다. 바닷가에 위치한 많은 관청이 왜구를 피해 육지로 옮겨졌다. 왜구로 인한 폐해는 여기서 그치지 않았다. 왜구의 침구가 심해지자, 고려 조정은 병력을 증강하기 위해 점점 더 많은 사람들을 군인으로 징발했다. 왜구의 최고 극성기에 해당하는 1377년(우왕 3년) 12월에는 궁마에 익숙한 자를 선별하라는 예전의 명령은 정지되고, 왜구가 진정될 때까지 양반에서 백성은 물론 화척과 재인까지 성인 남성은 군인으로 징집되었다. 더욱이 징집을 피해 도망한 자 중 주모자와 권유한 자, 그리고 숨겨준 자는 모두 군법에 의거해 처벌받을 정도로 엄격했다. 왜구의 극심한 침구는 무리한 병사 동원을 초래해, 정부에 대한 민심의 이반으로 이어졌다.

이처럼 백성들의 고통이 수십 년 동안 방치된 결과, 양가집 남녀조차도 포로가 되면 왜구의 앞잡이가 되어 길 안내를 하는 등, 민심은 점점 더 고려 왕조로부터 이반해 갔다. 정도전은 고려 정부가 30년 가까운 긴 세월 동안 왜구에 대하여 효율적인 대책을 세우지 못해서 지배 계층인 양반 집 자녀들도 생존을 위해 왜구의 길잡이 노릇을 하고 있다고 개탄하고 있다. 화척(禾尺)과 재인(才人) 등의 소위 "가왜(假倭)" 행위도 이러한 맥락에서 이해할 수 있다.

이상과 같이 약 600여 년 전에 한반도로 쳐들어와 수십 년 동안 심각한 피해를 입혔던 왜구의 침구는 언제 어떻게 시작되었으며 또 그들은 어떤 사람들이었을까? 그리고 그들은 어떤 이유로, 무슨 목적으로 쳐들어 왔을까? 그리고 고려는 왜 그렇게 오랫동안 왜구의 피해를 입었던 것일까? 그런 왜구는 어떻게 해서 진정되어 갔을까? 등등에 대한 의문에 대하여 수긍할 수 있는 답을 제시하고자 한다.

왜구의 침구가 극심하던 공민왕에서 우왕, 그리고 공양왕에 이르는 시기, 일본에서는 남북조 내란이 한창 진행 중이었다. 남북조 내란은 일본 전국이 천황 집안에서부터 무사들에 이르기까지 남조와 북조로 나뉘어 서로 싸우던 약 60여 년간의 정치사회적 일대 변혁기(變革期)였다. 아시카가 막부가 세운 조정은 교토(京都)에 있었고, 이와 대항해 싸운 고다이고 천황과 그 자손들은 교토의 남쪽에 위치한 현재의 나라(奈良)현에 속하는 요시노(吉野) 산속에 조정을 세우고 이를 거점으로 삼고 있었다. 따라서 교토의 조정을 북조(北朝)라고 하고 요시노에 있었던 조정을 남조(南朝)라고 한다.

위에서 제기한 고려 말 왜구에 관한 여러 문제를 알기 위해서는 우선 일본의 남북조 내란의 발생 배경과 전개 과정에 대한 이해가 요구된다. 그러므로 제1부에서 남북조 내란 개관에 대하여 살펴보았다. 이어서 제2부에서는 구체적으로 고려 말 왜구, 그리고 이와 밀접한 관련이 있는 규슈 지역 최대의 명문 호족인 쇼니씨(少貳氏)에 대하여 살펴보겠다.

2. 경인년 왜구의 실상

『고려사』 등 왜구 관련 사료는 고려를 침구해온 왜구들의 출신지나 사회적 실체 등에 대하여 자세하게 기록하고 있지 않다. 따라서 이러한 문제들을 알기 위해서는 당시 일본의, 특히 한반도와 가장 가까운 규슈 지역의 정세에 대한 이해가 필요하다.

왜구의 피해 당사국인 고려와 조선의 왜구 관련 문헌 사료를 보면

'경인년 왜구' 또는 '경인(년) 이후의 왜구'라는 용어가 자주 보인다. 이 경인년이란 고려 충정왕 2년, 1350년을 가리킨다. 왜구가 최초로 고려에 침공해온 것은 고려 고종 10년(1223)이었다. 그리고 그 뒤 1265년까지 약 11차례의 왜구가 사료에 확인된다. 그러다가 몽골의 일본 침공을 전후해 왜구 기사가 약 80년 넘게 거의 보이지 않는다. 여기서 '거의'라고 한 것은 충숙왕 10년(1323) 6월 26일에 왜구가 군산도, 다음 날에 추자도에 침구한 두 사례가 보이기 때문이다. 어쨌든 이 80여 년이라는 긴 세월 동안 왜구가 거의 침구해오지 않은 시기를 '왜구의 공백기'라고 부르자.

고려 말 왜구는 경인년, 즉 1350년에 이 공백기를 깨고 침구해 고려가 멸망할 때까지 이후 사십 년 동안 거의 매년 쳐들어왔다. 왜구 집단의 규모와 침구 빈도는 시기에 따라 차이가 있지만 경인년 이후, 『고려사』에 왜구 침구가 없었던 것은 불과 2~3년밖에 되지 않는다. 따라서 이 경인년은 이후 오랫동안 왜구와 관련된 핵심적인 키워드 중 하나였다. 앞에서 이미 언급한 것처럼 경인년 왜구 역시 그 침구의 배경이나 사회적 실체 등에 관해서 기록하고 있는 문헌사료는 없다. 그런데 해당 연도의 일본 국내 정세를 배경으로 논리적인 추론을 통해 대략 그 실체를 추정할 수 있다.

일단 왜구가 침구해왔다고 했을 때, 가장 우선적으로 혐의를 받게 되는 것이 쓰시마였다. 그럴 수밖에 없는 것이 쓰시마가 한반도에서 가장 가까운 일본 땅이기 때문이다. 따라서 일단 경인년 왜구 역시 쓰시마에서 쳐들어온 것으로 상정하고 추론을 하게 되면 여러 가지 점에서 이 추론을 뒷받침할 수 있는 정황을 발견할 수 있다.

우선 경인년 왜구가 쳐들어온 장소가 모두 쓰시마에서 가까운 거리에 있는 경상남도 남해안이거나 경상남도와 전라남도의 경계에 위치한 연안 지역이라는 점이다. 그리고 〈경인년 왜구〉에 관한 기사가 실려 있는 『고려사』 4월조를 보면 왜구들이 경상도와 전라도에서 수도인 개성으로 조세를 운반하던 배, 즉 조운선(漕運船)을 노리고 있었음을 알 수 있다. 당시 일반적으로 조운선은 많은 양의 쌀과 주포(紬布, 섬유)를 싣고 있었다. 왜구의 입장에서는 이들 배를 나포해서 끌고 가면 손쉽게 그리고 신속하게 많은 양의 물자를 운송할 수 있었다. 특히 경인년 왜구가 쳐들어왔던 지역에는 고려 시대 전국의 13개 조창(漕倉) 중에서 3곳, 즉 승주(昇州)의 해룡창(海龍倉), 사주(泗州)의 통양창(通陽倉), 금포(今浦)의 석두창(石頭倉)이 포함되어 있었다. 따라서 이들 조창으로 운반하기 위해 많은 배들이 이 일대 해역을 항해하고 있었다.

이러한 고려 국내의 조창의 위치나 항해하던 선박들의 상황, 항로 및 항구 등에 관한 정보는 당연히 '쓰시마' 사람들이 일본 국내의 여

1323년 6월에 왜구들이 침구한 군산도는 오늘날의 군산시 선유도가 있는 고군산열도이다. 사진은 선유도 망주봉의 모습이다.

경인년 2월 왜구의 침구지 거제도 고현의 모습
고현이란 '옛날 현'이라는 의미로 전국 여기저기에서 '고현'이라는 지명이 있다. 대개의 경우, 왜구의 침구로 인해 바닷가 고을에 위치한 현청이 육지로 옮겨온 뒤, 왜구가 진정된 다음인 조선시대 초기에 다시 복귀하면서 새로이 현청의 위치가 설정되는데, 이때 옛날 현청이 있던 곳은 '고현'이라는 지명으로 남게 된다.

타 다른 어떤 지역 사람들보다도 더 구체적으로 알고 있었다. 왜냐하면 쓰시마는 오래전부터 한반도와 교류를 해왔고 고려 시대에는 금주(金州, 김해시)에 쓰시마인들을 위한 객관까지 설치되어 있었기 때문이다.

그런데 경인년 왜구에 관하여 또 하나 주목해야 할 것은 그 규모이다. 예를 들어 2월의 경우, 고려군에 의해 목이 잘린 왜구만 300명이나 되었다. 이는 지금까지 침구해왔던 왜구 집단 중에서 가장 큰 규모이다. 목이 잘린 사람만 300명이니 전체적으로는 그 이상이었을 것이다.

그리고 같은 해 4월에는 100여 척, 5월은 60여 척, 그리고 6월에는 20여 척의 규모로 연속해서 침구하고 있다. 또 5월에는 고려군에 붙잡혀 처형된 왜구의 배 한 척에 탄 사람이 13명이었다. 그러므로 60여 척에 13을 곱하면 800명 정도의 인원이 침구하였던 것으로 생각된다. 이는 현대적인 감각으로 생각하면 1개 대대 이상의 병력이다. 즉 하나의 독립된 전투 단위로서 공격과 방어 등 소규모 작전도 수행할 수 있는 숫자이다. 그런데 당시 일본 사회가 아무리 남북조 내란이라는 혼란스러운 사회였다고 하지만 800명이나 되는 인원을 조직하고 동원하기 위해서는 상당한 정치력이 필요했을 것이다. 다시 말하자면 800명 왜구의 배후에는 계획적이고 조직적으로 왜구를 조종하는 권력이 존재하고 있었다고 생각하지 않을 수 없다.

그렇다면 과연 이 〈경인년 왜구〉의 주체는 무엇이었을까. 이러한 의문에 답하기 위해서는 역시 당시 쓰시마의 내부 상황에 대한 이해가 필요하다. 당시 쓰시마 현지를 총괄하고 있었던 사람은 소 소코(宗宗香)라는 인물이었다. 그의 직책은 총대관(總代官)이었다. 이 소코의 형이 소 쓰네시게(宗經茂)라는 사람으로 뒤에 『고려사』에 '숭종경(崇宗慶)'으로 나오는 인물이다. 즉, 공민왕 17년(1368) 7월에, 그는 '쓰시마 만호(對馬島萬戸)'로서 고려로 사자(使者)를 파견해 토산물(土産物)을 바치고 있다. 이에 대응해 고려 조정도 그가 왜구의 대표적 존재라는 것을 인식해 강구사(講究使)로 이하생(李夏生)을 쓰시마에 파견하고 있다. 또 같은 해 11월 다시 소 쓰네시게가 사자를 파견하여 입조(入朝)하자 고려조정은 쌀 1천 석을 하사하고 거제·남해도에 왜인들이 거주하는 것을 허가하고 있다. 그는 출가해서 '숭경(崇慶)'이라는 법명으로 칭하게 된다.

나중에 쓰네시게의 계열이 소씨의 종가(宗家)가 되고 소코는 서가(庶家)가 되는데, 이 두 집안은 뒷날 쓰시마의 지배권을 놓고 서로 다투기도 한다. 그런데 형인 소 쓰네시게는 경인년 즉 일본의 연호로 간노 원년에 규슈 본토에서 주군인 쇼니 요리히사(少貳賴尙)의 오른팔과 같은 존재였다. 즉, 그는 군사 방면의 참모 역할을 담당하면서 규슈의 정치 정세에 깊이 관여하고 있었다. 아시카가 다카우지가 규슈로 와서 재기한 후 상경 길에 올랐을 때, 소 쓰네시게의 활약을 인지하고 그를 규슈의 무사들을 관장하는 규슈 사무라이도코로(九州侍所)에 임명하기도 했다.

그렇다면 경인년 당시 쓰시마가 고려에 침구해야만 했던 사정이란 무엇일까? 경인년을 전후로 해서 규슈 지방은 크게 동요하고 있었다. 즉, 경인년의 전 해인 1349년 9월에 쇼군(將軍) 아시카가 다카우지의 서자(庶子)이며, 다카우지의 동생인 다다요시(直義)의 양자이기도 하였던 아시카가 다다후유(直冬)가 아시카가 집안의 집사인 고노 모로나오(高師直)에게 쫓겨서 규슈로 들어오게 된다. 그 뒤 다다후유는 아버지인 쇼군 다카우지와 양아버지이면서 숙부인 후쿠쇼군(副將軍) 아시카가 다다요시의 명령을 받고 규슈에 온 것이라고 거짓말을 하고 규슈의 무사들로 하여금 자기 휘하로 모여들 것을 지시한다. 이에 많은 무사들이 몰려와 그의 세력은 급속하게 커져갔다. 다다후유는 이렇게 해서 모여든 무사들을 이끌고 간노 원년(1350), 즉 경인년 2월에 규슈의 정치적 중심인 다자이후(大宰府)와 하카타(博多)를 향해 북진하기 시작한다. 그런데 이 다자이후를 거점으로 삼고 있었던 것이 쇼니씨의 가독(家督)인 쇼니 요리히사(少貳賴尙)였다. 이러한 다다후유의 공격을 맞이하여 쇼니 요리히사가 무엇보다 먼저 해결해야 했던 문제 가운데 하나가

'병량미의 확보'였다. 요리히사는 급박한 상황을 벗어나기 위한 돌파구로서 쓰시마의 소 소코로 하여금 고려에 침구하게 해 병량미를 구해 오게 한다. 고려는 군사적 요충지를 제외하고는 방비가 거의 없고, 지방으로부터의 조세 수송이 주로 해상을 통해 이루어지고 있었다. 쇼니 요리히사는 고려와 가장 가까운 곳에 위치한 쓰시마를 직할 영토로 두고 있었고, 요리히사의 부하로 쓰시마를 지배하고 있던 소씨(宗氏)는 고려의 이러한 내부 사정을 일본 국내의 누구보다도 잘 알고 있었다. 더욱이 소 쓰네시게(宗經茂)는 쇼니 요리히사의 오른팔로서 규슈 본토에서의 군사 활동을 책임지고 있었다. 이렇게 생각할 때 경인년 왜구의 주된 목적은 군사적인 위기에 처하게 된 쇼니 요리히사가 시급히 병량미를 확보하기 위해서였다고 할 수 있다.

그런데 내란이 이어지고 있던 당시 일본 사회는 비단 쇼니씨만이 아니라 다른 무사들 역시 병량을 안정적으로 확보하기 위해 필사적이었다. 무로마치 막부는 자기 편 무사들에게 병량료소(兵糧料所)를 주었는데, 이는 전시(戰時)라는 상황 속에서 임시로 군량을 공급할 수 있는 땅을 의미한다. 이뿐 아니라, 무로마치(室町) 막부는 1352년에 병량료소를 합법화하는 '반제령(半濟令)'을 실시한다. 반제령은 막부가 내전에서 이기기 위해 휘하의 슈고급 무사들에게 장원의 수확물 중 반(半)을 군량으로 사용할 수 있게 하는 조치였다. 이는 당시 유력한 슈고(守護)들이 휘하의 중하급 무사들의 땅에 대한 요구에 부응하는 한편 그들을 자기 조직에 편입시키기 위해 막부에 요청한 것이었고 막부는 반제령을 발포해 그들의 요구에 부응한 것이었다.

경인년 이후 고려 말에 이르기까지, 규슈 지역에서 군사적 충돌이 격화되면 그에 비례해 왜구의 침구 빈도도 급증한다. 반대로 규슈 지역에서의 군사 충돌이 소강상태에 접어들게 되면 왜구의 한반도 침구도 눈에 띄게 줄어든다. 특히 규슈 남조 세력이 약화되어 남북조 내란이 끝나갈 무렵인 1383년을 마지막으로 한반도를 침구하는 왜구도 눈에 띄게 줄어들게 된다. 이러한 사실은 '병량미 조달'이 고려 말 왜구 침구의 중요한 목적이었음을 잘 보여준다.

한편, 쇼니 요리히사와 아시카가 다다후유의 적대적인 관계는 경인년(1350) 6월 15일까지 확인되지만, 이후 9월 28일에는 마침내 요리히사가 다다후유의 진영에 가세하게 된다. 그리고 다다후유는 요리히사의 사위가 된다. 그리고 두 사람은 아시카가 다카우지의 부하인 규슈 탄다이 잇시키 도유를 공격한다. 다음 지도와 설명은 경인년 당시의 북규슈 정세와 왜구의 침구 상황의 상관관계를 보여주고 있다.

1) 경인년의 왜구 침구 상황

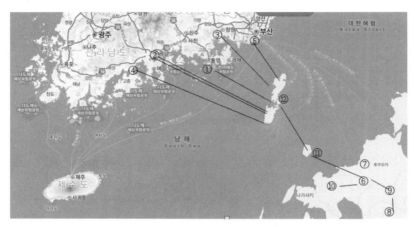

경인년 당시의 왜구의 침구 지역과 북규슈 정세

① 2월(고성·죽림·거제) / ② 4월과 5월(순천부) / ③ 6월 정유일(합포·고성·회원) / ④ 6월 신축일(장흥부 안양향) / ⑤ 11월(동래) / ⑥ 다자이후(大宰府)=쇼니 요리히사(少貳賴尙)의 근거지 / ⑦ 하카타(博多)=규슈탄다이(九州探題) 잇시키 도유(一色道猶)의 근거지. 뒤에 쇼니씨와 적대/ ⑧ 히고(肥後)=정서부의 핵심 세력인 기쿠치 다케미쓰(菊池武光)의 근거지 / ⑨ 지쿠고(筑後)=규슈 최대의 곡창 지대. 쇼니 요리히사와 기쿠치 다케미쓰의 경계 지역. 1359년의 오호바루(大保原) 전투 현장 / ⑩ 히젠(肥前)=마쓰라토(松浦黨) 무사들의 근거지역. 남조와 북조로 나뉘어 활동함. / ⑪ 이키(壹岐)=쇼니 요리히사의 관할 지역 / ⑫ 쓰시마(對馬)=쇼니 요리히사의 배타적 관할 지역

3. 왜구와 쓰시마

고려 말 당시, 쓰시마는 왜구의 주요 근거지 중 하나였으며 이키(壹岐)섬과 더불어 규슈(九州) 본토에서 출발한 무장 세력들이 고려로 침공해가기 위해 거쳤던 경유지이기도 했다. 이 시기의 왜구를 올바르게 이해하려면 당시 왜구가 일본의 중앙 및 규슈 지역의 군사·정치 정세와 어떻게 연관되어 있는지를 알아야 한다.

고려 말 왜구는 쓰시마의 슈고 쇼니씨(少貳氏) 및 슈고다이(守護代) 소씨(宗氏)와 이들을 둘러싼 규슈에서의 군사 정세는 일본 중앙의 정세 변동과 연쇄관계를 지니고 있다. 다시 말하면, 고려 말 왜구의 침구는 일본 중앙 정세와 연쇄관계가 있는 규슈의 군사 정세의 변동과 연동되어 있었음을 전제로 할 때 비로소 그 침구 배경과 목적을 이해할 수 있다. 즉, 중앙 정계에서 정세 변동이 일어나면 이와 연동해 북규슈

리아스 식 해안을 이루고 있는 쓰시마 아소만(麻生灣)의 모습. 사진 오른쪽에 보이는 만의 입구는 한반도를 향하고 있어서 순풍이 불 때까지 왜구들의 선박은 만의 안쪽에서 대기할 수 있다.

지역에서 군사적 긴장이 고조된다. 그리고 이어서 전투가 발생하면 이에 따라 왜구의 침구도 잦아지고 또 그 규모도 커진다. 다자이후를 본거지로 하고 있던 쇼니씨에게 쓰시마는 일종의 배후지 내지는 피난지 역할을 했다. 남북조 내란기의 쇼니씨를 둘러싼 북규슈 지방의 군사 정세와 왜구의 침구 시기의 관련을 보면, 양자(兩者)는 상호간에 일정한 상관관계를 갖고 일어나고 있었음을 알 수 있다.

경인년의 사례를 들어보자. 쇼니 요리히사가 군사적으로 수세(守勢)나 위기 상황에 처해 있을 때(2~6월)에는 왜구가 침구하고 있다. 그러나 위기 상황에서 벗어나면(7~9월) 왜구가 침구하지 않았다. 또 왜구의 침구 지역도 경상남도 고성과 죽림(경남 통영시), 그리고 거제도라는 쓰시마에서 근접한 지역에 한정되어 있었다. 이는 경인년 2월의 침구가 미리 충분한 시간적 여유를 가지고 침구 대상 지역을 선정한 것이 아니라 갑자기 결정된 느낌을 갖게 한다.

만약 2월에서 6월까지의 침구 지역이 쓰시마의 대안(對岸) 지역이 아닌, 중부 서해안의 수도권 해역 일대였다면, 당시의 침구가 병량미 확보를 위한 것이었다는 필자의 주장은 설득력이 떨어질 것이다. 왜냐하면 당시 선박의 항해 및 수송 능력 등을 고려할 때, 긴급을 요하는 병량미를 확보하기 위해 멀리 고려의 수도권 해역까지 이동해 침구한다는 것은 전략적으로 현명하다고 할 수 없기 때문이다. 그러나 2월에서 6월까지 침구한 남해안 지역은, 쓰시마를 기점으로 했을 때 북규슈의 연안 지역까지와 거의 비슷한 거리에 위치해 있다. 따라서 병량미의 신속한 조달이라는 목적에 부응할 수 있었다.

이처럼 양자 간의 밀접한 상관관계를 볼 때, 〈경인년 왜구〉의 침구 목적이 쇼니씨의 군사 활동에 필요한 병량미를 포함한 전략 물자의 확보에 있었다는 것은 충분한 설득력이 있다. 이처럼 경인년 이후, 왜구의 침구 시기 및 침구 지역은 쓰시마의 소씨를 매개로 하여 규슈 본토의 쇼니 요리히사, 그리고 일본의 중앙 정계와 밀접한 상관관계, 즉 일종의 연쇄관계를 지니고 있었다.

4. 경인년 왜구의 쓰시마 야전 사령부

1) 소 쓰네시게와 소 소코 형제

그러면 경인년(1350)을 전후한 쓰시마 내부의 소씨 일족의 상황은 어떠하였을까? 소 쓰네시게는 용맹한 무사였다. 그는 주군(主君)인 쇼니 요리히사(少貳賴尙)를 받들고 발군의 무공을 세워 '오니교부(鬼刑部)' '귀신과 같은 교부'[1]라고 불렸다. 그가 역전의 용사로 무명(武名)을 날린 사례 몇 가지를 들어보자. 1333년 5월에 쇼니 요리히사의 부(父) 사다쓰네(貞經)가 가마쿠라 막부의 진제이탄다이 호조 히데도키(北條英時)를 공격했을 당시, 소 쓰네시게는 선봉에 서서 강을 건너 적진으로 쳐들어가 히데도키를 전사하게 했다. 즉 가마쿠라 막부의 규슈 현지 통치 기구를 타도하는 데 소 쓰네시게가 중요한 역할을 한 것이다. 그리고 1335년 5월에 아시카가 다카우지가 규슈를 출발해 상경(上京) 길에 올랐을 때, 선봉에 선 쇼니 요리히사는 소 쓰네시게를 선봉장으로 세워 와다미사키(和田岬)에 상륙해 남조군(南朝軍)의 총수(總帥) 닛타 요시

---

1) 일본 율령제도 중 '형부성(刑部省)'을 가리킴.

사다(新田義貞)를 패주하게 했다. 근대 이후 일본의 국민적인 영웅인 구스노키 마사시게의 장렬한 전사로 일본 국민들 사이에 유명한 이 전투에서 소 쓰네시게는 수훈을 세워 쇼군 아시카가 다카우지(足利尊氏)로부터 '규슈사무라이도코로(九州侍所)'에 임명된다. '사무라이도코로'는 막부의 국방장관 또는 참모총장과 같은 역할이다. 그가 규슈사무라이도코로에 임명되었다는 것은 소 쓰네시게가 일시적이기는 하지만 규슈지역의 무사들을 총괄하는 중요한 요직에 임명될 정도로 무로마치 막부의 초대 쇼군인 아시카가 다카우지에게 인정을 받았다는 뜻이다.

그는 1349년에 쓰시마의 지토이자 슈고였던 쇼니 요리히사의 쓰시마 지토다이(地頭代)와 슈고다이(守護代)가 되었다. 지토와 슈고를 대신해 쓰시마 현지에서 세금을 징수하고 치안을 담당하는 직책을 맡고 있었던 것이다. 그 무렵부터 "쓰시마에서의 소씨의 지배는, 쇼니씨의 지휘를 받지 않고 실질적인 도주(島主) 지배가 되었다"고 생각되고 있다. 그러나 앞에서 언급한 것처럼 소 쓰네시게는 쇼니씨의 슈고다이로서 다자이후에 체재하는 경우가 많았고, 쓰시마에는 동생 소코(宗香)를 대관(代官)으로 두고 있었다.

쓰네시게는 소케이(宗慶)라는 이름으로 고려와 통교했다. 『고려사』 공민왕 17년(1368) 11월조에 다음과 같은 사료가 보인다.

> 쓰시마 만호 숭종경이 사자를 보내왔다. 종경에게 쌀 천석을 하사했다.

여기에서 숭종경(崇宗慶)은 소 쓰네시게(宗經茂)를 가리킨다. 또 같은 해 가을 7월 기묘조에도 "쓰시마 만호가 사자를 보내와 토산물을 바쳤

다"고 되어 있는데, 이 만호 역시 쓰네시게를 가리킨다. 쓰네시게의
거점은 고후나코시(小舟越) 인근의 바이린지(梅林寺) 일대로 여겨지고
있다.

소케(宗家) 계도

①宗資國 … ②右馬太郎 … ③盛國－④經茂(쓰네시게)－靈鑑(法名)－⑦貞茂(사다시게)
　　　　　　　　　　　－⑧貞盛－宗香(法名, 소코)－⑤澄茂 … ⑥賴茂(요리시게)

한편 소 쓰네시게의 동생인 소 소코의 소코(宗香)는 법명(法名)으로
그의 본명은 잘 알 수 없다. 『대마인물지(對馬人物誌)』 및 『대마도지(對馬
島誌)』에는 그 이름을 요리쓰구(賴次), 단조노추(彈正忠)로 부르고 있다.
『대마인물지』에는 대략 다음과 같은 기록이 있다.

　　쇼헤이(正平) 4년(北朝의 貞和 5, 1349)에 형인 쓰네시게(經茂)의
　　명령을 받고 쓰시마의 슈고다이가 되어, 니이(仁位)의 나카무라(中
　　村)에 거주하면서 야가타(館)라고 칭하다. 나카무라를 우지(氏)로 삼
　　았다가 뒤에 니이(仁位)로 바꾸었다. 이때부터 소씨가 쓰시마(本洲)
　　의 사무를 전담했다.

여기에서 쓰네시게와 소코 형제의 밀접한 관계를 엿볼 수 있다. 그
리고 『대마도지』에는

　　고코쿠(興國) 6년(1345) 부형(父兄)의 뜻을 받들어, 지쿠젠(筑前)
　　에서 니이(仁位)의 나카무라로 와서 정무(政務)를 보기 시작했다. 세

상 사람들이 그를 총대관(總代官)이라고 부른다. 대개 지토다이(地頭代), 슈고다이(守護代), 모쿠다이(目代) 등을 합쳐서 부르는 것이다.

라고 해, 여기서도 그의 총대관 임명이 부형, 즉 소 모리구니와 쓰네시게의 의사에 따른 것임을 알 수 있다. 그리고 총대관에 대해서도 언급하고 있다. 여기서 지토다이와 슈고다이는 앞서 설명한 대로이고, 모쿠다이는 율령국가 시대의 지방 행정관인 국수(國守)를 대신해 현지에 파견된 인물을 지칭한다. 따라서 총대관이란 율령국가 시대의 행정관과, 가마쿠라 시대 이래의 군사 경찰권을 지닌 슈고와, 징세권을 지닌 지토, 이 세 가지 관직을 지닌 쇼니씨를 대신해서 현지에서 실제로 통치에 임하고 있는 관직이다. 따라서 경인년 당시 소 쓰네시게는 규슈 본토에서 쓰시마 현지에 있는 동생 소 소코와 긴밀한 연락을 취하면서 쇼니씨의 군사 활동에 필요한 군수물자를 한반도에서의 왜구 활동으로 조달한 것으로 생각된다.

소 쓰네시게는 1361년에는 쓰시마로 돌아와 경영에 전념한다. 이때 돌아온 이유는 정서부의 공격을 받아 쇼니씨의 거점인 다자이후 일대를 점령당했기 때문이었다. 『쓰시마 기략(津島紀略)』에는 조치(貞治, 1362~1368) 이후, 도내(島內)의 업무는 다자이후(大宰府)의 지시를 받지 않고 쓰네시게의 전결(專決)로 시행되었다고 기록되어 있다. 이를 정리하면 경인년(1350)~1361년까지는 소 소코가, 1362년 이후부터는 쓰네시게가 쓰시마를 통치했다고 생각되는데 구체적인 내용은 알 수 없다. 뒤에 이 형제의 후손들은 쓰시마의 통치권을 놓고 서로 대립하게 되는데, 그 씨앗은 이미 쓰네시게와 소코 형제 때부터 싹트고 있었다고 생각된다.

2) 니이야카타 – 경인년 왜구의 야전 사령부

해적은 동서양을 막론하고 존재해 왔던 인류의 보편적인 역사 현상
이다. 서양사에서는 해적을 다음과 같이 이해하고 있다.

> 서양사(西洋史)에서는 해적을 '파이렛트(pirate)'와 '코르세어(cor-
> sair)'로 구별한다. 전자는 '비공인(非公認) 해적'이고, 후자는 '공인된
> 해적'이었다. 다시 말하면 전자는 개인적인 이익을 얻으려는 목적으
> 로 활동하는 해적인데 반해, <u>후자는 똑같이 해적 행위를 했어도 그
> 배후에 공인이든 묵인이든 국가나 종교가 버티고 있었던 자들을 가리
> 킨다. 따라서 '코르세어'는 공익(公益)을 가져오는 해적으로 여겨지고
> 있었다.</u> 근세에 들어오면 영국 여왕 엘리자베스 1세 시대의 프랜시스
> 드레이크의 예가 유명하다. (중략)
> <u>이 두 종류의 해적은 명확히 구별할 수 없는 경우가 많았다.</u> 코르
> 세어로서 해전(海戰)에 참전하고 돌아오는 길에는 파이렛트로 돌변
> 하여 해안도시나 마을을 습격하고 거기서 약탈한 물건이나 사람을
> 가득 싣고 본거지로 귀환한 예는 헤아릴 수 없을 만큼 많았다.

위에서 보듯이, 코르세어나 파이렛트는 약탈 행위 자체만 본다면
서로 다를 것이 없다. 그러나 코르세어의 배후에 국가나 종교가 있다는
사실에서, 해적을 단순한 약탈 행위가 아니라 배후에 있는 보다 복잡한
시대상황에 대해 이해할 필요가 있다.

지금까지 일본의 왜구에 관한 선행 연구는 왜구의 '코르세어'적인
측면에 관해서는 전혀 언급하지 않았다. 그리고 왜구의 실체는 쓰시
마를 중심으로 하는 변경 지대에 거주하는 어민들과 일부 몰락한 무사
들이었고 거기에 다수의 고려 백성들이 가세했다는 것이다. 이러한

도요타마(豊玉) 고등학교. 소 소코의 저택 터였던 곳으로 이 건물 뒤쪽에 비석이 있음.

쓰시마 소다이칸(對馬總代官) 니이(仁位) 소코(宗香)의 집터

일본의 왜구 인식의 틀을 제시한 인물은 나카무라 히데타카(中村榮孝)와 다나카 다케오(田中健夫)와 같은 왜구 연구자들이었다. 처음으로 이러한 주장을 한 나카무라는 고려 말 왜구를 남북조 내란이라는 일본의

국내 정세와 차단하고 고려 말 왜구가 그렇게 발호(跋扈)할 수 있었던 것은 고려 지배층의 무능과 부패 그리고 사대주의에서 기인한 토지 및 군사제도의 붕괴 등 고려 사회 내부의 여러 가지 사회적 모순 때문이었다고 했다.

규슈 난신 중에서도 소씨, 그중에서도 소코는 왜구의 거점 중 하나이면서 마지막 경유지인 쓰시마를 현지에서 실제로 관장하던 인물이다. 그러면 경인년 왜구를 배후에서 조종한 소 소코의 본부, 즉 왜구의 야전 사령부는 어디였을까?

소코는 니이(仁位)의 나카무라(中村)에 본거지를 두고 있었기 때문에 "니이소코(仁位宗香)"로 알려졌다. 현재 현립(縣立) 도요타마(豊玉) 고등학교의 부지 일대는 구칭(舊稱) 사쿠라마치(櫻町)라고 불리는데, 소코의 집, 즉 '니이야카타(仁位館)'가 있던 곳이다. 교사 뒤쪽의 산기슭에 돌로 쌓은 작은 신사가 있으며 흔히 "오다테사마(お館樣)"라고 한다. 오다테사마라는 것은 소코(宗香)에 대한 경칭(敬稱)으로, 신사의 이름이기도 하다.

『대마국신사대장(對馬國神社大帳)』에는 "토지의 수호신(地主社)이다. 마을 가운데에 있다. 나카무라 소코(中村宗香)의 영혼을 모시고 있다. 니이씨(仁位氏)가 제사를 지낸다."라고 기록되어 있다. 도요타마 고등학교를 세울 당시에 기초 공사를 위해 땅을 팠을 때, 남북조 시대의 기와, 무역으로 수입된 외국 도자기 등이 출토된 것 등을 근거로 현재 학교 건물이 서 있는 곳이 야가타 터로 여겨지고 있다.

5. 포도(逋逃) – 무로마치 막부의 왜구에 대한 공식 해명

『고려사』에는 당시 왜구가 발생하게 되는 사회적 배경과 왜구의 실체에 대하여 어떻게 서술하고 있을까? 다음 〈사료 A〉를 보자.

> A. 10월 나흥유(羅興儒)가 일본으로부터 돌아왔는데, 일본이 승려 양유(良柔)를 답방으로 보내 채단(彩段)·화병(畵屛)·장검(長劍)과 금룡(金龍) 머리를 새긴 술그릇 등의 물품을 바쳤다. 그 나라의 승려 주좌(周佐)가 부친 글에 이르기를, "생각하건대 <u>우리나라 서해도(西海道)의 한 지역인 구주(九州)는 난신(亂臣)들이 할거하고 있으면서 공물과 세금을 바치지 않은 지가 또한 20여 년이 되었습니다. 서쪽바닷가 지역의 완악한 백성들이 틈을 엿보아 〈귀국을〉 노략질한 것이지, 저희들이 한 일이 아닙니다.</u> 이 때문에 우리 조정에서도 장수를 보내 토벌하고자 그 지역 깊숙이 들어가 서로 대치하며 날마다 전투를 벌이고 있습니다. 바라건대 구주를 수복하게 된다면 천지신명에 맹세코 해적질을 금지시키겠습니다."라고 하였다.[2]

이 사료는 1375년 2월에 왜구 금압을 위해 일본에 파견된 나흥유가 다음 해 10월에 귀국하면서 전달한 교토(京都)의 덴류지(天龍寺)의 주자인 도쿠소 슈사의 편지 내용이다. 이 사료를 보면 '20여 년 전부터 서해도 일로 규슈 지역에서 반란을 일으킨 신하들이 할거하면서 공부(貢賦)를 바치지 않는 것'이 왜구 발생의 배경이다. 그리고 왜구의 실체로

---

2) "十月 羅興儒還自日本, 日本遣僧良柔來報聘, 獻彩段·畵屛·長劍·鏤金龍頭酒器等物. 其國僧周佐寄書曰, 惟我西海道一路九州, 亂臣割據, 不納貢賦, 且二十餘年矣. 西邊海道頑民, 觀釁出寇, 非我所爲. 是故, 朝廷遣將征討, 深入其地, 兩陣交鋒, 日以相戰. 庶幾, 克復九州, 則誓天指日, 禁約海寇. 『고려사』 열전 권제46. 우왕 2년 10월조.

지목한 것은 '서쪽바닷가 지역의 완악한 백성들'이다. 이것이 왜구의 실체에 대한 무로마치 막부의 최초의 공식적인 입장 표명이다.

왜구의 실체에 대한 막부의 또 다른 해명을 보자. 나흥유가 귀국한 바로 다음 달인 1377년 11월부터 다음 해에 걸쳐서 왜구 침구는 최고 절정에 도달한다. 당시의 왜구의 실체를 나카무라 히데타카는 일본인이라기보다 화척과 재인 등 고려의 천민들이었다고 주장했다. 그러나 당시 이상할 정도로 많은 왜구들이 일본에서 한반도를 침구해왔던 것은 다음의 1377년 3월의 사료를 보면 극명하다.

> 경상도원수(慶尙道元帥) 우인열(禹仁烈)이 보고하기를, "왜적이 쓰시마(對馬島)로부터 바다를 덮고 오는데, 돛과 돛대가 서로 바라보고 있을 정도입니다. 이미 군사를 보내어 요충지를 나누어 지키게 하였으나, 적의 형세가 바야흐로 성하고 방어해야 할 곳은 많으니, 한도의 병사로 군대를 나누어 지키는 것은 형세상 매우 고립되고 약합니다. 청하건대 조전원수(助戰元帥)를 보내어 요해처를 방비하시기 바랍니다."라고 하였다. 이때 강화(江華)의 적이 경도(京都)에 매우 가까이 닥쳐와서 나라에서는 방어를 하느라 겨를이 없었는데, 또다시 이러한 보고가 올라왔으므로 어찌할 바를 알지 못하였다.[3]

위 사료를 정리하자면, 이미 수도인 개경 근방에 있는 강화도에 왜구들이 몰려왔는데 또 다시 쓰시마 앞 바다에는 마치 바다를 뒤덮을 정도로 수많은 왜구들의 배들이 고려를 향하고 있다는 것이다. 그러자

---

3) "慶尙道元帥禹仁烈報, "倭賊自對馬島蔽海而來, 帆檣相望. 已遣兵, 分守要衝, 然賊勢方張, 防戍處多, 以一道兵分軍而守, 勢甚孤弱. 請遣助戰元帥, 以備要害." 時, 江華之賊逼近京都, 國家備禦不暇, 又得此報, 罔知所爲." 『고려사절요』 권30. 우왕 3년 3월조.

이로부터 석 달 뒤인 1377년 6월에 고려는 또 다시 안길상을 일본에 파견해 왜구의 침구에 대하여 항의하면서 금압을 요구한다. 다음 〈사료 B〉를 보자.

B. 판전객시사(判典客寺事) 안길상(安吉祥)을 일본으로 파견하여 해적[賊]을 단속해 줄 것을 청하니, 그 글에 이르기를, "우리나라는 귀국[貴邦]과 이웃으로 비록 큰 바다를 사이에 두고 떨어져 있지만 우호관계를 유지하여 왔습니다. 그런데 경인년(1350)부터 해적이 처음으로 나타나기 시작하여 우리 섬 주민들을 못살게 구니, 양국에 피해가 발생하고 있으니 매우 우려스럽습니다. 이 때문에 병오년(1366)에 만호(萬戶) 김용(金龍) 등을 시켜 사정을 알리게 하니, 곧 정이대장군(征夷大將軍)이 단속한다는 약속을 받아내 조금 안정을 되찾을 수 있었습니다. 그러나 최근 갑인년(1374) 이래로 해적들이 또한 마음대로 창궐하니, 판전객시사(判典客寺事) 나흥유(羅興儒)를 보내 자문을 가지고 다시 〈일본에〉 도달해서, 양국의 관계에 적의 침략은 틈을 만드는 실로 불상사라는 뜻을 밝혔습니다. 그 후 <u>나흥유가 귀국의 답신을 가지고 오니 이르기를, '그 도적은 우리 서해(西海)의 한 지역인 구주(九州)의 난신(亂臣)이 서쪽 섬을 할거해 완악하게 노략질을 자행하는 것으로, 실제 우리의 소행이 아니므로 감히 곧 금하겠다는 약속을 드릴 수 없습니다.'</u>라고 하였습니다. 이를 참작해 보더라도 백성을 다스리고 도적을 단속하는 것은 국가가 당연히 시행해야 할 일이니, 앞서 말한 해적의 침략에 대한 문제는 일단 단속을 약속하였으니 도리상 따르지 않을 수 없을 것입니다. 두 나라 우호 관계의 유지와 해로의 안정은 귀국이 어떻게 처리하느냐에 달려 있을 뿐입니다."라고 하였다.[4]

---

4) "遣判典客寺事安吉祥于日本, 請禁賊. 書曰, "本國與貴邦爲隣, 雖隔大海, 或時通好. 歲

여기에서 나홍유가 고려에 전달한 왜구의 발생 배경과 그 실체에 관한 사료를 1376년 10월의 사료(A)와 1377년 6월의 사료(B)를 비교해 보자.

> A – 西海道一路九州, 亂臣割據, 不納貢賦, 且二十餘年矣. 西邊海道
>   頑民, 觀釁出寇, 非我所爲.
> B – 此寇, 因我西海一路九州, 亂臣割據, 西島頑然作寇, 實非我所
>   爲,

이를 〈표〉로 만들면 다음과 같다.

	왜구 발생의 배경	왜구 행위의 실체
A	西海道一路九州, 亂臣割據,	西邊海道頑民
B	西海一路九州, 亂臣割據	西島頑然作寇

위의 표를 보면 왜구 발생의 배경에 관해서는 A와 B 둘 다 차이가 없다. 그런데 왜구 행위의 실체를 보면 A는 '서변 해도(海道)의 완고한 백성'인 반면에 B는 '서쪽 섬[西島]'이 되고 있다.

그런데 위의 안길상이 일본의 하카타(博多)에 가서 항의하자 규슈탄 다이 이마가와 료슌은 1377년 8월에 부하 신홍을 파견해 당시 왜구의

自庚寅, 海盜始發, 擾我島民, 各有損傷, 甚可憐愍. 因此, 丙午年間, 差萬戶金龍等報事
意, 卽蒙征夷大將軍禁約, 稍得寧息. 近自甲寅以來, 其盜又肆猖蹶, 差判典客寺事羅興
儒, 齎咨再達, 兩國之間, 海寇造釁, 實爲不祥事意. 去後, 據羅興儒齎來貴國回文, 言稱,
'此寇, 因我西海一路九州, 亂臣 割據, 西島頑然作寇, 實非我所爲, 未敢卽許禁約.' 得此
叅詳, 治民禁盜, 國之常典, 前項海寇, 但肯禁約, 理無不從. 兩國通好, 海道安靜, 在於貴
國處之如何耳." 『고려사』 열전 권제46. 우왕 3년 6월조.

실체에 관하여 다음과 같이 해명하고 있다.

> 일본국에서 승려 신홍(信弘)을 답례로 보냈는데 그 글에 이르기를,
> "그 도적떼들은 우리에게서 도망쳐간 무리들로 우리 명령을 따르지
> 않기 때문에 금하기가 쉽지 않습니다."라고 하였다.[5]

여기서 왜구(草竊) 즉, 도적질하는 놈들은 '우리들의 체포를 피해 도
주한 무리들[逋逃輩]'이라고 하고 있다. 그러면 당시 왜구, 즉 '포도배'
들은 무엇 때문에 무로마치 막부의 체포 대상이 되었던 것일까? 그것
은 그들이 1377년 1월 13일에 규슈 사가현(佐賀縣) 사가시(佐賀市) 교외
에 위치한 치후(千布)·니나우치(蜷打)에서 벌어진 남조(정서부)의 부대
가 이마가와 료슌이 이끄는 부대와 벌인 결전을 전후해서 병량을 확보
하기 위해 침구했던 것이었다. 이 전투에서 남조의 부대는 대패했고
그래서 료슌의 체포의 대상이 되었던 것이었다.

그런데 이 '포도(逋逃)'는 여기서만 보이는 것이 아니라 한·중·일 세
나라의 사료, 특히 외교문서에 공통적으로 보인다. '포도배(逋逃輩)' '포
도간귀(逋逃奸宄)' '포도망명(逋逃亡命)' '포도지도(逋逃之徒)'와 같은 것이
다.[6] 즉 위의 용어에서 공통적으로 보이는 '포도'는 고려(조선)와 명이
왜구 문제로 일본에 사절을 파견해 항의했을 때 이에 대한 막부의 공식
적인 외교적인 해명이었다. 다시 말하자면 '왜구'가 피해국이 만든 호
칭이었다면 '포도'는 가해국의 공권력이 만든 용어였다.

---

5) "日本國遣僧信弘來報聘, 書云, "草·竊之賊, 是逋逃輩, 不遵我令, 未易禁焉." 『고려사』
   권제46. 우왕 3년 8월조.
6) 이에 관해서는 이영 「동아시아의 파이렛츠와 코르세어」(『팍스 몽골리카의 동요와 고
   려 말 왜구』 에피스테메. 2013년)을 참고.

이후, 고려와 일본 사이에는 공식·비공식적인 사절들이 빈번하게 오고간다. 예를 들어 이마가와 료슌이 1377년에 파견한 신홍은 다음 해에 소규모의 병력과 함께 다시 고려와 고려군과 함께 왜구 토벌 작전에 나선다. 다음 사료를 보자.

> 일본의 구구절도사 원료준이 승려 신홍을 파견해 69명의 병사를 이끌고 왜적을 잡도록 했다.[7]

그리고 실제로 신홍은 조양(兆陽)에서 왜구의 배 1척을 나포해서 왜적을 베어 죽이고 왜구들에게 잡혀가고 있던 부녀자 20여 명을 송환시키기도 했다. 이 뿐만이 아니었다. 다음 해인 1379년 윤5월에는 이마가와 료슌과 더불어 규슈 남조와 싸우던 주고쿠 지방의 호족인 오우치 요시히로(大內義弘)[8]가 병력을 파견해 고려군과 함께 왜구를 무찔렀다. 다음 사료를 보자.

> 왜구가 울주(蔚州)를 노략질하고 또다시 계림부(雞林府)를 노략질하였다. 일본해도포착군관(日本海盜捕捉軍官) 박거사(朴居士)가 왜구와 전투를 하였는데, 원수(元帥) 하을지(河乙沚)가 구원하지 않았기에 박거사의 군대가 크게 패하여 겨우 50여 인만이 살아남았다. 이보다 앞서 한국주(韓國柱)가 일본에서 돌아올 때에 박거사가 그 군

---

7) '日本九州節度使源了浚, 使僧信弘, 率其軍六十九人來, 捕倭賊.' 『고려사』 권제133. 열전 제46. 우왕 4년 6월조.

8) 이 오우치 요시히로는 이마가와 료슌이 1395년에 갑자기 규슈탄다이(구주절도사)에서 해임당한 뒤, 규슈로 진출해 료슌의 역할을 대신한다. 이후 그를 뒤이어 오우치 가문은 하카타를 제압하고 명나라와의 무역을 전담하는 등, 실질적인 북부 규슈의 패자로 군림한다.

사 186인을 거느리고 함께 왔었다.[9]

신홍과 박거사와 같은 인물들이 고려에 파견된 이유는 고려 조정에 대하여 자신들이 왜구 문제 해결에 얼마만큼 성의를 가지고 임하고 있는지를 보여주기 위한 것으로 생각된다. 그렇지만 그 이외에도 왜구가 실제로 어떤 집단이었는지를 파악하고자 하는 의도도 포함되어 있었을 것이다. 즉 당시 일본의 중세 무사들은 자신들의 가문(家紋)이 표시되어 있는 깃발 등과 같은 것을 배에 걸고 있었으므로 신홍과 박거사 등은 왜구와 전투를 벌이면서 그들의 실체를 파악할 수 있었을 것이다. 또 체포당한 왜구를 심문하는 과정 등을 통하여 왜구에 관한 구체적인 정보를 얻을 수 있게 되었을 것이다. 그 결과, 1387년 8월이 되면 왜구의 실체에 관한 보다 구체적인 정보를 확인할 수 있다. 다음 사료를 보자.

> 정지(鄭地)가 상서(上書)하여 동쪽을 정벌하기를 자청하며 이르기를, "왜(倭)는 온 나라가 도적인 것은 아니라 <u>그 나라에서 반란을 일으킨 민(民)들이 쓰시마(對馬島)와 일기도(一岐島) 두 섬에 나누어 근거하여 합포(合浦)에 이웃해있으면서 수시로 침입하여 노략질하는 것입니다.</u> 만약 죄를 성토하고 군사를 크게 일으켜 그 소굴을 뒤엎는다면 변방의 근심은 영원히 제거될 것입니다. 또한 지금 수군은 신사년(1281)에 동쪽을 정벌할 때 몽고병(蒙古兵)이나 한병(漢兵)이 배에 익숙하지 못하였던 것과는 비교가 안 되니, 순풍을 타고 가면 두 섬은 한 번에 섬멸할 수 있을 것입니다."라고 하였다.[10]

---

9) '倭寇蔚州, 又寇雞林府. 日本海盜捕捉軍官朴居士與倭戰, 元帥河乙沚不救, 居士軍大敗, 僅存五十餘人. 先是, 韓國柱還自日本, 居士率其軍一百八十六人偕來.'『고려사절요』권 31. 우왕 5년 윤5월조.

'반민(叛民)' 즉 규슈의 반란 세력 중 일부가 쓰시마와 이키섬 등을 근거지로 삼아 고려를 침구해오는 것이 왜구의 실체라는 것이다. 정지가 해도원수(海道元帥)로 왜구 전선의 최일선에서 활약하던 무장이었음을 생각하면 위의 사료는 왜구의 실체를 정확하게 반영하는 것이라고 할 수 있다.

다시 말하자면 1376년 10월에 나흥유가 고려에 귀국하면서 전달한 일본 측의 왜구에 관한 해명, 즉 '서변 해도의 완악한 백성(西邊海道頑民)'과 1377년 6월에 안길상을 파견할 당시의 '서도완연작구(西島頑然作寇)'의 서쪽 섬, 즉 쓰시마와 이키섬은 '규슈의 반란을 일으킨 신하' 즉 쇼니씨와 정서부의 일원이었던 것이다.[11]

지금까지 살펴본 내용을 토대로 하여 경인(년) 이후 왜구의 구성을 〈표〉로 작성하면 다음과 같다.

〈표〉 경인(년) 이후 왜구의 구성

㉠ 서해 일로(西海一路) 규슈(九州)의 난신(亂臣)	ⓐ 쇼니씨 세력	① 쓰시마와 이키섬 ② 북규슈의 쇼니씨 일족
	ⓑ 정서부 세력	기쿠치씨(菊池氏) 주축의 남조 수군
㉡ 서변 해도(西邊海道)의 완고한 백성(頑民)	ⓐ 규슈지역 해민 ⓑ 혼슈 서부 해민 ⓒ 시코쿠의 해민	① 마쓰라토(松浦黨) ② 오스미노쿠니(大隅國, 현재의 鹿兒島縣) 지역의 아쿠토(惡黨) 等.

---

10) 『고려사절요』 권32. 우왕 13년 8월조.

11) 이와 같은 사례는 오에이(応永) 5년(1398)의 사료에도 확인된다. '포도(逋逃)와 해도(海島)의 관계' 앞의 이영 「동아시아의 파이렛츠와 코르세어」(『팍스 몽골리카의 동요와 고려 말 왜구』 에피스테메, 2013년)을 참고.

6. 규슈 정세와 왜구의 침구 양상

고려 말 왜구는 경인년 이후 고려 멸망 때까지 시종일관 다수의 집단이 대규모로, 그리고 연속적으로 침구해왔을 것으로 생각하기 쉽지만, 전혀 그렇지 않다. 실제로는 시기에 따라서 다양한 양상을 보이고 있다. 그 양상은 북규슈 정세와 일정한 상관관계를 지니고 있다. 왜구의 침구 양상을 연도별로 침구 지역과 침구 횟수, 그리고 침구 집단 등으로 구분해 보면 대략 다음 〈표〉와 같다.

이 〈표〉를 보면 1350~52년, 1358~61년, 1372~75년, 1376~85년, 1388~89년은 왜구가 빈번하게 침구해온 시기라고 할 수 있다. 특히 1376~83년의 약 8년 동안은 왜구의 최극성기에 해당한다. 이에 반해 1353~57년, 1362~63년, 1366~71년, 1386~87년, 1390~91년의 기간은 왜구의 침구가 뜸하던 시기였다.

〈표〉 연도별 침구 지역 상황

침구 년도	1월	2월	3월	4월	5월	6월	7월	8월	9월	10월	11월	12월	침구 지역 수
50		3		1	1	4					1		10
51				1				3			1		5
52			8			2	1		1				12
53									1				1
54				1		1							2
55			1	1									2
56													0
57					1				1 1(윤9월)				3

	1	2	3	4	5	6	7	8	9	10	11	12	계
58			1	2	4	1	3	2					13
59		2			3								5
60			1		6 2(윤5월)								9
61		1	1	3			6						11
62		1	1										2
63				2									2
64		8	1	1	2						1		13
65		3	4										7
66					2			1					3
67		1											1
68													0
69										1			1
70		2											2
71		1				1	1		1				4
72		1	1	1		5	1		1	1			11
73		1	1	1		3	1		1				8
74			3	3	4	1		1	1		1		14
75			1					3	6		1	1	12
76	1		1			2	10		10	4	14	12	54
77	1	3	2	13	7	14	1	1	13	4	8		67
78	1	4	6	4	3	7	3	7	7	11	2	2	57
79		2	4	3	5 3(윤5월)	8	2	3	9				39
80		3	4		2	1	15	16	2	1			44
81		1	8	1	3	8	3		2	2	2		30
82		1 4(윤2월)	9	3	2	5				3			27
83	1				2	11	11	21	5	10	3		64
84							5	10		1 2(윤10월)	3	1	22
85	2	1	1	2	1	3	1	2	5	1	2		21
86													0
87	1									4	2	1	8

88				1	2	4	1	17	1			1	27
89				1		2	4		1	1	2	1	12
90			1(윤4월)		7		1						9
91									1				1
92		1	1										2
월별	7	31	67	51	54	91	63	94	70	46	43	20	637

※ 위의 〈표〉는 『고려사』와 『고려사절요』의 왜구 침구 기사를 토대로 하여 작성함.

이 〈표〉를 통해 각 연도마다 침구 지역의 숫자에 차이가 있음을 확인할 수 있다. 그리고 계절에 따라 왜구의 침구 빈도 역시 차이가 있다. 즉 왜구가 적게 침구한 달은 음력 12월(20)과 1월(7)로, 양력 1월에서 2월에 해당하는 이 시기는 가장 춥고 매서운 북서풍이 분다. 이처럼 쓰시마에서 항해하기 어려운 추운 겨울에는 침구 횟수가 압도적으로 적다. 이 사실을 통해서도 고려 말 왜구의 실체 중 대부분이 고려 백성들이었다는 나카무라 등 일본인 왜구 연구자들의 주장이 허구임을 잘 알 수 있다. 반면에 왜구는 3월에서 9월, 즉 양력으로 4월에서 10월까지 기간에 가장 많이 침구하였다. 이는 전년도에 거두어들였던 곡식이 거의 다 떨어지는 춘궁기에서부터 한 해 농사의 수확을 하는 가을 기간에 해당한다.

이처럼 경인년 이후 고려 말까지 왜구의 침구 양상을 개략적으로 설명하면 다음과 같다.

① 활발하게 침구(1350~52) ― ② 소강상태(1353~57) ― ③ 다시 활발하게 침구(1358~61) ― ④ 소강상태(1362~63) ― ⑤ 다시 활발하게 침구(1364~65) ― ⑥ 침체기(1366~71) ― ⑦ 다시 활발하게 침구(1372~75) ― ⑧ 최극성기(1376~83) ― ⑨ 감소 국면(1384~92).

그렇다면 이상과 같은 변화의 배경에는 어떤 원인이 있었을까? 거기에 일정한 법칙을 발견할 수 있을까? 일본의 왜구 연구자들이 주장하는 바, 소위 '왜구 발생의 배경과 원인=고려 토지제도의 문란(紊亂)' 또는 '고려 군사제도의 이완(弛緩)'이라는 이유를 가지고 이러한 침구 양상의 변화를 합리적으로 설명할 수 없다. 또 소위 〈왜구의 실체=삼도(三島) 지역 해민설〉에 입각해 쓰시마·이키(壹岐)·마쓰우라(松浦) 지역의, 해당 연도 농작의 풍흉(豊凶)과 관련지어 설명하는 것도 불가능하다. 그 외에 또 다른 일본인 연구자들의 주장인 〈왜구의 실체=고려(조선)인 주체설〉, 〈왜구=고려·일본인 연합설〉, 〈왜구=다민족·복합적 해적설〉, 〈왜구=마지날맨(marginal man, =境界人)설〉 중 그 어떤 학설로도 위와 같은 현상을 설명하기는 어렵다.

그런데 이러한 왜구의 침구 상황은 같은 시기의 규슈 지역의 군사 정세와 관련지으면 거의 대부분 합리적인 설명이 가능하다. 예를 들어, ①의 1350~52년의 약 3년 동안을 살펴보자. 이 기간은 왜구가 빈번하게 침구해온 때였다. 이때의 규슈 지역의 정세에 대하여 간략하게 살펴보면 다음과 같다.

앞에서 경인년(1350) 2월에 왜구가 약 85년 동안의 공백을 깨고 또다시 침구해온 배경으로 북규슈 지역에서의 쇼니씨가 처해있던 군사적 위기 상황을 들었다. 그러나 9월에 쇼니씨의 우두머리 요리히사는 아시카가 다다후유 측에 가세한다. 이후, 1351년까지 요리히사는 다다후유와 북규슈 지역을 제패하다시피 했다. 그러나 1352년 2월에 다다후유의 후원자인 양부(養父) 다다요시가 형 다카우지에게 독살당하자 이후 다다후유-요리히사 세력은 급격하게 약해진다. 그리고 12월 마침내 다다후유는 규슈를 탈출한다. 이렇게 되자 요리히사의 군사 활동은 활력을 잃어 간다. 1350~52년의 3년 동안 왜구의 침구가 활발했던 것은 이 기간 중에 북규슈 지역에서의 요리히사의 활발한 군사 활동을 반영하는 것이라고 할 수 있다.

1352년 12월, 의지하고 있던 다다후유가 규슈를 떠나자, 쇼니 요리히사의 세력은 급격하게 위축된다. 따라서 요리히사는 1353년 이후 규슈 남조(征西府)의 군사력에 의존해 북조, 즉 무로마치 막부의 규슈탄다이 잇시키 도유를 규슈에서 몰아내기 위해 싸운다. 이 기간 즉, 1353~57년 동안에 왜구의 침구 빈도가 이전의 3년 동안에 비교해 현격하게 줄어든 것은 세력이 위축된 요리히사의 군사적 활동이 침체기에 들어갔다는 상황과 일치한다.

③의 기간에 해당하는 시기에는 남북조 내란기 규슈 지역에서 있었던 최대의 전투, 오호바루 전투를 전후한 기간이다. ⑤의 기간에 해당하는 시기는 규슈 본토에서 활동하던 쇼니씨 휘하의 병력이 쇼니씨의 근거지인 다자이후를 빼앗기고 쓰시마로 대거 몰려갔던 시기로, 그렇지 않아도 부족한 쓰시마의 식량 문제가 더욱 심각해져서 한반도로 활발하게 침구해간 것으로 생각된다. ⑥의 침체기는 다자이후를 점령한 정서부에 의해 오랜만에 규슈 지역에 평화가 찾아왔고, 또 공민왕 15년 왜구가 침입하기 시작한 지 17년 만에 고려가 최초로 외교 사절을 파견해 일본에 왜구 금압을 요구했고, 이에 따라 막부가 적극적으로 쓰시마의 왜구를 통제했던 기간에 해당한다. ⑦의 기간이 시작하는 1372년은 공민왕의 외교 사절 파견에 대응하는 형태로 막부가 새로운 규슈탄다이로 이마가와 료슌을 임명해 그가 이해에 현지에서 다자이후를 탈환하기 위해 본격적으로 정서부와 전투를 시작한 해이다. 이후부터 규슈 지역의 전투가 다시 격렬해지기 시작한다.

⑧의 1376년도부터 시작하는 이 기간은 왜구 침구가 최고 극성기에 해당하는데, 전년도 8월에 이마가와 료슌이 쇼니씨의 가독인 쇼니 후유스케를 살해하고 쓰시마를 직접 장악해서 왜구가 외국으로 나아가는 길목을 막으려고 시도한 미즈시마의 변(水島の變)이 일어난 시기로, 료슌이 쇼니씨와 정서부에 대한 공격을 강화하고 있었다. 따라서 이 시기부터는 정서부의 병력이 왜구에 대거 가세하게 된다. 이 최고 극성기가 1383년에 끝나게 되는 것은 1381년에 료슌이 정서부의 본거지인 기쿠치(菊池)를 점령하게 되면서 정서부의 군사 활동이 침체되기 시작했기 때문이다.

그러면 고려 말 왜구의 침구 양상은 연도와 지역에 따라 어떠한 변화를 보이는지 다음의 그래프를 보자.

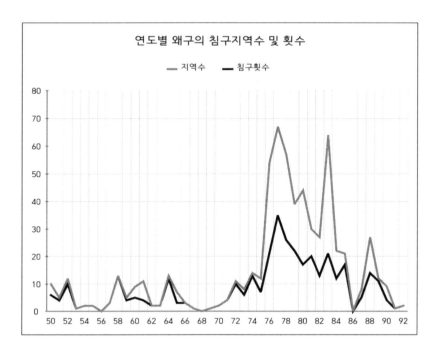

왜구의 침구 양상을 같은 시기의 규슈 정세와 연결시켜 분석·고찰
하면 대략 다음과 같다.

〈표〉 경인년 이후 각 시기별 규슈 정세와 왜구의 침구

	시기	규슈 지역의 군사정세	왜구의 침구	침구 주체	침구 목적
A	50~52	쇼니 요리히사가 규슈에서 군사 활동을 활발하게 전개.	활발함.	요리히사 휘하 쓰시마 세력.	병량조달.
B	53~57	쇼니 요리히사의 세력이 약해져 남조의 군사력에 의존.	소강상태.	상동	병량조달.
C	58~61	오호바루 전투를 전후한 쇼니 요리히사의 활발한 군사 활동.	활성화됨.	상동	병량조달.
D	62~71	요리히사가 다자이후(大宰府)를 떠나 교토(京都)에서 은거.	소강상태(1364 년은 예외).	쓰시마 세력.	군사 활동과 무관.
E	72~75	72년에 규슈탄다이와 정서부가 전투 개시. 쇼니씨 참전.	D에 비해 대폭 증가.	쓰시마 및 정서부 세력.	병량조달
F	76~83	미즈시마의 변(水嶋の變) 이후 쓰시마가 분열 대립.	최극성기(最極 盛期).[12]	쓰시마 및 정서부 세력.	병량조달.
G	84~92	정서부의 본거지 점령당함(81 년). 세력이 크게 약화.	F에 비해 급감(急減).[13]	쓰시마 및 정서부 세력.	병량조달.

이상의 〈표〉를 통해 규슈의 군사정세와 왜구의 침구 양상 사이에는
다음과 같이 일정한 상관관계가 존재함을 확인할 수 있다.

첫째, 쓰시마의 슈고(守護) 쇼니씨(少貳氏)가 규슈 본토에서 군사 활

---

12) D기간(1376~83)에는 C기간(1372~75) 수준의 2~3배로 침구 지역이 급증해 왜구의
최극성기(最極盛期)라고 할 수 있다.

13) 남조의 쇠퇴로 인한 정세의 안정화가 왜구의 침구가 줄어들게 된 이유라고 생각한다.
이후 규슈의 남조 세력은 91년 9월에 야쓰시로(八代)의 후루후모토(古麓)에서 정전(停
戰)하고 다음 해인 92년 10월에 마침내 남북 양조의 합일(合一)이 이루어짐으로써 60
여 년 동안 지속되었던 남북조 내란은 그 막을 내리게 된다.

동을 활발하게 전개할 때에는 왜구의 침구가 증가하지만, 반대의 경우에는 대폭 감소하거나 단 1차례도 침구하지 않는다.

둘째, 설사 쇼니씨가 군사 활동의 주역이 아니라 할지라도, 규슈 지역에 장기간에 걸쳐 격렬한 전투가 이어질 때는 왜구가 대폭 증가한다. 그러나 전쟁이 소강상태에 들어가면 왜구의 침구도 이에 비례해 대폭 감소한다.

셋째, 규슈 지역의 전쟁 상태에 더해 1375년 8월에 쇼니씨의 소료(惣領)인 후유스케(冬資)가 기쿠치 분지의 입구에 위치한 미즈시마(水島)에서 막부 측의 규슈탄다이인 이마가와 료슌에 의해 살해당하면서 쇼니씨 휘하의 쓰시마 세력은 남조에 가세하게 되고 또 료슌과 본격적으로 대결하게 된다. 이에 따라 쓰시마 내부 사회도 료슌 측과 반 료슌 측으로 분열해 상호대립하면서 왜구의 침구는 최고조로 증가한다.

이처럼 고려 말 왜구의 침구 양상은 규슈 지역의 군사정세와 관련지을 때 합리적으로 설명할 수 있다. 이 같은 특징은 〈고려 말 왜구〉들이 침구한 주(主) 목적이, 전쟁 수행에 필요한 병량(兵糧)을 위시한 재화(財貨)와 노동력의 확보를 위한 것이었음을 보여준다.

보통 고려 말 왜구의 침구 해역을 남해안과 중부 서해안으로 나눌 수 있다. 그런데 각각의 해역에 침구할 경우, 다음과 같은 차이가 있다.

〈표〉 왜구의 침구 지역에 따른 차이

		남해안 침구의 경우	중부 서해안 침구의 경우
1	시간	목적을 신속하게 달성할 수 있음.	남해안 침구에 비해 시간이 배 이상 걸림.
2	위험	항해상의 위험과 고려군으로부터 공격당할 위험이 적음.	항해상의 위험 및 고려군에 의해 공격당할 위험이 배가(倍加)됨.

3	효율	서해안에 비해 침구 대상이 제한.	침구 목적의 효율을 극대화할 수 있다. [14]
4	경우	비교적 긴급(緊急)을 요할 경우.	시간적 여유가 있고 더 많은 물자 필요시.

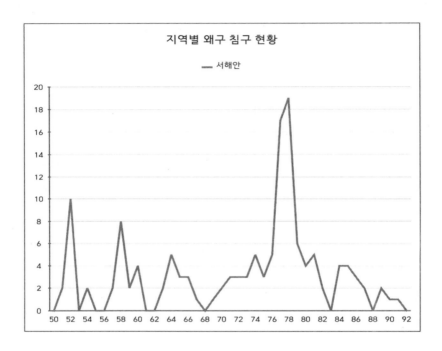

이 그래프를 보면 왜구의 침구가 활발해지는 기간 중에 서해안 지역에 대한 침구 횟수도 비례적으로 증가하고 있음을 알 수 있다.

---

14) 고려의 지방에서 중앙으로 올라가는 조세는 대부분 조운선에 실려서 중부 서해안 지역으로 운송되었기 때문이다.

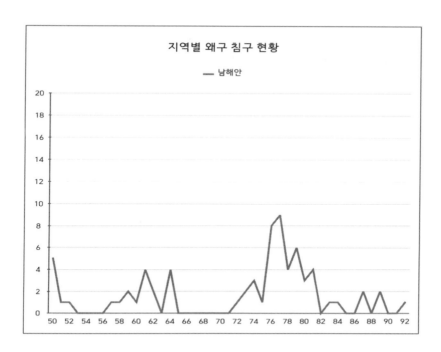

지역별 왜구 침구 현황

── 남해안

남해안 지역에 대한 침구 또한 왜구의 침구가 활발해지는 시기와
비례적으로 침구 횟수가 증가하고 있음을 알 수 있다.

그런데 서해안과 남해안 지역과 달리 동해안 지역에 대한 침구는
다른 양상을 보이고 있다. 51~52년도에 1회씩 침구한 뒤로 19년 동안
동해안 지역에는 단 1회도 침구해오지 않았다. 그러다가 72년도에 4
회, 74년도에 3회, 그리고 왜구의 최극성기라고 할 수 있는 76~80년
기간에는 단 1회의 침구도 없었다. 그러다가 81년도에 8회로 최고 많
았고 82년·83년·85년도에 각 4회씩 침구한 것을 마지막으로 더 이상
동해안 지역에는 침구해오지 않았다. 81~85년에 걸친 동해안 지역에
대한 침구는 특별한 의미가 있다고 생각된다. 80년도에 금강 하구인
진포구에 500척의 대선단으로 침구했다가 최무선(崔茂宣)이 이끄는 고

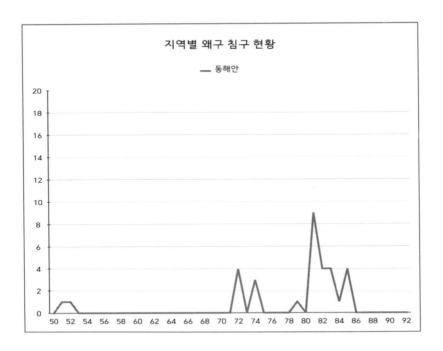

지역별 왜구 침구 현황

—— 동해안

려군의 화포 공격으로 타고 왔던 배가 전부 불타버리고 말았다. 이 사건 이후 더 이상 왜구들은 대규모 선단으로 고려의 중부 서해안 지역을 침구 해오지 않는다. 그 대신 동해안 지역을 침구하게 된다.

그러면 ③의 기간 즉 왜구가 두 번째로 활발하게 침구해오던 시기에 있었던 오호바루 전투에 대하여 살펴보자.

제2장
오호바루 전투와 왜구

1. 오호바루 전투의 현장

오호바루(大保原) 전투는 남북조 내란기 규슈 지역에서 일어났던 최대 규모의 전투였다. 1359년 8월 6일부터 7일까지 이틀 동안, 남조와 북조의 무사들이 규슈의 패권을 놓고 싸워, 남조가 승리했다.

당시 북조의 대장(大將)은 쇼니 요리히사(少貳賴尙)였고, 남조의 대장은 가네요시 왕자(懷良親王)와 기쿠치 다케미쓰(菊池武光)였다.

남북조 시대의 대표적인 사료이면서 군기문학(軍記文學) 작품인 『태평기』는 규슈의 남조, 즉 정서부의 병력 4만 기(騎) 중, 사상자 대략 3천, 쇼니(少貳) 측의 6만 기 중 사상자가 2만1천여 명이라고 기록하고 있다.

이 전투의 현장인 지쿠고가와(筑後川)의 지류(支流)인 다치아라이가와(太刀洗川)와 호만가와(寶滿川) 일대의 평야인 오호바루(大保原)의 지명을 따서 '오호바루 전투' 또는 '지쿠고가와 전투'라고도 한다.

1358년 4월 30일, 아시카가 다카우지가 52살의 나이로 사망한다.

오호바루 전투의 현장 – 기쿠치 다케미쓰가 전투가 끝난 뒤 칼을 씻었다고 하는 다치아라이가와(大刀洗川) 공원

다치아라이가와의 기쿠치 다케미쓰의 동상

뒤를 이어 새로 쇼군이 된 요시아키라는 적극적으로 남조 측에 가담한 쇼니 요리히사를 포섭하고자 한다. 요리히사는 요시아키라의 제안에 마음이 끌렸다. 즉, 눈엣가시와 같은 규슈탄다이 잇시키씨(一色氏)가 사라진 지금, 더 이상 남조의 휘하에 있을 이유가 없었다. 요리히사는 과거 자기 가문의 영광과 권세를 되찾아야 한다는 일념에 사로잡혀 있었다. 마침내 1359년 7월, 쇼니 요리히사를 중심으로 하는 북조의 군대는 가네요시 왕자를 앞세운 기쿠치 다케미쓰의 부대와 지쿠고(筑後) 지방에서 격돌한다.

2. 『타이헤이키』에 보이는 오호바루 전투

당시 전투 상황을 『태평기』에는 다음과 같이 기록하고 있다.

〈기쿠치와 쇼니의 전투(菊池と少貳と合戦の事)〉
엔분(延文) 4년 7월에 정서장군궁(征西將軍宮)[1]을 대장으로 삼아 닛타씨(新田氏) 일족, 기쿠치씨 일족이 다자이후를 공격한다는 소문이 전해졌다. 이에 "진을 치고 적을 기다리자."고 하여 다자이지쿠고노카미(大宰筑後守) 쇼니 요리히사(少貳賴尚)를 대장으로 해서, (중략) 이들 사무라이를 중심으로 하는 총 6만여 기(騎)가 모리노와타시(杜の渡)를 앞에 두고 아지사카노쇼(味坂庄)에 진을 쳤다. 궁방(宮方) 측은 우선 선제(先帝, 고다이고 천황)의 여섯째 아들, 정서장군궁을 위시하여, (중략) 이상과 같은 사람들을 주요 무사로 하여 총 8천여 기가 고라산(高良山), 야나기자카(柳坂), 미노야마(水繩山)의 세 군데

---

1) 고다이고 천황의 여섯째 아들인 가네요시 왕자를 가리킨다.

에 진을 쳤다."

쇼니 요리히사는 지쿠고(筑後)의 아지사카(味坂)에 진을 치고 이에 대항해 다케미쓰가 지휘하는 남조군은 고라산, 야나기자카, 미노야마의 세 군데에 진을 치고 있었다. 실제로 전투가 벌어진 때와 장소는 오호바루였다. 양진영은 다수의 전사자를 내는 격전을 벌였다. 다음 서술을 보자.

> 같은 해 7월 19일, 기쿠치는 제일 먼저 자기가 직접 지휘하는 군세 5천여 기로 지쿠고가와(筑後川)를 기세 좋게 건너가 쇼니군의 진영으로 돌진해 갔다. 쇼니는 무슨 생각을 하였는지, 이곳에서는 화살을 하나도 쏘지 않고 3천여 정(町) 후퇴해 오호바루(大保原)에 진을 쳤다. 기쿠치는 계속해서 그대로 공격하려 했다. 그러나 쇼니 군과의 사이에 깊은 늪지대가 있고 폭이 좁은 길이 하나 있을 뿐이었다. 적은 세 군데에서 길을 차단하듯이 땅을 파서 쓰기하시(繼橋)[2]를 걸쳐 놓았기 때문에 접근할 방법이 없었다.
>
> (중략)
>
> 8월 6일 야밤에 기쿠치는 처음으로 야습에 숙달된 병사 300여 명을 선발해 산을 넘고 강을 건너서 적의 배후로 다가갔다. 정예부대의 병력 7천여 기를 셋으로 나누어 지쿠고가와의 물길을 따라서 나아가게 해, 강물 흐르는 소리를 이용해 쇼니 진영으로 돌아들어가 공격했다. 적들이 정면으로 공격해 오리라고 예상하고 있던 시각에 예상치 못했던 적의 병력 3백여 명은 쇼니씨 진영 한가운데를 가로질러 세 곳에서 고함을 지르며 사방팔방으로 치달리면서 쇼니씨 진영에 화살을 쏜 다음 뒤쪽으로 나와 대기했다. 좁은 진영에 6만여 기의 부대가

---

2) 교각을 세우고 거기에다가 몇 장이나 되는 교판을 서로 연결해서 만든 다리.

몰려든 가운데 기쿠치 군이 함성을 지르자 그 소리에 놀라 적군과 아군을 구별하지 못한 채 한 무리는 이쪽으로 몰려가기도 하고 또 다른 무리는 말들을 모으기도 했다. 서로 큰소리를 지르면서 쫓아가기도 하고 쫓기기도 또 아군끼리 서로 죽고 죽이고 하면서 몇 시간이 흘렀다. 쇼니씨 측이 크게 의지하던 병력 3백여 명이 같은 편끼리 서로 살상하고 말았다.

(중략)

정서장군궁의 부대와 닛타(新田)·기쿠치히고노카미(菊池肥後守)의 부대로 이루어진 3천여 기가 적진을 가르며 나아가 사방팔방, 종횡으로 적진을 휘젓고 다니자, 쇼니, 마쓰라(松浦), 구사노(草野), 야마가(山賀), 시마즈(島津), 시부야(澁谷)의 병력 2만여 기는 좌우로 재빨리 나뉘어 격렬하게 화살을 쏘았다. 그러자 정서부의 부대는 연속으로 화살 공격을 받고 퇴각했다. 그때에 정서장군궁이 세 군데나 깊은 부상을 입었다.

(중략)

기쿠치히고노카미 다케미쓰와 아들 히고지로(肥後二郞)는 정서장군궁이 부상을 당했을 뿐 아니라 공경(公卿)들과 고귀한 귀족(殿上人)들, 그리고 닛타씨 일족들까지 다수 전사한 것을 보고 '목숨을 아까워할 때가 아니다. 평소 주종(主從)간의 약속이 거짓이 아니라면 나를 따르는 병사들은 한 사람도 남김없이 싸우다가 죽으라.'며 부하들을 격려하고 자기는 적진을 향해 정면으로 말을 타고 달려갔다.

이 싸움에서 쇼니 요리히사는 장남 다다스케가 전사하는 등 패한다. 그리고 다자이후로 퇴각해 호만잔(寶滿山)에 진을 쳤다. 그러나 남조군의 피해도 적지 않았다. 다케미쓰는 후퇴하는 쇼니 군을 추격하지 않고 일단 기쿠치로 돌아갔다. 이 전투를 '오호바루(또는 지쿠고가와)' 전투라고 한다.

정서부는 그로부터 2년 뒤, 북규슈 지역에 대한 소탕전을 거쳐 1361년 8월, 마침내 다자이후(大宰府)를 장악하는데 성공한다. 그리고 1372년 8월 규슈탄다이(九州探題) 이마가와 료슌(今川了俊)에게 다시 다자이후를 빼앗길 때까지 11년 동안 정서부의 전성시대를 열었다. 반면, 이 전투의 패배를 계기로 쇼니 요리히사는 1361년 말, 일선에서 물러나 교토에서 은거한다.

당시 사료에는 그 전장(戰場)을 오하라(大原)로 기록하고 있기 때문에, '오하라 전투(大原合戰)'라고도 한다. 현재 이 지역에는 '대장총(大將塚)', '천인총(千人塚)', '오만기총(五萬騎塚)' 등, 당시 전사자들을 매장한 것으로 알려진 무덤들이 남아있다. 또한 당시 부상당한 가네요시 왕자가 치료를 받은 오나카토미(大中臣) 신사 경내의 등(藤)나무는 지금도 '쇼군후지(將軍藤)'라고 부르고 있다. 그리고 정서부의 대장 기쿠치 다케미쓰(菊池武光)가 야마구마바루(山隈原)의 작은 냇가에서 피 묻은 칼을 씻었다고 해서 '다치아라이가와(太刀洗川)'라고 불리는 하천도 있다.

이처럼 오호바루 전투는 남북조 내란기 당시 규슈에서 남조와 북조 중 어느 쪽이 우세한가를 결정하는 중요한 사건이었다. 쇼니 요리히사가 지휘하는 무가 측의 병력은 6만 기(騎)나 되었다고 한다. 물론 사료이면서 동시에 문학작품이기도 한 『태평기』의 기록을 그대로 믿을 수는 없다. 그러나 상당한 숫자의 병사들과 말이 동원되었을 것이고 따라서 이에 소요되는 병량(兵糧)은 지금까지의 전투와는 비교되지 않을 정도로 상당한 분량이 필요했을 것이다. 정서부는 규슈 최대의 곡창지대인 지쿠고(筑後) 평야와 기쿠치 분지 일대를 근거지로 하고 있었다. 그런데 쇼니 요리히사는 본거지인 지쿠젠(筑前)에서 막대한 양의 병량을 동원할 수 있을 정도로 그 경제적 기반이 결코 풍부하지 못했다. 이 부족한, 또 설사 일정한 양의 병량을 확보하였다 하더라도 전투가 언제까지 이어질지 모르는 상황에서 병량은 많으면 많을수록 좋은 법이다. 당시 무가 측의 대장 요리히사는 그것을 어떻게 조달했을까? 물론 요리히사가 병력이 사용할 모든 병량미를 다 조달해야 하는 것은 아니었을 것이다. 그러나 무가 측의 대장은 요리히사였다. 언제 시작해서 언제까지 지속될지 모를 전투를 승리로 이끌기 위해서는 병력을 결집시켜야 하고, 또 그 병력이 이탈하지 않도록 하기 위해서 병량의 조달은 필수불가결한 조건이었다.

남북조 내란 당시, 병량미는 다음과 같은 점에서 전투의 승패를 결정짓는 중요한 요소였다. 첫째 전투에서 우세를 유지하기 위해서는 대규모 병력을 지녀야 하며 그 병력을 유지하기 위해서는 〈병량의 확보와 공급〉이 필수적이다.

둘째, 당시 군대는 여러 무사단들이 각자의 이해관계에 따라 자유자재로 이합집산(離合集散)을 반복하는 것이 일반적이었다. 승산이 없는 진영에는 가담하지 않았다. 따라서 충분한 병량을 확보하고 있으면 그만큼 승리할 가능성이 높았기 때문에 무사들을 끌어들일 수 있었으며 그만큼 우세를 유지할 수 있었다.

내란 중이었던 당시에 충분한 병량을 확보한다는 것은 일차적으로는 자기 세력의 군량을 확보하는 것을 의미하였다. 그런데 이를 보다 크게 보면, 병량은 남조와 북조 사이에서 유동적인 입장을 취하던 현지의 중소 무사단을 자기 세력으로 끌어들일 수 있는 좋은 미끼 역할을 했다. 막부(북조) 측이 실시한, 장원에서 수확한 쌀의 반을 무사들에게 병량미로 주는 반제령(反濟令)제도의 시행 역시 바로 그러한 효과를 노린 것이었다.

3. 오호바루 전투를 전후한 시기의 왜구 침구 상황

1) 공민왕 6년(1357)의 왜구와 규슈 소재 고려의 불교 문화재

지금까지 일본에서는 이 오호바루 전투와 왜구 문제를 연관시켜 언급된 적은 물론, 연구된 적도 일체 없다. 그런데 고려 말, 즉 남북조 동란기에 왜구가 대거 침구해 온 배경에는 북규슈 지역에 있어서 쇼니씨를 둘러싼 군사 정세와 밀접한 관련이 있었다. 앞에서 본 것처럼, 오호바루 전투의 무가 측 대장은 쇼니 요리히사였다. 쇼니씨는 12세기 말의 가마쿠라 시대 초기부터 쓰시마의 슈고(守護)였다. 그리고 쓰시마에 대한 쇼니씨의 지배는 여몽 연합군의 일본 침공을 계기로 더욱 강화되었다. 쇼니 요리히사가 주인공이 되어서 싸웠던 오호바루 전투에 쓰시마는 어떤 역할을 했을까? 이 전투를 전후한 시기, 즉 1357~61년의 왜구의 침구 양상을 보여주는 다음의 〈고려 말 왜구 침구표〉를 보면 눈에 띄는 변화가 확인된다.

〈표〉 공민왕 6년(1357)의 왜구

	월/일	침구 지역	왜구의 규모	피해 상황 및 대응
1	5/14	교동도	불명	개경에 계엄을 내리다.
2	9/26	승천부 흥천사	불명	충선왕 부부의 영정을 약탈.
3	윤9/21	전라도	불명	왜적을 추적해 잡도록 명령.

이해에 들어와 1353년 이후 4년 만에 왜구는 또다시 중부 서해안 지역을 침구한다. 이는 앞에서 보았듯이, 일본에서 많은 양의 곡식이 필요한 상황이 생긴 것을 의미한다. 9월 26일에 승천부 흥천사에 침구

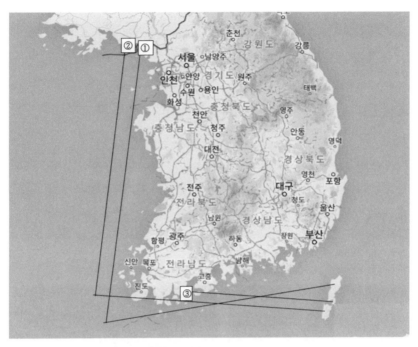

① 교동도 ② 승천부 흥천사(황해도 개풍군) ③ 전라도(정확한 위치는 알 수 없음)

해 충선왕 부부의 영정을 약탈해 갔다는 기사를, 당시 왜구들이 단지 영정만 약탈해갔다고 생각하기 쉽다. 그러나 공민왕의 직계 조상인 충선왕 부부의 영정을 모신 사찰인 만큼 흥천사에는 당연히 많은 재화가 있었을 것이다. 따라서 왜구들은 그 외에도 여러 가지 물자를 약탈해 갔다고 볼 수 있다. 쓰시마 남쪽 끝에 위치한 쓰쓰(豆酘)라고 불리는 마을의 다쿠즈다마(多久頭魂) 신사는 직경(直徑)이 1미터 가까이 되는 대형 반자(飯子)를 소유하고 있다. 이 반자와 규슈 사가현(佐賀縣) 소재 가가미(鏡) 신사 소유로 되어있는 고려의 수월관음도(水月觀音圖)는 이때 왜구들이 흥천사에서 가지고 간 것으로 생각된다. 고려 왕실의 입장에

쓰쓰 다구쓰다마 신사의 입구 도리이(鳥居)의 모습

가가미 신사의 입구 모습

가가미 신사 소재 고려 수월관음도

서는 왜구들이 충선왕 부부의 영정을 가져간 것이 가장 안타까웠기에 이렇게 기록했다고 볼 수 있다.

2) 공민왕 7년(1358)의 왜구 침구 상황

고려의 중부 서해안 일대 해역을 집중적으로 침구하는 현상은 다음 해인 공민왕 7년(1358)에 보다 본격적으로 나타났다.

〈표〉 공민왕 7년(1358)의 왜구

	월/일	침구 지역	규모(왜구)	피해 상황 및 대응
1	3/11	각산수(사천)	불명	선박 300여 척을 불태움.
2	4/29	한주(서천)	불명	연해 지역의 창고를 내륙으로 옮기게 함.
3	4/29	진성창(군산)	불명	
4	5/3	착량(김포해협)	불명	개경의 방어태세를 강화함.
5	5/11	면주(충남 당진)	불명	고려군이 왜적과 싸워 선박 2척을 나포함.
6	5/11	용성(경기 수원)	불명	
7	5/14	교동도	불명	개경에 계엄을 선포함.
8	6/28	전라도(불명)	불명	왜구 포로 8명을 바침.
9	7/15	전라도(불명)	불명	왜구 수십 명을 죽이고 포로.
10	7/15	경상도(불명)	불명	왜구 7명을 죽이고 붙잡음.
11	7/26	검모포(전북 부안)	불명	조운선 방화. 아군이 패전해 다수가 전사함.
12	8/13	화지량(수원)	불명	왜적이 화지량(花之梁)을 불태움.
13	8월	인주(인천)	불명	왜적이 인주를 노략질함.

이해의 침구 지역 총 13곳 중 중부 서해안 지역이 8곳이나 된다. 이는 전체의 60%에 해당하며 당시 왜구가 가능한 많은 양의 곡물을 확보하려 했음을 알 수 있다. 구체적으로 어느 정도 약탈에 성공했는지는 알 수 없지만, 전국 13군데의 조창 중 하나인 금강 하류에 있는 진성창(鎭城倉)을 노렸다든지 또 조운선 등의 선박을 노렸다는 점을 볼

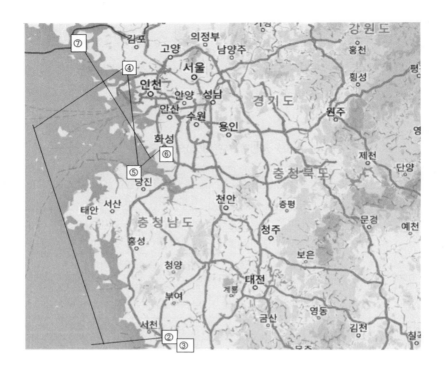

때, 역시 곡식을 포함한 화물에 중점을 둔 침구였음을 알 수 있다. 이
에 대해 고려도 연해 지역의 창고를 내륙으로 옮기는 것과 같은 대응을
하고 있다. 특히 착량(김포해협의 남쪽 입구)이나 교동도 등 고려의 수도
개경의 외항인 예성강과 근접한 지점까지 왜구들이 침구해와 고려 조
정은 계엄을 선포해야 했다.

그런데 여기에서 또 하나 주목할 점은 이해 왜구들의 최초 침구 지
역이 사천의 각산수(角山戍)라는 군사 기지였다는 것이다. 왜구들이 여
기에서 300여 척의 선박들을 불태운 것은 아마도 중부 서해안 지역에
대한 침구를 앞두고 미리 예방적 조치, 즉 왜구의 선단들이 쓰시마를
비운 틈을 타서 고려의 수군들이 공격해올 것에 대비한 조치였을 것으

각산산성에서 내려다보이는 바다의 모습

로 생각된다. 이후에도 왜구들은 합포(창원시 마산구 합포)를 위시한 고
려의 수군 기지를 여러 차례 공격하는데 이를 통해 당시 왜구들이 일본
인 학자들이 주장하는 것처럼 결코 어민들이나 몰락한 무사들과 같은
오합지졸들이 아니었음을 알 수 있다.

　공민왕 7년(1358)의 왜구는 또 다른 점에서 특기할 만하다. 이해에

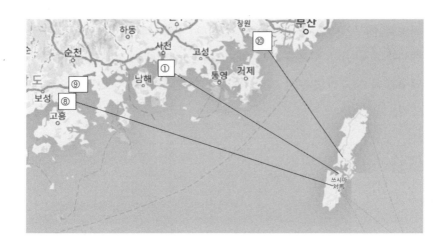

최초로 왜구들이 중국에 침구한 것이다. 중부 서해안 지역을 침구한 왜구들은 인접한 중국의 산동 반도(山東半島) 일대로 쳐들어갔다. 당시 왜구들이 중국에 침구한 것은 더 많은 양의 약탈을 시도한 것으로 보인다.

3) 공민왕 8년(1359)의 왜구 침구

오호바루 전투가 일어난 해, 즉 공민왕 8년(1359)의 왜구 침구 상황은 다음과 같다.

〈표〉 공민왕 8년(1359)의 왜구

	월/일	침구 지역	규모(왜구)	피해 상황 및 대응
1	2/29	해남현(전남)	불명	노략질하다.
2	5/8	예성강(경기)	불명	노략질하다.
3	5/18	옹진현(황해)	불명	옹진현을 불태우다.
4	5/26	보약도(보길도)	불명	왜구 20여 명을 사로잡다.

전년도의 13회에 달하는 침구에 비해 불과 4회로 그 숫자가 크게 줄어들었다. 이해는 오호바루 전투가 일어난 해로, 한반도에 침구하기 위해 병력을 분산시키지 않고 일본 국내의 전투에 집중했기 때문이라 생각된다. 여기서 이해의 마지막 침구 시기가 5월 26일이었던 점에 주목할 필요가 있다. 오호바루 전투가 시작된 것은 이해 7월이었다. 따라서 5월 26일의 침구를 마지막으로 전투에 필요한 병량의 준비는 갖추어진 것으로 판단했기 때문이 아니었을까?

그리고 예성강과 옹진현, 그리고 보약도를 침구한 왜구는 그 시기와 위치 관계를 고려할 때, 하나의 집단에 의한 침구로 보인다.

4) 공민왕 9년(1360)의 왜구 침구

공민왕 9년(1360)의 왜구는 다음과 같이 침구해왔다.

〈표〉 공민왕 9년(1360)의 왜구

	월/일	침구 지역	피해 상황 및 대응
1	4/20	사천 각산	노략질하다.
2	윤5/1	강화도	300여 명을 살해. 쌀 4만 석을 약탈.
3	윤5/18	교동현	교동현을 불태우다.
4	5/2	회미·옥구(군산)	노략질하다.
5	5/23	평택·아산·신평(당진)·용성(수원)	10여 현을 불태움. 개경에 삼엄한 경비태세를 갖춤. 각 방리의 장정들을 징발해 군사로 삼음.

침구 시기와 그 지역으로 볼 때, 하나의 집단이 사천 각산에서 강화도, 교동현, 회미와 옥구, 평택 등지를 이동하면서 침구해온 것으로 생각된다. 특히 주목되는 것은 윤5월 1일에 왜구들이 강화도에 침구해 300여 명을 살해하고 무려 쌀을 4만 석이나 약탈한 것이다. 그런데 『고려사』와『고려사절요』의 기사는 다음과 같이 약간의 차이가 있다. 다음은 『고려사』의 기사이다.

> 윤5월 병진 초하루 왜구가 강화(江華)를 노략질하여 300여 인을 죽이고, 쌀 4만여 석을 약탈하였는데, 심몽룡(沈夢龍)이란 사람이 왜구 13명의 목을 베고 나서 결국 적에게 살해되었다.[3]

---

3) 『고려사』권39. 세가 권제39. 공민왕 9년 윤5월조.

윤5월. 왜구가 강화를 노략질하고, 선원사(禪源寺)와 용장사(龍藏寺) 두 절에 들어가서 300여 인을 죽이고 쌀 4만여 석을 약탈하였다. 심몽룡이라는 자가 있었는데, 왜구 13명의 목을 베고 마침내 적에게 죽임을 당하였다.[4]

『고려사절요』의 기사를 통해 보다 더 구체적인 사실, 즉 300여 명을 살해하고 쌀 4만 석이라는 어마어마한 양을 약탈한 장소가 강화도의 선원사와 용장사라는 두 절이었다는 사실이다. 선원사는 최씨 무인 정권의 수반이었던 최이(崔怡)의 원찰(願刹)이었고, 용장사는 선원사에 딸린 사찰로 그 위치가 현재 강화도 용진진(龍津鎭) 부근에 있었던 것 같다.

쌀 1석은 144kg이니까 4만 석은 5,760톤에 해당된다. 따라서 쌀 4만 석은 20kg들이 쌀 포대로 무려 28만 8천 포대나 된다. 왜구들이 무엇 때문에 그렇게 집요하게 강화도와 교동도와 같은 지역을 노리고 빈번하게 침구해왔는지 이 사실을 통해 잘 알 수 있을 것이다. 그런데 위의 두 사료에는 기술되어 있지 않지만 이 정도로 많은 양의 쌀을 실어가기 위해서는 그만큼 많은 배가 필요했을 것이다. 대개 고려 시대 조운선이 1척당 1천 석 정도 실을 수 있었다고 하니 4만 석이면 조운선이 40척을 동원해야 할 정도의 양이다. 다시 말해 당시 침구했던 왜구의 배가 상당한 숫자, 최소 수십 척 이상이 동원되었을 것이다. 그러면 이 정도 규모의 선단을 조직해 멀리 고려의 강화도까지 보내기 위해서는 상당한 정치력, 권력이 뒷받침되어야 한다. 이 막대한 양의 미곡

---

4) 『고려사절요』 권27. 공민왕 9년 윤5월조.

중 일부는 1361년, 쇼니 요리히사 측과 정서부 사이에 벌어진 다자이후 공방전(攻防戰)에 대비한 병량미로 사용되었을 것이다.

5) 정서부의 다자이후 점령 작전과 공민왕 10년(1361)의 왜구

공민왕 9년(1360)에는 쇼니 요리히사와 정서부 사이에 전투가 발생하지 않았다. 그런데 다음 해(1361), 양자 사이에 격전이 벌어진다. 정서부는 쇼니씨의 오랜 거점이었던 다자이후를 향해 북상을 개시해 마침내 8월에 점령하는 데 성공한다. 그리고 이후 약 11년 동안 규슈 지방을 석권하고 지배한다.

공민왕 10년(1361)의 쇼니 요리히사 측과 정서부에 의한 다자이후 공방전은 다음과 같이 전개되었다. 이해 7월 초순에 기쿠치 다케미쓰(菊池武光)를 필두로 한 정서부의 부대는 가네요시 왕자를 앞세우고 3만여 기(騎)의 병력으로 다자이후를 향해 진격해 간다.

구마모토현 기쿠치시에 있는 기쿠치 다케미쓰의 동상 뒤에 보이는 대지(台地)는 가네요시 왕자의 거소가 있던 곳이다.

요리히사는 이를 방어하기 위해 자신은 다자이후에 있으면서 호만산(寶滿山)을 중심으로 방어 요새를 구축한다. 그러나 다케미쓰의 부하 조 조에치젠노가미 다케아키(城越前守武顯)가 유언비어를 퍼트려 요리히사의 부하들을 분열시키고 또 다자이후의 민가에 방화해 혼란에 빠트린다. 요리히사는 할 수 없이 성을 버리고 호만산으로 올라갔다가 마침내 분고(豊後) 지방의 오토모(大友)씨의 거점으로 도주한다.

이 당시의 전투로 인해 쇼니 측은 사무라이 60여 명과 병사 600여 명이 전사하는 참패를 당하고 쇼니씨 일족들과 야마가(山賀), 아소(麻生), 하라다(原田), 마쓰라토(松浦黨) 등은 깊은 산속에 숨거나 바닷가로 도주했다.[5] 바닷가로 도주했다는 서술 속에는 당연히 쓰시마가 포함되어 있었다. 왜냐하면 쓰시마는 쇼니씨에게 규슈 본토에서의 전황이 불리해졌을 때, 일시적으로 피신해 전열을 재정비하는 일종의 '피난처' 내지 '도피처'(ASILE)과 같은 곳이었기 때문이다. 『조선왕조실록』에서도, 쇼니씨가 규슈 본토에서 오우치씨(大內氏)와의 전투에서 패해 일시에 많은 병력을 이끌고 쓰시마로 도주해 오는 탓에 그렇지 않아도 경작지가 얼마 되지 않는 쓰시마의 식량 사정이 갑자기 더욱 악화되어 병사들이 한반도로 약탈하러 갈 우려가 크다고 조선 측에 알려오는 사료가 있다.

그러면 이해의 왜구 침구는 어떠한 양상을 보이고 있을까? 다음을 보자.

---

5) (少貳一家山鹿・麻生・原田・松浦黨, 或は深山へ逃隱れ, 或は海岸に身を寄せて, 面を出す者もなく, 筑前一國旣に平均す. 「新征西將軍の宮太宰府御發向事」『北肥戰誌』卷之三).

<表> 공민왕 10년(1361)의 왜구

	월/일	침구 지역	피해 상황 및 대응
1	2/22	전라도(불명)	왜구 배 5척 나포. 30여인을 죽이거나 사로잡음.
2	3/6	남해현(경남)	남해현을 불태움.
3	4/16	고성·울주(산)·거제	노략질함.
4	8/15	동래·울주·양주(산)· 김해부·사주(천)·밀성(양)	조운선을 탈취하고 노략질함.

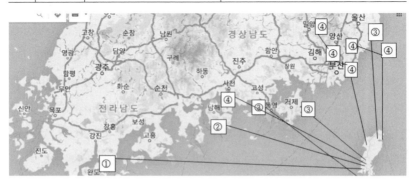

이해의 왜구 침구의 특징은 다음과 같다.

첫째, 주요 침구 지역이 쓰시마의 대안(對岸)인 경상남도 해안 지방이었다는 것이다. 이는 당시 왜구들이 멀리 중부 서해안 지역까지 침구할 시간적인 여유가 없었을 정도로 규슈 지역의 정세가 긴박하였음을 의미한다.

둘째, 특히 7월부터 쇼니 요리히사 측과 정서부 사이에 다자이후 공방전이 시작되어 8월에 정서부의 부대가 다자이후를 점령했다는 사실에 주목할 필요가 있다. 당시 전투로 인해 쇼니씨 측 무장 집단이 깊은 산속과 바닷가로 도주했다는 사실과 이해 8월 15일의 왜구들의 침구 지역이 동래와 울산 김해 등 쓰시마의 바로 바다 건너편 지역이었음을 생각하면 당시 다자이후 공방전의 결과, 참패한 쇼니씨 측 무사들이 왜구가 되어 쓰시마의 대안 지역에 침구해 조운선을 탈취하고 노략질한 것이었음을 추정하게 한다.

셋째, 이해의 침구 특징 중 주목해야 할 것은 왜구가 김해부, 양주(산), 밀성(양) 등 낙동강을 거슬러 올라가 내륙 지방까지 침투해갔다는 사실이다. 지금까지 왜구들이 섬이나 연해지방이나 해협(착량, 화지량, 모두량 등) 또는 만(灣, 합포, 고성 등)에 대해서는 여러 차례 침구했지만, 강을 거슬러 내륙지방 깊숙이까지 침구하는 사례는 이해가 최초이다. 왜구들의 행동이 더욱 대담해진 것이다. 물론 이미 공민왕 7년(1358) 4월 29일에 한주(서천군 한산면)와 진성창 등 금강 하구에서부터 약 20킬로 이상 거슬러 올라간 내륙 지역을 침공한 사례도 있다. 그렇지만 금강은 조수 간만의 차이가 심한 서해안으로 흘러들어 가는 하천이다. 밀물 때가 되면 조류를 타고 하구(河口)에서 약 50킬로미터 정도 내륙에 위치한 강경(江景)까지 배가 항행할 수 있었다. 따라서 한주는 금강 하류 연안이지만 바다와 다름없는 해안 지방이라고 할 수 있다. 이에 비해, 양산은 낙동강 하구에서부터 약 30킬로미터 이상, 밀양은 50킬로미터 이상 거슬러 올라간 내륙 지방임을 고려할 때 이때의 침구가 뒷날 왜구들이 고려 내륙 깊숙이 침투하게 되는 중요한 시점(始點)이었음을 알 수 있다.

제3장
초자바루 전투와 왜구

1. 초자바루 전투와 규슈 정세

오호바루 전투에서 패한 쇼니 요리히사는 교토에서 새로 규슈탄다이에 임명되어 내려온 시바 우지쓰네(斯波氏經)의 지휘를 받게 된다. 그리고 오토모 우지도키(大友氏時)와 더불어 정서부와 다시 일전을 겨루었다. 이것이 초자바루 전투(長者原の戰い)[1]다. 1362년 9월에 양 군은 격돌한다. 쇼니 요리히사는 1만 8천여 기를 거느리고 다자이후(大宰府) 탈환에 나선다. 오토모 우지도키도 우지쓰네의 어린 아들 마쓰오마루(松王丸)를 앞세워 3천여 기를 거느리고 출진한다.

이에 맞서는 정서부 병력은 모두 6만여 기에 달했다. 그중에서도 기쿠치씨 일족들은 선발대로서 약 1만 4천여 기로 9월 21일에 초자바루에 진을 치고 양군은 격돌하지만 결과는 정서부의 승리였다. 이 전투에 승리한 정서부는 그해 11월 24일에 5만 5천여의 병력을 이끌고

---

1) 현 후쿠오카현 가스야군 가스야초(糟屋郡粕屋町).

초자바루 전투 현장을 알리는 비석

오토모씨의 본거지인 분고(豊後)의 부내(府內, 오이타시 일대)로 진격해
들어가 이를 함락시킨다.

규슈탄다이인 시바 우지쓰네와 오토모씨 부자는 다카사키조(高崎城)
에 들어가 농성하고, 쇼니 요리히사는 마쓰오카조(松岡城)으로 들어가
고, 다른 무사들은 모두 다 우스키(臼杵)성으로 들어가 농성한다.

이처럼 1362년은 다자이후 탈환을 노리는 쇼니 요리히사가 오토모
씨의 거점인 분고 부내를 중심으로 정서부와 9월에 초자바루 전투를
벌였던 때였다.

2. 초자바루 전투를 전후한 왜구의 침구 상황

1) 공민왕 11년(1362)의 왜구 침구

이상과 같은 규슈 정세를 염두에 두고 이해의 왜구의 침구 상황표를 살펴보자.

〈표〉 공민왕 11년(1362)의 왜구

	월/일	침구 지역	피해 상황 및 대응
1	2/21	진주 악양현 (하동군 악양면)	왜구가 진주 악양현을 불태웠다.
2	3/13	흑산도	흑산도 사람들이 왜구를 포로로 잡아 바쳤다.

이해의 침구 사례는 단 2건에 불과하다. 그마저도 흑산도에 침구한 왜구의 경우는 왜구(인)들이 항해 도중 표착한 것인지 침구한 것인지 잘 알 수 없다. 어쨌든 이해에 들어와 왜구의 활동이 눈에 띄게 줄어든 것은 부정할 수 없다. 지금까지 규슈 지역에서 쓰시마를 독점적으로 지배하고 있던 쇼니씨가 군사 행동을 일으킬 때는 왜구의 한반도 침구 역시 그 빈도가 높아지고 규모 또한 커지는 것이 일반적이었다. 그런 데 이해(1362)에는 왜 불과 2차례의 왜구밖에 침구하지 않았을까? 그

정확한 이유를 단정하기는 어렵다. 구태여 그 원인을 지적해서 설명하면, 일단 쇼니 요리히사의 진영이 있던 곳이 자신의 오랜 본거지였던 다자이후에서 동쪽으로 약 100km 이상 멀리 떨어져 있는 분고 부내(府內)였다는 점이다.

고려 말 왜구는 대개 공민왕 대(1351~1374)까지는 북규슈 지역에서 쓰시마의 슈고(守護) 쇼니씨와 그 부하 소씨(宗氏)가, (우왕 대 이후에는 정서부도 포함해서) 전투가 발생하기 전에 병량을 확보하기 위해, 혹은 그 후에 그 패잔병들이 쓰시마를 거쳐서 한반도로 침구해간 것이었다. 그런데 초자바루 전투가 일어난 1362년 무렵, 쇼니씨의 활동 거점은 다자이후에서 멀리 동남쪽에 위치한 오이타 시 일대였다. 만약 고려에서 병량을 약탈한다고 하더라도 혼슈(本洲)와 규슈 사이의 좁은 간몬카이쿄(關門海峽)를 지나 오이타 시까지 수송하기가 쉽지 않다.[2] 또 만약 육로로 수송한다고 할 때, 하카타에서 오이타 시까지는 현재 오이타 자동차 도로를 자동차로 이동하더라도 161킬로미터의 거리이며 2시간 이상이 소요된다. 더욱이 두 지역 사이에는 하천과 산악 지형이 펼쳐져 있다. 걸어서 이동할 경우 30시간 이상이 걸린다. 물론 이것은 하천의 교량과 아스팔트 도로가 깔려있는 지금의 잘 정비된 도로를 이용했을 경우이다.

---

2) 간몬카이쿄는 해협의 폭이 최대 600미터로 좁고 조류의 흐름이 빠르며 하루에 4번이나 조류의 방향이 바뀌는 곳이다. 또 선박 통행량이 많으며 항로가 복잡하다. 간몬카이쿄의 항로는 영어의 V자 형태를 이루고 있어서 일본 전국에 7군데 설치되어 있는 해상교통 센타 중 하나가 있다. 또 해협을 통과하는 선박은 수로 안내인이 반드시 동승하도록 의무화되어 있다. 더 나아가 조류에 관한 방송, 조류 신호소 등이 설치되어 있어서 조류로 인한 사고를 방지하기 위해 정보를 제공하고 있다. (이상, 위키피디아에 의함.) 이처럼 항해의 안전을 위한 여러 가지 과학적인 장치가 갖추어져 있을 정도로 오늘날에도 항해하기가 쉽지 않은 곳임을 알 수 있다.

갈도에서 바라본 섬진강 하구의 모습

하구 쪽에서 내륙 방향으로 바라본 섬진강 줄기

섬진강 중류 평사리 넓은 들판의 모습

그러나 9월 14일 이전에 기쿠치 부대는 이미 오이타 시내의 만주지(萬壽寺)까지 진출해 진을 치고 오이타 강을 사이에 두고 쇼니와 오토모 세력과 마주보고 있었다. 따라서 해로(海路)는 물론 육로(陸路)를 이용한다고 하더라도 쓰시마의 병력이 고려에 쳐들어가 약탈한 병량을 쇼니 요리히사의 군영에까지 수송한다는 것은 쉬운 일이 아니었을 것이다.

그리고 초자바루 전투가 쇼니씨 측의 패배로 끝난 뒤, 쇼니씨의 병력은 오이타 시의 마쓰오카조(松岡城)로 후퇴해 정서부의 공격에 대비해야 했다. 아마도 이런 이유로 1362년 9월에 초자바루 전투가 일어났음에도 불구하고 고려에 대한 왜구의 침구는 불과 1~2건에 그친 것이 아닐까 생각된다.

여기에다가 공민왕 9년(1360) 윤5월 1일에 왜구들이 강화도 선원사와 용장사에 침구해 쌀 4만 석 약탈에 성공했기에, 병량을 조달하기 위해 병력을 분산해 고려까지 침구해갈 적극적인 필요성이 없었던 것으로 생각할 수 있다.

한편, 이해의 왜구 침구와 관련해 또 한 가지 주목할 점은 이해 2월 21일에 왜구들이 악양현(하동군 악양면)까지 침구해간 것이다. 섬진강 하구에 있는 갈도(하동군 갈사리)를 거쳐서 하천을 따라 나있는 길을 따라 약 10킬로미터 정도 가면 하동읍이 나온다. 하동읍에서 10킬로미터 정도 더 거슬러 올라가면 악양면 평사리의 넓은 평야가 시야에 들어온다. 이처럼 악양면은 해안가에서 약 20킬로미터 이상 내륙에 위치한 지점에 있다.

이때 이후 왜구들은 여러 차례 섬진강을 따라 내륙 깊숙이 침투해 구례, 그리고 지리산까지 들어갔다. 그 결과, 섬진강 줄기는 왜구들의 주요 내륙 침투 루트가 된다. 섬진강 줄기가 왜구들이 남해안에서 내륙으로 침투하는 주요 루트임을 깨닫게 된 고려는 악양에서 내륙으로 10킬로미터 들어간 지점(구례읍에서 10킬로 지점)에 석주관(石柱關)성을 쌓아 왜구의 침투를 저지하고자 시도한다.

정유재란 당시(1597) 이 지방의 의병들이 일본군과 싸워 전사한 곳으로 그들을 기려서 석주관 칠의 사라는 사당을 세웠다. 1593년에는 진주성을 함락한 일본군이 하동을 지나 남원으로 가기 위해 이곳을 공격하기도 했다. 이처럼 섬진강은 고려 말은 물론 임진왜란 당시에도 일본군의 주요한 내륙 침투에 이용되었다.

고려 말에 쌓은 석주관성의 모습.
섬진강을 따라 왜구들이 북상하는 것을 차단하기 위해 성벽이 강 쪽을 향해 이어져 있다.

2) 공민왕 12년(1363)의 왜구 침구

초자바루 전투가 끝난 뒤, 왜구의 침구 양상은 어떠했는지에 대하여 살펴보자. 다음은 공민왕 12년(1363)의 왜구 침구 상황표이다.

〈표〉 공민왕 12년(1363)의 왜구

	월/일	침구 지역	피해 상황 및 대응
1	4/20	교동도	왜구의 배 213척이 교동도에 정박. 개경에 계엄령을 내림.
2	4/20	수안현(김포시)	수안현(김포시 대곶면)을 노략질하다.

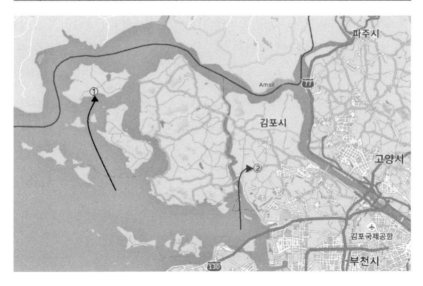

이해에는 단 두 사례만 확인되는데 그것이 교동도와 수안현(김포시 대곶면)이라는 중부 서해안 지역이라는 점이 주목된다.

2년 전인 공민왕 9년(1360) 윤5월 1일에 강화도에서 쌀 4만 석을 약탈하는 것과 같은 성과를 노리고 왜구들이 213척의 대규모 선단으로 또다시 이 지역을 침구한 것으로 보인다. 그런데 침구는 4월 20일의 단 하루 동안의 기사에만 보이고 이후의 왜구 행방에 관한 기록은 보이지 않는다. 고려 측의 구체적인 피해도 확인되지 않는다. 단순히 기록상의 누락일 수도 있으나 이 정도의 대규모 선단으로 침구한 왜구들이 교동도와 수안현만 약탈한 채 돌아갔다고는 생각하기 어렵다. 어쩌면 당시 왜구들의 목표는 중국이었을 가능성도 있다.

3) 공민왕 13년(1364)의 왜구 침구

공민왕 13~14년에는 규슈 본토에서 이렇다 할 군사적 충돌이 없었다. 그런데 고려에는 상당한 병력의 왜구들이 쳐들어온다. 이것은 규슈 본토에서 대규모 군사적 충돌이 없었음에도 불구하고 한반도로 대거 왜구들이 침구해온 유일한 사례이다. 그 이유로 규슈 본토에서 쫓겨난 쇼니씨의 병력들이 전년도까지는 오이타현 일대에 있다가 이해에 들어와 쓰시마로 대거 몰려와 식량이 부족해지자 침구해온 것으로 생각된다.

공민왕 13년(1364) 3월 5일부터 시작된 이해의 왜구의 침구는 다음과 같이 모두 12건이나 된다.

〈표〉 공민왕 13년(1364)의 왜구

	월/일	침구 지역	피해 상황 및 대응
1	3/5	갈도(葛島)	왜선(倭船) 200여 척이 갈도(하동군 갈사리)에 정박하였다.
2	3/8	하동	왜구가 하동(河東)을 침략하였다.
3	3/11	고성·사주(천)	왜구가 고성(固城)과 사주(泗州)를 침략하였다.
4	3/20	김해	왜구가 김해부(金海府)를 침략하였다.

5	3/21	밀성(양)	왜구가 밀성군(密城郡)을 침략하였다
6	3/22	양주(산)	왜구가 양주(梁州)를 침략하여 200여 호에 불을 질렀다.
7	3/22	이작도(伊作島, 인천시)	전라도의 조운선이 왜구에 막혀 통행하지 못하자, 왕이 경기우도병마사 변광수와 경기좌도병마사 이선에게 명령하여 가서 조운선을 호위하게 하였는데, 왜적을 만나 대패하여 병마판관 이분손과 중랑장 이화상이 전사하였으며, 병사들 중 전사한 자가 열에 여덟아홉이었다.
8	4/4	내포(충청남도)	정유 전라도도순어사 김횡이 조운선으로 내포(內浦, 가야산의 앞뒤에 있는 열 고을. 예산, 당진, 서산, 홍성)로 가서 왜구와 전투를 벌였으나 패전함. 전사한 자가 태반이었다.
9	5/미상	진해현(경남 창원시 마산구 진동면)	경상도도순문사 김속명이 왜구 3천 명을 진해현(鎭海縣)에서 공격하여 대파하고 승전보를 올리니, 왕이 옷과 술 및 금으로 만든 띠를 하사하였고, 전투에 참가한 병사들에게도 차등 있게 벼슬을 주었다.
10	6/6	해풍군(개풍군)	왜구가 해풍군(海豐郡, 황해북도 개풍군)을 침략하였다.
11	6/8	착량(窄梁. 김포시 손돌목)	왜구가 착량을 침략하니, 밀직부사 변안렬과 판개성부사(判開城府事) 석문성에게 명하여 군대를 거느리고 막게 하였다.
12	12/1	조강(김포시 월곶면 북쪽 끝)	왜구가 조강(阻江)을 침략하여 관리(關吏)를 살해하자, 찬성사 최영에게 군대를 거느리고 가서 왜구를 공격하게 하였다.

이해의 왜구는 최소 서로 다른 3개 이상의 집단이 침구해온 것으로 볼 수 있다. 첫째, 3월 5일부터 22일까지 약 18일 동안에 걸쳐서 갈도·하동·고성·사주·김해·밀성·양주를 침구한 왜구들은 침구 시기와 각각의 위치를 고려하면 동일한 집단(A)이 인근지역으로 이동하면서 침구한 것으로 보인다. 둘째, 3월 22일에 이작도 일대에서 고려 수군과 해전을 벌인 왜구와 4월 4일에 내포에서 조운선을 약탈한 왜구들

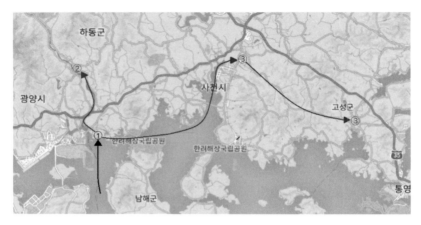

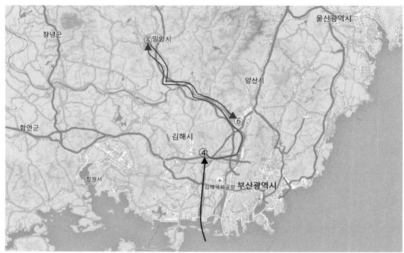

역시 동일한 집단(B)의 소행으로 간주할 수 있을 것이다. 셋째, 6월
6일에 해풍군과 8일에 착량에 침구한 왜구들 역시 동일 집단(C)으로
볼 수 있다.

　A집단의 경우, 갈도·하동·고성·사주·김해·밀성·양주 중 고성은
경인년 왜구의 최초의 침구 지역이며, 갈도와 하동은 약 2년 전인 공민

왕 11년(1362) 2월 21일에 악양에 침구한 경험을 살린 것이다. 즉 갈도
는 섬진강 하구에 위치한 갈사리이며 하동은 악양으로 가는 도중에
위치한 지역이기 때문이다. 또한 사주·김해·밀성·양주는 약 3년 전
인 공민왕 10년(1361) 8월 15일에 동래·울주·양주(산)·김해부·사주(천)
·밀성(양)을 침구했을 때와 4군데가 중복된다. 해안에서 각각 30킬로
와 50킬로나 내륙에 위치한 양주와 밀양까지 침구한 것은 3년 전의
경험을 활용한 것이다. 이처럼 왜구 집단의 침구 지역의 변화는 과거
의 침구 경험을 통해 한반도의 지리와 지형에 대한 이해와 인식이 점점
발전되어가는 것을 보여준다.

4) 이작도 해전

이해에 있었던 왜구의 침구 기사 중 가장 주목할 것은 3월 22일에
이작도에서 있었던 왜구와의 해전이다. 다음 기사를 보자.

> A. 전라도의 조운선이 왜구에 막혀 통행하지 못하자, 왕이 경기우
> 도병마사(京畿右道兵馬使) 변광수(邊光秀)와 경기좌도병마사(京畿左
> 道兵馬使) 이선(李善)에게 명령하여 가서 조운선을 호위하게 하였는
> 데, 왜적을 만나 대패하여 병마판관(兵馬判官) 이분손(李芬孫)과 중
> 랑장(中郞將) 이화상(李和尙)이 전사하였으며, 병사들 중 전사한 자
> 가 열에 여덟 아홉이었다.[3]

위의 기사만 보면 해전이 벌어진 장소가 어디인지, 구체적인 전투

---

3) 『고려사』 권40. 공민왕 13년 3월 22일조.

양상에 대하여 알 수 없다. 그런데 이 해전의 내용을 보다 구체적으로
전하고 있는 사료가 있다. 다음을 보자.

B. "변광수는 공민왕 때 병마사(兵馬使)가 되었다. 나라에서 전라
도의 군수와 조운이 왜적에 막혀 통할 수 없게 되었으므로 ⓐ동북면의
무사들을 선발하여 교동·강화·동강·서강의 전함 80여 척을 모두 모
아 변광수와 병마사 이선(李善)에게 명하여 군사를 나누어 가서 막게
하였다. 대도(代島)에 이르자 ⓑ내포(內浦)의 백성으로 포로가 된 사
람이 있었는데 〈그가〉 도망하여 와서 고하기를, "ⓒ적의 복병이 이작
도(伊作島)에 있으니 가벼이 나아가지 마십시오."라고 하였다. ⓓ이선
이 듣지 않고 북을 울리며 시끄럽게 가장 먼저 나아갔다. ⓔ적이 2척
으로 아군을 맞이하여 싸우다가 거짓으로 퇴각하였다. 변광수 등이
ⓕ〈적을〉 추격하였는데 별안간 적선 50여 척에게 포위되었다. ⓖ병마
판관(兵馬判官) 이분손(李芬孫)·중랑장(中郎將) 이화상(李和尙) 등이
먼저 적과 싸우다가 힘이 다하여 적에게 죽음을 당하였으며, ⓗ여러
선군(船軍)들이 넋을 잃고 멍하니 바라보다가 바다에 뛰어들어 죽은
자가 10명에 8~9명이었다. ⓘ변광수와 이선 등이 바라보다가 싸우지
도 않고 퇴각하니 군졸들이 크게 부르기를, "병마사가 어찌하여 사졸
들을 버리고 도망하시는 것이옵니까? 원컨대 조금이라도 머무르고
있다가 나라를 위하여 적을 물리치소서."라고 하였다. 변광수 등이
끝내 구하러 오지 않자 사졸들은 기대할 바가 없어 사기가 더욱 떨어
져 이로 인하여 대패하였다. 오로지 ⓙ부사 박성룡이 힘써 싸워서 몸
에는 여러 개의 화살을 맞았지만 탄 배는 겨우 보전하였다. ⓚ병마판
관 전승원(全承遠)과 판관 김현(金鉉)·산원(散員) 이천생(李天生)이
죽음을 무릅쓰고 싸워 적이 〈그들을〉 추격하기는 하였지만 감히 가까
이 오지는 못하였다. ⓛ적선 2척이 갑자기 서쪽으로부터 가로질러 공
격하자 사졸들이 버틸 수가 없어서 모두 물에 뛰어들었으나 오직 전승

원만이 힘써 싸웠다. 〈그는〉 ⑩창을 여러 번 맞고 물에 뛰어들었으나 헤엄을 잘 쳤기 때문에 죽지 않고 배에 올라탈 수 있었다. 어떤 사졸 하나가 화살을 맞고 물에 떨어졌는데 뱃전에 매달린 채 올라오지 못하자 전승원이 끌어당겨서 배에 올라올 수 있었으며 밤낮으로 손수 노를 젓기를 3일 동안 하여 남양부(南陽府)에 도착할 수 있었다. ⑪전함 중 돌아온 것은 오직 변광수와 이선 등 20척 뿐이었으며, ⑫교동·강화·동강·서강에는 곡소리가 여기저기서 들렸다. 변광수 등이 끝내 이 일로 좌천되지 않으니 나라 사람들이 한스럽게 여겼다. 후에 신돈(辛旽)이 변광수를 참소하여 삼척(三陟)으로 유배되었다."[4]

이 이작도 해전은 경인년 이후 고려 말 왜구의 침구가 시작된 이래로 거의 유일무이(唯一無二)하다고 할 정도로 왜구와의 해전이 구체적으로 서술되어 있다. 따라서 이 전투를 분석하면 당시 고려가 왜구와의 싸움에서 패전을 거듭했던 원인을 알 수 있다.

첫째, 토벌 부대의 지휘 체계가 일원화(一元化)되지 않았다. 고려의 지휘관은 경기우도병마사 변광수와 경기좌도병마사 이선 2명이었다. 이는 작전 수립이나 전투 수행 시 혼선을 초래할 위험이 있었다. 예를 들어, ⓓ의 "이선이 듣지 않고 북을 울리며 시끄럽게 가장 먼저 나아갔다."를 보면, 왜구들에 관한 중요한 정보를 입수하고도 이를 무시하고 서둘러 진군한 것을 알 수 있다. 이선이 "가장 먼저 나아갔다."고 하는 점에서 그가 우도병마사 변광수를 경쟁상대로 의식하고 있었던 것으로 보인다. 즉, ⓒ의 "적의 복병이 이작도(伊作島)에 있으니 가벼이 나아가지 마십시오."라는 건의도 무시하고 작전 계획도 세우지 않은 채 무

---

4) 『고려사』 권114. 열전 권제27. 제신(諸臣). 변광수 전.

이작도 만의 입구

공(武功)을 세우기에 서두르다가 적의 복병(伏兵)에게 당한 것으로 생각된다.

둘째, 지휘관의 자질 문제이다. ⓘ의 "변광수와 이선 등이 바라보다가 싸우지도 않고 퇴각하니"에서 보듯이 그들은 부하들이 위기에 처해 있는 것을 보고도 싸우지 않고 퇴각했다. 원래 변광수와 이선의 임무는 전라도의 조운선을 개경(開京)의 외항(外港)인 예성항까지 호위하는 것이었다.

그런데 ⓔ의 "적이 2척으로 아군을 맞이하여 싸우다가 거짓으로 퇴각하였다."고 한 것을 볼 때, 왜구들은 애초부터 이작도를 전장(戰場)으로 설정하고 있었던 것으로 보인다. 왜적의 2척은 고려의 전함 선단을 유인하기 위한 미끼였다. 그런데 왜구들은 고려라는 타국 땅에 와서 이작도가 지닌 자연적인 지형을 활용, 고려의 토벌대를 유인해 압승을 거두었다. 반면에 변광수와 이선이 이끄는 고려군은 자기 안방에서

'지(地)의 이로움(利)'을 활용하지 못하고 오히려 왜구들에게 당하고 만 꼴이었다. 변광수와 이선은 자기들이 싸우게 될 전장에 대한 지리 지형적인 정보도 없이 섣불리 적들이 파놓은 함정에 뛰어들고 만 것이다. 반대로 이러한 전술을 세워놓고 고려군을 유인해 섬멸할 수 있었던 왜구들은 숙련된 전투 집단이었다고 할 수 있다.

또한 이선이 북을 울리며 시끄럽게 진군한 것은 왜구들에게 아군 선단의 위치를 알리는 치명적인 오류를 범한 것이다.

셋째, 장병(將兵)들의 자질 문제이다. 지휘관인 변광수와 이선 둘 다 '경기좌(우)도병마사', 즉 수군(水軍)이 아닌 지상병력이었으며 그들이 거느리고 있었던 장병들 역시 ⓐ의 "동북면의 무사들을 선발하여"에

위에서 내려다본 이작도의 모습

서 알 수 있듯이 여진족에 대비한 육상 병력이었다. 물론 그들이 전투 경험이 있고 용감한 장병들이었음은 ⑧의 병마판관(兵馬判官) 이분손(李芬孫)·중랑장(中郎將) 이화상(李和尙) 들과 ⓙ의 "부사 박성룡이 힘써 싸워서 몸에는 여러 개의 화살을 맞았지만" 그리고 ⓚ의 "병마판관 전승원(全承遠)과 판관 김현(金鉉)·산원(散員) 이천생(李天生)이 죽음을 무릅쓰고 싸워" 등을 통해 잘 알 수 있다.

그러나 육지에서의 전투와 파도로 흔들리는 배 위에서의 그것은 전혀 양상이 다르다. 지상 전투에 익숙한 장병들은 우선 뱃멀미를 견뎌내야 한다. 그리고 또 불규칙적으로 흔들리는 선상(船上)에서 적에 대한 화살 사격과 칼과 창 등 무기 사용에 익숙해야 한다.

ⓗ의 "여러 선군(船軍)들이 넋을 잃고 멍하니 바라보다가 바다에 뛰어들어 죽은 자가 10명에 8~9명이었다."고 했는데 고려 선군들이 왜 싸우지도 않고 바다에 뛰어들었는지 이해하기 어려울 것이다. 그러나 ⓛ의 "적선 2척이 갑자기 서쪽으로부터 가로질러 공격하자 사졸들이 버틸 수가 없어서 모두 물에 뛰어들었으나 오직 전승원만이 힘써 싸웠다."와 ⓜ의 "〈그는〉 창을 여러 번 맞고 물에 뛰어들었으나"를 보면, 고려 장병들이 싸우지도 않고 바다로 뛰어 들어간 것은 당시 왜구들이 자기들 배를 상대방의 뱃전에 대고 적선으로 뛰어올라 칼과 창으로 공격하는 소위 접현전(接舷戰)을 전개했음을 알 수 있다. 전승원 역시 이러한 접현전에서 왜구들의 '창' 공격을 견디지 못해 입수(入水)한 것이었다. 이처럼 선상(船上) 전투 경험이 없는 고려의 육상병력이 해전에 능한 왜구들을 접현전에서 이기기란 쉬운 일이 아니었다.

그러면 실제로 해전이 벌어진 장소는 어디쯤일까? 이에 관해 서술한 직접적이고 구체적인 사료가 없으므로 단정하기는 어렵지만, ⓔ이

"적이 2척으로 아군을 맞이하여 싸우다가 거짓으로 퇴각하였다."와 ⓕ
의 "〈적을〉 추격하였는데 별안간 적선 50여 척에게 포위되었다."는 서
술을 보면 대략 다음과 같은 추정이 가능하다.

우선 고려군의 전함 선단이 적선 50여 척에 의해 포위되었다는 점이
다. 그런데 변광수와 이선이 타고 있던 배 20척은 바라보기만 하고
싸우지도 않고 퇴각했다고 했으니 왜구의 포위망 속에 갇힌 것은 약
60여 척이다. 60여 척의 고려 전함 선단이 이보다 적은 50여 척의 왜구
선단에 포위되었다는 것은 이해하기 어렵다. 어떠한 다른 지리적이고
지형적인 조건에 의해 포위되었다는 것이 납득이 갈 것이다. 더욱이
고려 선단은 왜구들에 의해 '별안간' 즉 갑자기 포위된 것으로 보아,
고려군은 이들 왜구 선단의 존재를 전혀 예상하지 못했다. 이상과 같은
지리적 지형적 조건을 갖춘 곳은 어디일까? 다음 지도를 보자.

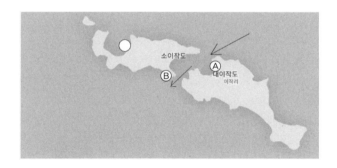

고려의 전함 선단은 교동도와 강화도에서 남하해오던 중 왜구의 배
2척을 쫓아서 북동쪽에서 이작도를 향해 접근해와 대이작도와 소이작
도 사이의 작은 만(灣)으로 들어왔을 것이다. 고려 선단의 대부분이 만
에 진입해 앞으로 어느 정도 나아가자, 만의 입구 부분에 있는 대이작
도의 북쪽 돌출부의 안쪽(A)에 숨겨놓은 왜구 선단들이 일제히 고려

선단의 후미(後尾)를 차단하는 형태로 만의 입구를 가로막는다. 그리고 반대 방향의 만의 출구에 해당하는 부분에 위치한 돌출부의 바깥쪽(B)에 숨겨놓은 다른 왜구의 배들이 나와 출구도 차단한다. 이렇게 되자 추격하던 고려 선단은 완전히 독 안에 든 쥐처럼 되고 만다. 뒤따라오던 변광수와 이선이 타고 있던 고려 선단의 후미는 아군 선단이 만에서 완전히 포위 공격당하고 있는 것을 보고 겁을 먹고 구원하려고 하지도 않은 채 퇴각한다.

①의 "적선 2척이 갑자기 서쪽으로부터 가로질러 공격하자"라는 부분은 아마도 이 만에서 겨우 벗어난 고려 선단이 서쪽서 기습 공격을 당한 것으로 생각된다.

3월 22일 이작도 해전에서 패한 고려는 이번에는 4월 4일에 전라도 도순어사 김횡이 북상해 내포에 있던 왜구와 전투를 벌이지만 대패하고 만다.

> 여름 4월 정유 전라도도순어사(全羅道都巡禦使) 김횡(金鈜)이 조운선(漕運船)으로 내포(內浦)로 가서 왜구와 전투를 벌였으나 패전하였는데, 전사한 자가 태반이었다.[5]

김횡은 공민왕 8년 5월에 보약도(보길도)에서 왜구를 격파하고[6] 또 공민왕 10년 2월에 에는 왜구의 배 5척을 나포하고 30여 명을 죽이거나 생포한[7] 경험이 있는 인물이었다. 그래서 공민왕 11년 8월에 전라

---

5) 『고려사』 권40. 세가 권제40. 공민왕 13년 4월 4일조.
6) "전라도추포부사(全羅道追捕副使) 김횡(金鈜)이 보약도(甫若島)에서 왜구를 격파하고 20여 급(級)을 사로잡았다."『고려사』 권39. 세가 권제39. 공민왕 8년 5월 26일조.

도연해순방 겸 조전사(全羅道沿海巡訪 兼 漕轉使)에 임명되었다.[8] 그런 그
마저도 왜구에 대패했으니 고려 조정의 불안과 충격은 이루 말할 수
없을 정도였다.

5) 진해현 전투

이작도 해전에서 고려군이 참패를 당한 지 불과 한 달여 뒤, 이번에
는 뜻하지 않은 승전보가 들려왔다.

> 5월 경상도도순문사(慶尙道都巡問使) 김속명(金續命)이 왜구 3천
> 명을 진해현(鎭海縣)에서 공격하여 대파하고 승전보를 올리니, 왕이
> 옷과 술 및 금으로 만든 띠를 하사하였고, 전투에 참가한 병사들에게
> 도 차등 있게 벼슬을 주었다.[9]

이해 3월 15일에 임명된[10] 경상도 도순문사 김속명이 불과 2개월여
만에 왜구 3천 명을 진해현[11]에서 공격해 대파하는 큰 승리를 거둔 것
이다. 고려 말 왜구 관련 사료 중에서 침구한 왜구의 병력 수를 구체적

---

7) "전라양광도방어사(全羅楊廣道防禦使) 김횡(金鈜)이 왜구의 배 5척을 나포하고 30여
　　인을 죽이거나 사로잡았다."『고려사』권39. 세가 권제39. 공민왕 10년 2월 22일조.
8) "양광도순문진변사(楊廣道巡問鎭邊使) 최영(崔瑩)을 도순문사(都巡問使)로, 판종부시
　　사(判宗簿寺事) 김횡(金鈜)을 전라도연해순방 겸 조전사(全羅道沿海巡訪 兼 漕轉使)로
　　삼았다."『고려사』권40. 세가 권제40. 공민왕 11년 8월 미상.
9) 『고려사』권40. 세가 권제40. 공민왕 13년 5월 미상.
10) "지밀직사사(知密直司事) 김속명(金續命)을 경상도도순문사(慶尙道都巡問使)로 삼았
　　다."『고려사』권제40. 세가 권제40. 공민왕 13년 3월 15일조.
11) 여기서 진해현을 오늘날의 진해시로 생각하기 쉽지만, 정확한 위치는 경남 창원시
　　마산구 진동면에 해당한다.

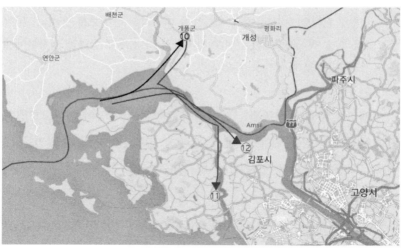

으로 알 수 있는 사례 중에서 3천 명은 가장 많은 숫자이다. 위의 기사를 보완하는 다른 기사가 전하지 않아 구체적인 전과(戰果)나 전투의 양상 등에 대하여는 알 수 없지만, 연이은 고려군의 패전 소식만 접하고 있었던 고려 조정에 큰 희망과 용기를 가져다주었다. 공민왕은 다

음 해 3월에 왜구가 교동도와 강화도에 침구해 노략질한 뒤, 창릉(昌陵)에서 세조의 어진(御眞)을 약탈해 간 책임을 물어서 최영을 동서강도지휘사(東西江都指揮使)에서 해임시키고 대신에 김속명을 임명한다.

이작도 해전에서의 고려군의 대패와 진해현에서의 김속명의 대승은 이후 고려의 왜구 대책에 큰 영향을 미친다. 즉, 왜구와 바다에서 싸우면 이길 수 없으니 일단 그들을 상륙하게 한 다음 육지에서 섬멸한다는 전략이었다. 이것이 나중에 공민왕 21년(1372)에 수군을 재건해 적극적인 대응으로 정책을 전환할 때까지 고려 조정의 왜구에 대한 군사적 대응 방안이었다. 그리고 이 대책은 일정한 성과를 거두기도 한다. 그러나 1372년부터 왜구의 침구가 훨씬 빈번해지고 또 1376년도부터 왜구들이 말을 배에 싣고 와서 기동력을 최대한 활용하는 침구 형태로 바뀌자, 육상전투에서 왜구를 물리치겠다는 전략은 한계에 부딪치게 된다.

한편, 이작도 해전에서 대승하면서 더욱 기고만장해진 왜구들은 다음 해에는 한강을 거슬러 올라와 침구한다.

〈표〉 공민왕 14년(1365)의 왜구

	월/일	침구 지역	피해 상황 및 대응
1	3/2	교동도·강화도	왜구가 교동과 강화를 노략질하니, 동·서강도지휘사 찬성사(東·西江都指揮使 贊成事) 최영에게 명령하여 군대를 이끌고 동강(東江)에 나가 진을 치게 하였다.
2	3/11	창릉(황해도 개풍군 남포리)	왜구가 창릉(昌陵)으로 들어가 세조(世祖)의 어진(御眞)을 탈취해 갔다.
3	4/11	교동·강화도· 동강·서강	왜구가 교동(喬桐)·강화를 노략질하고 동강·서강에 이르니, 찬성사(贊成事) 안우경·이구수에게 군대를 지휘하여 이를 막도록 명령하였다.

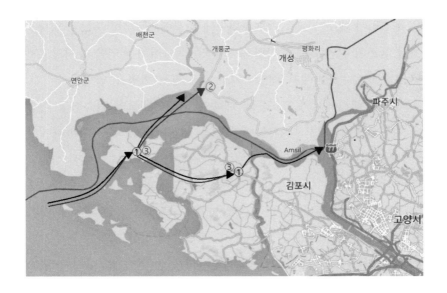

　고려는 왜구들이 자신의 집 앞마당까지 쳐들어와도 강력한 수군 전력이 없어서 육지만 방어할 뿐이었다.

제3부

정서부와 왜구

제1장
정서부와 기쿠치씨

『고려사』열전 정지(鄭地) 전에는 왜구의 실체에 대하여, 규슈의 반란 세력의 일부가 쓰시마와 이키(壹岐)섬 등 바다 섬(海島)에 근거를 두고 침구해오고 있다고 서술하고 있다. 여기서 말하는 규슈의 반란 세력이란 쇼니씨와 규슈 남조(정서부)의 핵심 무장 세력인 기쿠치씨였다. 따라서 쇼니씨와 정서부가 왜구의 핵심 세력이었다. 여기서는 기쿠치씨가 언제, 어떻게 왜구에 가세하게 되는지에 대하여 살펴보자.

고다이고 천황은 아시카가 다카우지와의 싸움이 불리하게 전개되자, 왕자들을 전국으로 내려 보내 현지의 무사들을 규합해서 일거에 교토로 상경하게 하는 작전을 계획했다. 그러나 이 계획은 거의 대부분 실패하고 오직 규슈 지역에서만 성공했다. 천황의 계획대로 규슈에 내려온 것이 정서장군궁(征西將軍宮) 가네요시 왕자였다. 그리고 왕자의 규슈 현지에서의 통치 조직을 정서부(征西府)라고 했다. 즉 규슈 지역의 남조 세력을 일컫는다.

규슈로 내려갈 무렵 왕자의 나이는 대략 5~6살 정도로 추정된다. 이 무렵이면 이미 아시카가씨의 세력이 거의 전국의 주요 교통로를 장악하고 있었다. 따라서 왕자 일행은 바닷길을 이용해, 규슈로 가야 했고 규슈에서도 적의 세력이 강한 북규슈 지역을 피해 남규슈 지역에 상륙했다.

규슈 정치의 중심은 고대 이래로 다자이후(大宰府)와 그 외항(外港)에 해당하는 하카타(博多)였다. 이 지역은 아시카가씨의 세력이 강한 북규슈 지방이다. 따라서 가네요시 왕자는 애초에 남조의 지지 세력이 강한 히고(肥後, 구마모토현 일대) 지방을 목적지로 삼고 있었다. 히고 지역은 규슈의 중앙에 위치하고 있다. 그리고 아시카가 세력의 본거지인 북쪽의 지쿠젠(筑前) 지역과의 사이에는 지쿠고(筑後, 福岡縣) 지역이 있다.

히고 지방에는 기쿠치씨(菊池氏)와 아소씨(阿蘇氏)라는 오랜 역사를 지닌 호족 세력이 있다.[1] 따라서 남조의 계획은 이 두 호족 세력의 지원을 얻어 히고 지방을 근거지로 삼아서 북진(北進)해 다자이후를 장악하는 것이었다.

히고 지방의 북부에 위치하는 기쿠치 분지를 근거지로 하는 기쿠치씨는 다자이후의 부관(府官)으로 세력을 키웠다. 11세기 초에 여진족의 해적인 도이(刀伊)가 규슈에 침구했을 당시 이를 격퇴하는 데 무공을

---

1) 아소씨(阿蘇氏) 가문은 지금도 존재하는 규슈에서 가장 오랜 역사와 전통을 지닌 명문 호족이다. 원래 규슈 지방이란 북부의 지쿠젠(筑前) 부젠(豊前) 히젠(肥前), 중부의 지쿠고(筑後) 분고(豊後) 히고(肥後), 남부의 휴가(日向) 오스미(大隅) 사쓰마(薩摩)의 9개 지방으로 이루어졌기에 생겨난 명칭이다. 그런데 여기에서 히젠과 히고의 '히'는 '살찔 비(肥) 자'를 쓰고 있지만 그 음(音)이 '히(火)'와 통하는 것으로 원래 화산 지방임을 암시하고 있다. 즉 히젠에는 운젠(雲仙), 히고에는 아소(阿蘇)라는 화산이 유명하다. 아소씨는 이 아소산의 화산을 신으로 모시는 아소 신사의 제사를 주관하는 최고 신관(神官)인 대궁사(大宮司) 집안이다. 이 아소 신사는 넓은 땅과 이에 딸린 많은 사람들을 지배하고 있었는데 아소씨는 대궁사로서 이 영지와 사람을 지배하는 제정일치(祭政一致)의 수령이었으며 무사단의 총관(惣官)이었다.

세웠다.

기쿠치씨는 가마쿠라 시대 초인 12세기 말에 막부가 파견한 규슈의 삼총사인 북쪽의 쇼니씨(少貳氏), 동쪽의 오토모씨(大友氏), 남쪽의 시마즈씨(島津氏)들에 둘러싸여서 발전할 수 없었다.

이런 가운데 1333년 3월, 기쿠치 다케토키(菊池武時)가 하카타에 있는 가마쿠라 막부의 규슈 현지의 통치 기구인 진제이탄다이(鎭西探題)를 공격했지만, 전투에 패하여 전사하고 말았다.

그 후 결국 고다이고 천황의 가마쿠라 막부 타도가 성공하게 되자, 다케토키의 장남인 다케시게(武重)가 히고노카미(肥後守)가 되어 세력을 크게 떨치게 되었다.

그렇지만 신정부는 성립된 지 불과 2년도 채 안된 건무(建武) 2년 (1335)에 붕괴되고, 고다이고 천황과 아시카가 다카우지(足利尊氏)의 싸움이 시작되었다. 기쿠치씨는 천황 측에 가담해 13대 가독 다케시게(武重)가 하코네산(箱根山)에서 싸웠다.

기쿠치씨의 가계도[2)]

```
다케토키(12) — 다케시게(13)
  (武時)       (武重)

           — 다케미쓰(16) — 다케마사(17) — 다케토모(18) — 가네토모(19) — 모치토모(20)
             (武光)         (武政)         (武朝)         (兼朝)         (持朝)

           — 다케히토(14)
             (武士)

           — 乙阿迦丸(15)
```

---

2) ( ) 안의 숫자는 '一代' 가독(家督)을 의미한다. 20대 모치토모 이하 기쿠치씨 계도에 관해서는 생략.

다케시게가 중앙에서 고다이고 천황과 아시카가씨에 대항해 싸우는 동안, 그를 대신해 동생 다케토시(武敏)는 일족을 이끌고 규슈로 내려온 아시카가 다카우지와 다다요시(直義) 형제를 등에 업은 쇼니 요리히사(少貳賴尙)에 대항해, 다다라하마(多々良浜)[3]에서 싸웠다.

이후 60년 가깝게 지속된 남북조 내란 기간 내내, 기쿠치씨는 초지일관 규슈 남조의 중심으로 활약했다. 기쿠치씨가 규슈의 중심부인 히고(肥後) 지역을 대표하는 호족이었다면, 쇼니씨는 규슈 북부 지역의 다자이후(大宰府)를 근거로 한 호족이었는데, 양자는 내란기 동안 시세(時勢)의 추이에 따라 대결과 타협을 반복했다.

기쿠치씨는 왜구의 소굴 중 하나이며 집결지·통과지인 쓰시마의 영주 쇼니씨(少貳氏) 못지않게 고려에 대해 강한 적대의식을 지니고 있었다. 그 계기가 되었던 것은 물론 두 차례에 걸친 〈여몽 연합군의 일본 침공, 이하 '일본침공'〉이었다.

이 당시, 기쿠치씨는 쇼니씨의 지휘하에 여몽 연합군과 격전을 벌였다. 기쿠치 일족들은 '다케(武)'를 이름 중에 사용하고 있었는데 그 유래는 소위 여몽 연합군의 제1차 일본 침공(文永の役, 1274)과 밀접한 관련이 있다. 당시 기쿠치 다케후사(武房)가 원나라 군대를 격파하는 큰 공을 세웠고 이를 자랑스럽게 여긴 일족 무사들은 이후 자신의 이름 중에 '다케(武)'를 사용하게 되었다. 또한 다케후사와 함께 싸운 동생 기쿠치 아리다카(菊池有隆)는 고려군과 싸우던 중 적군의 핏방울이 입

---

3) 교토에서의 전투에서 패배한 아시카가 다카우지가 전세를 가다듬고 전력을 보충하기 위해 규슈로 내려와 쇼니 요리히사 등의 도움으로 다다라하마(현재 후쿠오카 시내)에서 전투를 벌여 승리한다. 이 전투의 승리한 다카우지는 곧 바로 교토로 올라가 고다이고 천황의 군대를 깨트리고 권력을 장악한다.

고 있던 흰 색깔의 비단 옷감 위에 튀어 빨갛게 물들었다. 그 이야기를
들은 당시 천황이 "그대의 모습은 그야말로 붉은 별과 같다. 기쿠치라
는 성을 아카보시로 바꾸도록 하라."고 해서 이후 성을 아카보시(赤星),
즉 '빨간 별'이라고 바꾸었다고 한다.

이 두 가지 사실을 통해 기쿠치씨가 쇼니씨 못지않게 고려에 대한
강한 적대의식과 무용(武勇)에 대한 강한 자부심을 지니고 있었음을 알
수 있다.

1. 기쿠치 다케시게와 승려 다이치

고다이고 천황과 아시카가 다카우지의 싸움이 시작되자, 기쿠치 다
케시게(菊池武重)는 교토로 올라와 1336년 말까지 약 4년 동안 남조의
총 사령관 닛타 요시사다(新田義貞)의 휘하에서 친위대로 활동한다. 고
다이고 천황이 교토에서 탈출해 요시노로 도주할 무렵, 연금 상태에
있던 기쿠치 다케시게도 고향인 기쿠치로 돌아온다.

고향으로 내려온 다케시게는 현지에서의 세력을 회복하고 또 이를
위해서는 일족 내에서 적장자(嫡長子) 즉 '소료(惣領)'로서의 스스로의
권한을 강화하고자 했다.

다케시게는 기쿠치씨 일족들을 결속시켜 아시카가 세력과 끝까지
항전하기 위해서 특별한 정신적인 구심점 역할을 하는 존재가 필요하
다고 여겼다. 그래서 다케시게는 1338년 3월, 하자마가와(迫間川) 상류
에 절터를 마련해 봉의산(鳳儀山) 쇼고지(聖護寺)를 세워 다이치(大智,
1290~1366)를 주지로 모셔왔다.

다이치는 가마쿠라 시대 후기부터 남북조 시대에 걸쳐서 활약한 일본 조동종(曹洞宗)의 승려이다. 그는 현재의 구마모토현 출신으로 1314년에 중국으로 건너가 유학하고 1324년에 일본으로 귀국했다. 흥미로운 것은 그가 귀국할 때에 탔던 배가 한반도에 표착했는데, 배가 신안 앞바다에 침몰한 중국 무역선이었을 것으로 추정된다

다이치가 세운 고후쿠지(興福寺)의 산문

구마모토현 다마나(玉名)시의 고후쿠지에 있는 다이치의 목상

구마모토현 기쿠치시에 있는 봉의산 쇼고지 터 안내문
조동종의 옛사찰로 이 절을 세운 다이치 스님은 기쿠치씨의 정신적 지주였다는 내용.

는 사실이다. 그는 고려에 1년 수개월동안 체재하면서 전라남도 강진의 백련선사(白蓮禪寺)에 가기도 했고 또 개경의 왕실에 불려가 충숙왕을 알현하기도 했다. 그가 고려에 체재하면서 남긴 시가 3편 현재 전해지고 있다.

2. 기쿠치 가헌

1338년 7월 25일, 다케시게는 삼개조로 이루어진 서약서인 혈판기청문(血判起請文)을 작성해 무사들의 수호신인 하치만(八幡) 신사에 바치고 또 일족들의 사찰(氏寺)인 쇼고지를 중심으로 부처님에게 귀의하고 공경할 것을 맹세했다. 그리고 다이치를 일족들의 불법(佛法) 지도자로 모셨다. 이 서약서를 '기쿠치 가헌'이라고 한다.

그 내용 중 일부를 살펴보면 대략 다음과 같다.

> 다케시게는 히고(肥後) 지방에 관한 사무를 기쿠치씨 일족 중 유력한
> 서자(庶子) 집안으로 구성하는 회의체에서의 합의를 통해 결정한다.
> 천하 대사(大事)[4]에 관하여 기쿠치씨 일족들이 어떠한 방침을 정
> 할 것인가 하는 결정권은 소료(惣領)인 다케시게에게 있다. 또 소료
> 와 서자(庶子)들이 서로 침범하는 일이 없도록 한다.

다케시게의 기청문을 모방해 그 동생들도 기청문을 바쳤다. 그 내용
은 무사의 집안에 태어나 조정에 충성을 바치는 몸인 것을 강조하며
이해관계와 욕심 때문에 인간이 지켜야 할 도리에 어긋나는 일은 하지
않는다는 것이다. 이처럼 다케시게는 남북조 내란기에 기쿠치씨 일족
들이 소료를 중심으로 일치단결해 변절하지 않고 남조에 충성을 다하
고자 했다. 그래서 그는 정신적인 지주로 다이치를 모시고 그의 지도
하에 기쿠치 가헌을 제정했다.

그런데 다케시게가 죽은 뒤, 1341년부터 1345년까지 기쿠치씨는 리
더 격인 소료(惣領)가 정해지지 않은 채, 활발한 활동을 전개하지 못하
고 있었다.

그래서 이미 10년도 전에 규슈에 들어와 있던 가네요시 왕자도 제대
로 활동을 하지 못한 채, 규슈 남부의 다니야마성(谷山城, 가고시마현 가
고시마시)에 머물러 있었다.

---

4) 여기서 천하의 대사란 예를 들면, 남조와 북조 중 어디에 충성할 것인가와 같은 문제
   를 의미한다.

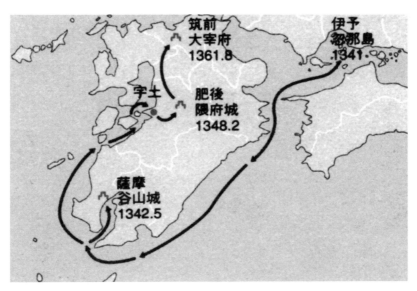

가네요시 왕자의 이동 경로. 이요(伊予)의 구쓰나(惣那)섬에서 다니야마 성으로, 이어서 기쿠치의 와이후(隈府)성, 그리고 마침내 1361년에 다자이후에 입성하는 데 성공한다.

이런 상황 속에서 기쿠치씨 일족을 규합하는 데 성공했던 인물이 다케시게의 동생인 기쿠치 다케미쓰(菊池武光)였다. 다케미쓰는 1348년 정월에 마침내 가네요시 왕자를 기쿠치로 맞이한다. 이때, 왕자의 나이 20살로 교토의 히에이잔(比叡山)을 떠난 지 13년째 되던 해였다.

가네요시 왕자의 정서부가 군사 활동을 전개하기 시작한 것은 기쿠치에 온 다음 해인 1349년이었다. 쇼군 아시카가 다카우지의 서자인 아시카가 다다후유가 규슈로 내려옴에 따라 교토의 간노노조란(觀應の 擾亂)이 규슈에까지 번지게 된 것이 그 계기였다. 아버지 다카우지로부터 아들로 인정을 받지 못한 다다후유는 작은 아버지 다다요시의 양자가 되었다. 친부와 양부가 막부의 권력을 놓고 다투는 사이가 되자 다다후유는 작은 아버지이면서 동시에 양아버지인 다다요시 편에 서서

친부와 배다른 동생인 요시아키라(義詮)와 싸우게 된다.

1349년 8월, 다다후유는 친부의 부하인 고노 모로나오(高師直)의 공격을 받고 규슈로 도피한다. 다다후유는 막부의 명령을 받고 내려왔다고 거짓말을 하면서 무사들을 모으기 시작했다. 얼마 전에는 가네요시 왕자가 규슈에 들어와 기쿠치에 자리 잡았고, 지금은 아시카가 쇼군의 아들이 왔다. 규슈 무사들의 마음은 동요되기 시작했다.

특히 이러한 상황 변화에 하카타(博多)에 있던 다카우지의 부하인 규슈탄다이(九州探題) 잇시키 노리우지(一色範氏)는 큰 충격을 받았다. 그리고 이 상황은 하카타와 불과 자동차로 30분 정도의 거리에 불과한 다자이후를 근거지로 하고 있던 쇼니 요리히사에게도 큰 동요를 일으켰다. 노리우지와 대항관계에 있던 쇼니 요리히사는 다다후유를 이용해 옛날 자기 집안의 권세와 영광을 되찾고자 했다. 그래서 요리히사는 다다후유를 사위로 맞이하고 규슈의 여러 무사들을 불러 모았다. 그의 부름에 응해 달려오는 무사들에게는 그들이 조상 대대로 물려받은 땅(영지)과 새로이 얻은 땅에 대한 소유권을 인정해주었다.

이렇게 되자, 규슈의 무사들은 남조와 막부라는 양자 대립에서부터 요시노의 남조 세력인 정서부와 쇼군 세력인 규슈탄다이 그리고 쇼군의 동생 아시카가 다다요시의 세력인 다다후유와 쇼니 요리히사의 세 세력으로 삼분(三分)되게 되었다. 교토에 이어서 규슈 지역도 3세력이 뒤엉켜 혼란스러운 정국이 전개되기 시작했던 것이다.

이런 가운데, 1351년 봄 무렵에 교토에서 다다요시가 정권을 장악하게 되자, 규슈에서도 다다후유가 잇시키 노리우지를 밀어내고 규슈탄다이에 임명된다. 그러자 쇼군의 부하인 노리우지는 정서부(남조)와 연합해 다다후유에 대항하게 되고, 가네요시 왕자의 군대는 다다후유(=

가고시마 시내의 다니야마 성 안내문과 입구 모습

가고시마 시내에 있는 기네요시 왕자의 거소(居所) 터임을 알리는 비석

쇼니 요리히사) 측 무사들과 싸우기 시작한다. 그런데 얼마 되지 않아 교토에서 다다요시가 실각하자, 규슈에서의 다다후유도 곧바로 힘을 상실한다. 그리고 1352년 11월 12일, 다카우지의 부하 노리우지에 쫓겨서 다다후유는 규슈를 떠나게 된다.

이렇게 되자, 이제 규슈 지역에서의 군사 활동의 주도권은 정서부로 옮겨가게 된다. 다다후유가 규슈를 탈출하자, 세력이 급격히 약화된 쇼니 요리히사는 정서부에 귀순해 노리우지 측과 싸우게 된다.

다다후유(쇼니 요리히사) vs 〈노리우지 ＋ 정서부(가네요시, 기쿠치)〉에서 〈쇼니 요리히사 ＋ 정서부(가네요시, 기쿠치)〉 vs 〈노리우지〉로 바뀌게 된다.

이런 상황 속에서 기쿠치 다케미쓰는 북규슈에 강한 기반을 가지고 있는 쇼니씨를 이용하고 쇼니 요리히사도 또한 왕자의 군대를 이용해 1353년 2월에 다자이후의 남쪽, 하리스리바루(針摺原)에서 노리우지 군을 크게 격파했다.

이 승리는 정서부 확립을 위한 토대가 되었다. 다음 해인 1354년 9월부터 가네요시 왕자는 북규슈 지방에서 전투를 전개해 마침내 노리우지 일족을 하카타(博多)에서 몰아내는 데 성공한다. 1355년 노리우지는 교토로 돌아갔다.

3. 다자이후 시대의 정서부

북규슈의 세 지방, 즉 지쿠젠(筑前), 히젠(肥前), 부젠(豊前)의 중심은 다자이후가 있는 지쿠젠이다. 그리고 중부 규슈의 세 지방 지쿠고(筑後), 히고(肥後), 분고(豊後)의 중심은 히고이다. 따라서 지쿠젠과 히고를 지배하는 자는 규슈의 패권을 장악하게 된다. 오호바루 전투에서 승리한 뒤, 쇼니 요리히사를 다자이후에서 축출한 1361년 7월 현재, 이 두 지방을 장악한 것은 기쿠치씨였다. 이후 1361년 7월부터 1372년까지 약 12년 동안 기쿠치씨가 중심이 된 가네요시 왕자의 정서부가 다자이후에서 규슈를 통치하게 된다.

왕자가 교토를 떠나 멀리 규슈까지 내려온 것은, 아버지 고다이고 천황이 계획하고 추진했던 전략 때문이었다. 즉 전국 각지에 왕자들을 내려 보내 현지 무사들을 규합해 일거에 교토로 상경해 올라와 아시카가씨의 막부를 토벌한다는 생각이었다. 하지만 이는 실패로 끝나고 말았다. 지방에 내려간 왕자들 중에 성공적으로 자리를 잡은 것은 규슈의 가네요시 왕자밖에 없었기 때문이다. 그러나 가네요시 왕자도 단독으로 군대를 거느리고 올라오는 것은 쉬운 일이 아니었다. 그가 처음이자 마지막으로 상경을 시도한 것은 1367년 12월이었다.

1368년 2월에 가네요시 왕자는 기쿠치씨 일족을 중심으로 한 규슈의 병력 약 7만을 이끌고 다자이후를 출발해 교토로 향했지만, 막부 수군의 공격을 받고 대패하고 만다. 왕자는 상경 계획을 포기하고 다자이후로 돌아오고 말았다. 그러던 중 1372년, 규슈에 새로 부임해 온 규슈탄다이(九州探題) 이마가와 료슌(今川了俊)의 세력에 눌려서 규슈 남조는 수세로 몰리기 시작한다. 이제는 상경이 아니라 규슈에서의 세력

보존을 심각하게 고려해야 할 상황이 되었다.

4. 정서부의 몰락

이런 가운데 공민왕 15년(1366)에 고려는 경인년(1350)에 왜구가 다시 침구해오기 시작한 이래, 최초로 일본의 무로마치 막부에 사절을 파견해 왜구의 침구에 대하여 항의하며 왜구 금압을 요구한다. 이때 처음 왜구의 한반도 침공 사실을 알게 된 막부는 당황해 한다. 왜냐하면 공민왕은 왜구 금압 요청이 마치 원나라 황제의 지시인 것처럼 교묘하게 가장하고 만약 이를 받아들이지 않으면 군대를 동원해 직접 왜구의 소굴인 일본 국내를 공격하겠노라고 했기 때문이다. 이에 대응해 무로마치 막부는 막부의 요인(要人)인 이마가와 료슌을 새로운 규슈탄다이에 임명하고 그를 적극 지원하기로 한다.

한편, 1372년에 왜구 금압을 위해 규슈 현지에 새로이 부임한 이마가와 료슌은 혼슈의 오우치씨(大內氏)를 필두로 한 주고쿠(中國) 지방의 무사들을 이끌고 정서부와 싸워 규슈 경략의 성과를 거두기 시작했다. 이후의 정서부의 상황을 간단히 정리하면 다음과 같다.

연월	주요 사건 및 상황
1371년 8월	가네요시 왕자와 기쿠치 다케미쓰 이하 모두가 이마가와 측에 다자이후를 넘겨주고 고라산(高良山)으로 철수.
1372~73년	기쿠치씨 일족의 총사령관인 다케미쓰, 그리고 다음 해에는 다케미쓰의 아들 다케마사(武政)가 차례로 사망함.
1374년	가네요시 왕자가 본거지인 기쿠치로 귀환.

1375년 8월	기쿠치 분지의 입구에 있는 미즈시마(水島) 성에서 기쿠치씨는 이마가와의 병력과 싸워 승리함.
1377년 1월	사가현(佐賀縣) 사가시(佐賀市) 교외의 치후(千布), 니나우치(蜷打) 전투에서 이마가와군이 정서부 군대를 대파함.
1378년 9월	히고(肥後)의 다쿠마가하라(託麻原)에서 기쿠치 승리함.
1381년 6월	기쿠치 분지 내의 구마베성(隈部城)과 소메가미성(染上城)에서 기쿠치씨가 대패. 이후 기쿠치는 재기 불능상태에 빠짐.

이후 상황이 더욱 악화되자, 왕자는 규슈의 산악 지대인 지쿠고(筑後)의 야베(矢部)라는 깊은 산속으로 물러났다. 이후 왕자의 행방에 대하여는 알 수 없다. 왕자의 무덤이라는 곳이 규슈 현지에 여러 곳 전해지고 있다. 일설에 의하면 왕자는 1383년에 야베의 산속에서 사망했다고 하는데, 당시 그의 나이 53~4세였다고 한다.

제2장

치후·니나우치 전투와 우왕 2~3년의 왜구

　　고려 말 왜구와 정서부와의 관련성을 보여주는 것으로 우왕 2년 (1376) 11월에서부터 다음 해 우왕 3년(1377) 초에 걸쳐서 침구한 왜구와 치후·니나우치 전투의 사례가 있다.

　　치후·니나우치 전투란 우왕 3년(1377) 1월 13일, 규슈 사가현(佐賀縣) 사가시(佐賀市) 교외의 치후(千布)와 니나우치(蜷打)에서 규슈의 남조세 력인 정서부와 규슈탄다이 이마가와 료슌이 전개한 결전이었다. 이 전 투에서 료슌은 기쿠치씨(菊池氏)가 주축을 이루었던 정서부를 대파했 다. 기쿠치씨(정서부)는 최대의 후원자 겸 동맹자였던 아소 다이구지(阿 蘇大宮司) 아소 고레다케(阿蘇惟武)와 기쿠치 다케야스(菊池武安), 기쿠치 다케미쓰(菊池武光)의 동생 다케요시(武義)가 전사하는 참담한 피해를 입었다.

　　이 전투를 전후한 1376년 말 무렵부터 1377년 5월 사이에 『고려사』 에는 다음과 같은 왜구의 침구 기사가 대거 나타나고 있다. 바로 1376 년 11월부터 1377년 5월까지의 왜구 침구 기사이다.

치후·니나우치 전투의 현장에 있는 지쿠젠노쿠니 고쿠후(筑前國國府)의 복원 모습

ⓐ (십일월 신사일) 왜구가 진주 명진현을 침구하고 또 함안·동래·양주·언양·기장·고성·영선 등지에 불을 지르고 약탈했다.

ⓑ (십일월 병술일) (전략) 왜구가 진주 반성현을 침구하고 또 울주·회원·의창 등의 현에 불을 지르고 모두 다 약탈해갔다

ⓒ (십일월 기해일) (전략) 왜구가 밀성군과 동래현을 침구했다.

ⓓ (십이월) 왜구가 합포영에 방화하고 양주와 울주의 두 주를 불지르고 백성들을 살해했다. 그리고 의창·회원·함안·진해·고성·반성·동평·동래·기장 등의 현을 침구했다.

ⓔ (우왕 3년 정월), 왜구가 회원창을 도둑질 했다.

ⓕ (이월) 왜구가 신평현을 침구했다. 양광도도순문사 홍인계가 이를 격퇴했다.

ⓖ (이월) 왜구가 경양현을 침구하고 마침내 평택현에 들어갔다. 양광도부원수 인해가 왜구와 싸웠지만 이기지 못했다.

ⓗ (삼월) 왜구가 서쪽 교외에 침구했다.

ⓘ (삼월) 왜구가 착량에 침구하고 강화도에 침구했다.

ⓙ (사월) 왜구가 울주와 계림을 침구했다.

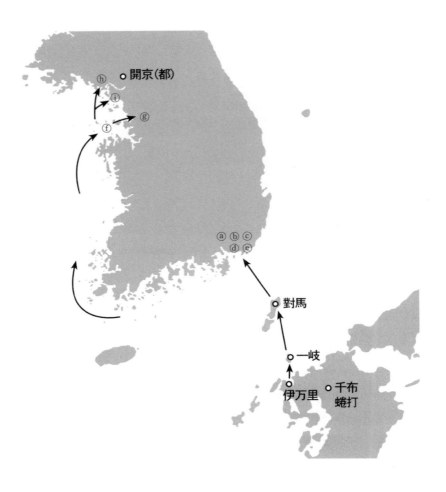

ⓚ (사월) 왜구가 울주·양주·밀성 등지를 침구해 불태우고 거의 다
약탈했다.

ⓛ (사월) 왜구가 언양현에 방화했다. 계림부윤 윤승순이 왜구 4명
을 베었다.

ⓜ (사월) 왜적이 서강에 들어왔다. 최영과 변안렬이 군대를 이끌고
나와 이를 물리쳤다.

ⓝ (오월) 왜구가 밀성에 침구해 촌락을 침략하고 <u>보리를 베어서</u>

배에 실었다. 마치 무인지경을 가는 듯했다. 안동조전원수 왕빈이 이를 격퇴했다.

　ⓞ (오월) 태조가 지리산에서 왜구를 쳐서 크게 격파했다.
　ⓟ (오월) 왜적 100기가 남양·안성·종덕 등의 현을 침구했다.
　ⓠ (오월) 왜구가 또 강화도에 들어와 대규모 살육과 약탈을 했다.

〈사료ⓐ〉-〈사료ⓔ〉를 보면 1376년 11월부터 1377년 1월 당시까지 왜구의 침구 지역은 모두 쓰시마의 바로 건너편 대안(對岸) 지역이었음을 알 수 있다. 그 침구 패턴을 보면 짧은 기간 내에 인접 지역을 신속하게 이동하면서 침구하고 있다. 그리고 정월에는 마산에 있었던 회원창(會原倉)을 공격, 약탈하고 있다.

흥미로운 것은 치후·니나우치 전투가 끝난 정월 13일 이후 3월까지의 침구 양상을 보면 이전과 전혀 다르게 나타나고 있다는 것이다. 즉 〈사료ⓕ〉-〈사료ⓘ〉를 보면, 1377년 2월에 왜구는 신평현을 침구하고 있는데 이곳은 현재의 충남 당진군 신평면에 해당하는 지역이다. 그리고 같은 2월에 경양·평택을, 3월에는 (개성의) 서쪽 교외, 4월에는 착량(강화도와 김포군 사이에 위치)과 강화도를 침구하는 식으로, 시간이 경과됨에 따라서 서해를 북상하고 있다. 치후·니나우치 전투가 끝난 뒤에는 쓰시마의 대안 지방이 아니라 침구 대상지역을 중부 서해안 지역 일대로 바꿔 비교적 장기간에 걸쳐 이동하면서 침구하는 것이다. 이는 무엇을 의미하는 것일까.

지금까지 살펴본 것처럼 왜구의 침구시기에 따라 침구 지역에 변화가 보이는 것은, 1376년 11월~12월의 침구가 치후·니나우치 전투에 대비해 병량미를 확보하기 위한 것이었음을 말해준다. 즉, 결전을 앞

둔 시점에서는 병량미의 확보가 시급하기 때문에 전장에서 최단거리에 있는 경남 남해안 일대를 집중적으로 침구한다. 그리고 전투가 끝난 직후에는 시간적인 여유가 있고 약탈의 효율을 극대화시킬 수 있는 중부 서해안 지역을 침구하는 것이다. 왜구의 입장에서 생각하면, 전국에서 조세를 운반하는 조운선이 집결하는 강화도와 교동도 일대를 중심으로 하는 중부 서해안 지역 일대가 약탈의 효율을 극대화할 수 있었기 때문이다.

1377년도 1월에는 단 1개 지역에만, 그것도 전국 13개 조창 중 하나인 마산의 회원창(會原倉)에 침구했던 것도 당시 침구한 집단이 정서부의 군세(軍勢)였음을 보여준다. 그것은 바로 1월 13일의 전투에 참가하기 위한 것으로 생각되기 때문이다.

당시 무사들, 특히 마쓰라토(松浦黨)와 같은 소규모 무사들에게 있어서 전투에 참전하는 것은 세력을 키우기 위한 좋은 기회였다. 전투에서 승리하면 적의 영지를 빼앗을 수가 있었기 때문이다. 그러나 반드시 승전한다는 보장은 어디에도 없었다. 오히려 참전하는 데 들었던 비용조차 건지지 못하는 경우도 있었다. 따라서 남조나 북조를 불문하고 당시 전투에 참전하던 무사들은 주변에서 확보할 수 있는 것이라면 누구의 소유인지를 불문하고 손에 넣음으로써 당장 시급한 참전비용으로 삼았다.

무사들의 불법적인 약탈 행동을 당시 일본 사료에서는 '압령(押領)'이라고 했는데, 이러한 불법적인 약탈 행위는 뒤에 '병량료소(兵糧料所)'로 합법화되는 경우도 있었다. 치후·니나우치 전투가 패전으로 막을 내린 뒤, 마쓰라토를 비롯한 정서부의 무사들이 고려로 침구해간 것은 이후에 있을 결전에 대비해 병량미를 확보하기 위한 목적과 아울러,

위와 같은 보상심리(補償心理)도 작용했을 것으로 생각된다. 이처럼 1376년 11월~1377년 1월까지의 침구는 규슈에서 북조(료슌)와 남조(정서부)의 결전과 밀접한 상관관계가 있었다.

지금까지 검토한 것처럼, 1376년 11월부터 1377년에 걸쳐서 고려를 대대적으로 침구한 왜구 집단을 가리켜 우왕 3년(1377)에 고려에 온 이마가와 료슌의 부하 신홍은 '포도(逋逃)' 즉 '(무로마치 막부의) 체포를 피해 도주한 무리'라고 했다. 그리고 포도는 무로마치 막부가 고려 측에 공식적으로 해명한 왜구의 실체였다. 이 '포도' 즉 당시 왜구는 무로마치 막부의 입장에서 보면 '반란을 일으켜 막부의 공격을 받고 이를 피해 고려로 도주한 무리'를 의미하는 것이었다.

제3장
기쿠치 농성전과 경신년 왜구

고려 말 왜구와 정서부의 관계를 보여주는 또 하나의 사례가 우왕 6년(1380, 경신) 7월 을미일에 금강 하구에 침구한 왜구이다. 이를 '경신 년 왜구'라고 하자. 경신년 왜구는 500척이라는 대규모 선단으로 침구 한 왜구 집단의 총대장이 나이 불과 15~6세 정도밖에 되지 않는 소년 이었다는 점에서도 사람들의 관심을 끌어 왔다. 뛰어난 무예와 용맹함 으로 고려 병사들로부터 '아지발도(阿只拔都)'라고 불린 이 소년이 이끄 는 당시 왜구들은 서주(西州) 즉, 더 정확하게는 진포구(鎭浦口)라고 불 린 현재 충청남도 서천군 장항읍 일대에 선단을 밧줄로 서로 묶어서 정박시킨다. 그리고 금강수계를 거슬러 올라 부여, 정산, 운제, 고산, 유성, 계룡산 등을 거쳐 내륙으로 침구해 들어간다. 이에 대하여 3년 전인 우왕 3년(1377)에 화통도감(火筒都監)을 설치해 화약과 화포를 제조 해서 왜구와의 해전에 도입하기 시작한 고려 수군은 나세와 심덕부 그리고 최무선의 지휘하에 100여 척의 함대를 이끌고 와서 정박해있던 배에 포격을 가해 이를 전부 불태웠다.

그러나 당시 왜구의 본진(本陣)은 이미 상륙해 당시 옥주(沃州, 충북

진포구의 서천군 장항읍 장암리 소재 전망산의 모습. 금강 하구에 위치한 해발 98미터의 붉은 색을 띠는 화강암 바위산은 서해안을 따라 북상하던 왜구들에게 있어서 좋은 이정표 역할을 했을 것이다.

옥천)까지 쳐들어가 있었다. 진포구에서 살아남은 왜구들은 옥천까지 가서 자신들이 타고 왔던 배가 불타버린 것을 알린다. 그러자 아지발 도가 이끄는 왜구의 본진은 내륙 깊숙이 이동하면서 경상남도 함양에 서 왜구의 토벌대를 공격해 원수 2명과 500여 명의 장병들을 전사시킨 다. 이어서 남원에서는 왜구와의 전투 경험이 풍부한 정지 장군 등이 이끄는 고려의 토벌대를 오히려 남원산성으로 몰아넣는 등, 고려의 토 벌대를 능가하는 전력을 과시한다. 이에 개경에서는 이성계를 대장으 로 하는 정예군을 현지에 파병해 싸우게 했다. 이성계의 부대가 접근 해 오고 있는 것을 알아챘는지, 남원산성에 대한 포위망을 풀고 왜구 들은 자신들이 왔던 길을 거쳐서 인월면(남원시 운봉읍 인월면)으로 되돌 아갔다. 그리고 고려군을 그곳으로 유인해 싸우려고 했다. 인월에서 벌어진 전투(이를 황산 전투라고 한다.)에서 아지발도가 이성계와 그의 여진족 출신의 의동생인 이지란이 쏜 화살을 맞고 죽자, 왜구들은 사기가 땅에 떨어져 대패하고 만다. 이 전투에서 살아남은 왜구의 일부 병력 70여 명은 지리산으로 들어가 그해 겨울을 지내고 다음 해 봄에 광주 무등산 규봉암에 나타난다. 이에 이을진이 이끄는 고려군과 규봉암에서 전투를 벌여 그중 일부는 탈출에 성공한다. 당시 왜구들은 충청북도－경상북도－경상남도－전라북도－전라남도라는 중부와 남부 내륙 지방을 떠돌아다니면서 약탈·방화·납치·살인·전투를 거듭했다. 이 사건은 '왜구가 시작된 해'로 인식되어 온 소위 〈경인년(1350) 왜구〉 이래 31년째에 해당하는 해에 발생한 사건으로, 왜구 선단의 숫자로 확인되는 사례 중 최대 규모였다. 게다가 이 엄청난 규모의 왜구가 수개월 동안 고려 내부를 전전하면서 온갖 만행을 거듭하면서 고려의 토벌대를 오히려 격파해 엄청난 충격과 공포를 안겨다 준 사건이었다. 당시 목은 이색은 이를 〈경신년의 왜구〉라고 불렀다.

이 경신년 왜구의 실체에 대하여 다나카 다케오(田中健夫)나 다카하시 기미아키(高橋公明) 등과 같은 일본의 왜구 연구자들은 아예 언급을 하지 않거나, 또는 이를 제주도의 몽골계 목자가 이끄는 제주도인 내지는 고려인들이었다는 주장을 해왔다. 이러한 주장의 근거로 당시 경신년 왜구들이 토벌 당하였을 때, 그들로부터 노획한 말이 1600여필 정도 있었는데 이렇게 많은 말들을 왜구들이 모두 일본에서 배에 싣고 갔을 리가 없다는 이유를 내세웠다. 그러나 쓰시마에는 '다이슈우마(對州馬)'라는 토종말을 오래전부터 길러왔고 조선 초의 사료에서도 쓰시마주(對馬島主) 소씨(宗氏)의 말 목장이 존재하고 있었음이 확인된다. 또한 쓰시마와 더불어 왜구의 주요 구성원이었던 마쓰우라(松浦) 지방의 마쓰라토(松浦黨) 무사들 역시 섬에서 말을 키워 배에 수송하는 일을 해왔으며, 8세기에 작성된 『히젠노쿠니후토키(肥前國風土記)』에도 마쓰우라 지방 주민들이 '기사(騎射)' 즉 말을 타고 달리면서 활을 쏘는 것에 뛰어난 능력을 지닌 사람들이라고 기록하고 있다. 또 당시 말들이 오늘날의 제주도 조랑말과 같이 그 덩치가 작았으며 또 500척이라는 배의 숫자를 생각하면 1척당 3마리 정도만 실으면 충분히 가능한 수치이다. 그리고 당시 경신년 왜구 집단 안에는 '철기(鐵騎)' 즉 철갑을 두른 기병이 있었다. 이는 정규전에서 적의 진영을 교란시키는 역할, 즉 현대전의 개념에서 생각하면 탱크(전차)와 같은 역할을 하던 전력이었다. 이는 경신년 왜구가 단순한 해적 집단이 아니라 전문적인 군사 집단이었음을 의미한다.

일본의 왜구 연구자들은 왜구 집단에 '말' 즉, 기병이 보이는 것을 근거로, 당시 말을 배에 실어서 일본 열도에서 한반도까지 이동하는 것은 불가능에 가까운 일이다, 라고 단언한다. 그리고 이는 왜구들이 일본인이 아니라 고려인이었음을 보여주는 근거이다, 라는 식으로 논리를 전개한다. 그렇지만 위의 쓰시마와 마쓰우라 지방의 말 사육 상황을 고려하면 왜구들이 말을 배에 싣고 왔던 것은 충분히 가능했다고 생각한다.

그러면 이 경신년 왜구의 실체는 무엇이었고 규슈 지역의 어떠한 군사 정세 속에서 멀리 한반도까지 500척이라는 대규모 선단으로 침구해왔을까? 우선 경신년 왜구의 특징에 대하여 살펴보기로 하자.

첫째, 경신년 왜구는 부대 기강이 엄정한 집단이었다.

그들은 지리도 잘 모르는 타국 땅에서 자신들이 타고 왔던 배가 불타서 토벌대에게 쫓기는 긴박한 상황 속에서도 결코 지리멸렬되지 않고 두 달 이상이나 조직 체계와 전력을 유지할 수 있었다. 이 사실만 보더라도 그들이 오합지졸이 아니라 잘 훈련되고 기강이 엄정한 군사 집단이었음을 알 수 있다. 그들은 총대장인 아지발도 휘하에 여러 명의 중간 두목들이 있는 조직체계를 갖추고 있었으며 나이 어린 소년 대장에게 여러 명의 장수들이 깍듯이 예를 다하고 있다.

둘째, 경신년 왜구의 총대장 아지발도의 귀족적인 성격이다.

『고려사』에는 아지발도를 불과 15~6세 정도밖에 되지 않은 나이의, 백마를 탄 외모가 단아하며 뛰어난 무예를 갖춘 총 대장으로 묘사하고 있다. 적의 여러 두목들이 매번 그 자 앞에 나아갈 때에는 반드시 빠른 걸음으로 나아가 무릎을 꿇고 앉았다고 하고 있다. 이 사실을 통해 아지발도가 다른 두목들과는 현격한 신분의 차이가 있었음을 짐작할 수 있다. 그의 어린 나이를 고려할 때, 집단 내부에서의 아지발도의 현격히 높은 지위는 전투에서 쌓아올린 전공(戰功) 때문이라기보다 출생의 신분에 따른 것일 가능성이 크다고 생각하기 때문이다. 또한 총대장으로 500척이나 되는 대규모 선단을 끌어 모을 수 있는 통합성을 지닌 집단의 상징적인 존재로서의 측면을 지니고 있었다. 그런데 그는 단순히 상징적인 존재가 아니라 "군중(軍中)의 지휘명령을 모두 장악하고 있었다."라는 기록으로 볼 때 실제로 최고 지휘권을 지닌 리더로서의 역할을 수행하고 있었다.

셋째, 경신년 왜구는 강력한 무장(武裝)을 갖춘 집단이었다.

중장갑 기병인 '철기(鐵騎)'를 거느리고 있었으며 아지발도는 공격할 틈도 없을 정도로 얼굴 전면을 덮은 구리로 만든 안면 보호구인 '호아테(頰當)'를 착용하고 있었다. 이러한 무장 상태로 볼 때, 남북조 내란기 당시의 군사집단임을 연상하게 한다.

『태평기』에 묘사되어 있는 남북조 내란기 당시의 철기의 모습
사사마 요시히코(笹間良彦) 저, 『圖錄 日本の合戰武具事典』, 柏書房, 1999.

　넷째, 경신년 왜구는 뛰어난 전투 수행 능력을 지닌 집단이었다.
그들은 함양의 혈계(血溪)에서 벌어진 전투에서 자신들을 뒤쫓고 있
는 고려의 정규군으로 구성된 토벌대를 역으로 공격해 두 명의 원수를
포함해 장병 500여 명을 전사하게 하였다. 또 고려의 토벌대를 수세로
몰아서 남원산성에서 농성하게 하고 이를 포위했을 정도였는데 당시
남원산성에서 농성하고 있던 고려군 장수들 중에는 정지·배극렴·지
용기·도흥 등 왜구 토벌에 많은 경험을 지니고 있었던 역전의 용사들
이 포함되어 있었다.

　다섯째, 경신년 왜구는 전장에서의 상황 변화에 따라 이동하면서
신속하게 부대를 집합시키고 또 분산시키는 것이 가능했던 뛰어난 전
술적인 이동 능력을 지닌 집단이었다.

　경신년 왜구의 이동 경로를 추적해보면 충북 옥천에 있었던 왜구의
본진이 자신들이 타고 온 선박이 불타버렸다는 사실을 알기 전에는

복수의 무리로 나뉘어 움직이고 있었다. 그것이 진포구 전투의 결과를 알게 되자, 옥천에서 예하 부대가 모두 합류한다. 그리고 다시 이동을 시작한 뒤부터 상주로 침구해 들어갈 때를 제외하고는 하나로 뭉쳐서 움직이고 있었다. 즉 그것은 진포구 전투 이전에는 약탈의 대상을 탐색하기에는 여러 개의 무리로 나뉘어 행동하는 것이 효율적이라고 생각했던 것으로 보인다. 그렇지만 자신들이 타고 돌아갈 배가 불타버렸다는 사실을 안 뒤부터 하나의 집단으로 이동하는 것은 예상되는 고려의 토벌대의 공격을 방어하기 위하여 전력을 분산시키지 않겠다는 위기의식이 나타났기 때문으로 생각된다.

또한 상주로 침구해 들어갈 때는 두 개의 그룹으로 나뉘어 이동하고 있는데 그것은 상주가 낙동강 수계의 중류에 위치한 경상도의 손꼽는 도시로 경신년 왜구는 이 상주에 대하여 군사작전을 전개하듯 침구하였음을 보여준다. 당시, 일본 중세 무사단이 적을 공격할 때에 항상 오테(大手)와 가라메테(搦手)라고 하는 두 개의 부대로 나뉘어 전방과 후방, 또는 전방과 측면을 공격하는 전형적인 전법대로 행동하였기 때문이다. 이처럼 경신년 왜구는 부대의 이동 형태를 보더라도 결코 오

황산 전투의 현장 - 광천과 풍천이 합류하고 있다.

이성계의 황산 대첩 비

합지졸이 아니라 뛰어난 전투 집단이었음을 알 수 있다.

　여섯째, 경신년 왜구는 강한 공격 지향성을 지닌 무장 집단이었다.

　일반적으로 왜구들은 고려 토벌대의 추격을 받아 전세가 불리하다고 판단하면 산으로 도주하는 것이 보통이었다. 그런데 경신년 왜구는 쫓기는 입장이었으면서도 오히려 고려의 토벌대가 농성하고 있는 험준한 산악 지형에 위치한 남원산성을 공격할 정도로 강한 공격 지향성을 지니고 있었다. 그런데 황산 전투에서 적장인 아지발도가 구상했던 작전 구상은 적의 주력 부대인 이성계의 부대를 광천(廣川)과 풍천(楓川)이 합류하는 인월역 일대로 유인한 뒤, 배후를 차단해 이를 몰살시킨다는 것이었다. 이처럼 경신년 왜구는 오히려 토벌대를 공격하고 또 정면 대결을 택할 정도로 강한 공격 지향성을 지니고 있었다.

　일곱 번째, 경신년 왜구는 용맹한 장병들로 이루어져 있었다.

　경신년 왜구의 뛰어난 작전 수행 능력과 공격 지향성은 전투 경험과 용맹함을 겸비한 장병들의 전투 능력에 바탕을 둔 것이었다. 황산 전투 당시 주력이었던 이성계는 공민왕 11년(1362) 홍건적 침공 당시, 휘하 친병(親兵) 2천 명으로 맹렬히 공격해 제일 먼저 개경(開京)성에 올라가서 크게 격파했다. "군사가 정예하여 싸워서 이기지 못하는 것이 없을" 정도로 고려 최고 정예부대였다. 그것은 목은 이색이 "왜구를 날쌘 원숭이에 비유한다면, (고려의 지방군은) 고고한 학과 같다." "노약한 병졸들 참담하여 생기도 없다."고 한 '고려의 지방군'과는 전혀 달랐다.

그런데 고려의 최고 용장(勇將)인 이성계가 왜구가 쏜 화살에 왼쪽 다리를 맞았고 적에 의해 두어 겹으로 포위당해 기병 두어 명과 함께 포위를 뚫고 나왔다. 역전의 용사인 이성계로 하여금 "비겁한 자들은 물러나라. 나는 죽을 각오로 싸울 것이다."고 말하게 할 정도로 경신년 왜구의 전력은 막강한 것이었다. 그리고 이러한 이성계의 명령에 장병들은 감동해 용기백배하여 결사적으로 싸웠지만 "적들 또한 마치 땅에 심은 듯이 물러나지 않았다."고 한 것처럼 경신년 왜구는 죽음도 불사하는 용맹한 장병들로 구성되어 있었다.

경신년 왜구와의 전투에 관한 사료의 서술을 이성계의 용맹함을 조선 건국 이후에 앙양하려는 정치적 의도가 깔려 있다고 생각할 수도 있을 것이다. 그런데 이성계가 왜구와 싸웠던 다른 사례를 보면 모두 다 신기(神技)에 가까운 그의 활솜씨를 지나칠 정도로 서술하고 있다. 예를 들어 투구를 백 수십 보 떨어진 곳에 두고 활을 쏘았는데 세 번 다 맞추었다고 한다. 또는 그가 쏜 화살 한 개가 사람과 말을 함께 꿰뚫었다는 등과 같은 식이다. 그런데 이처럼 적과의 싸움에서 자신감에 넘치는 이성계가 경신년 왜구와 싸울 때에는 "적과 싸우다가 죽겠다."고까지 말했다. 물론 이 역시 그의 용맹성을 돋보이게 하기 위한 수사

법이라고 생각할 수도 있다. 그렇지만 이 말은 그가 당시 정말 죽을 위기에 처했다고 느끼고 발설한 것으로 생각하게 한다. 왜냐하면 적의 장수가 창을 가지고 바로 이성계의 등 뒤로 달려오는 위기에 처했지만 그는 이 사실을 몰랐고 이두란이 적장을 쏘아 쓰러트려 겨우 무사할 수 있었기 때문이다. 또 이성계가 탄 말이 왜적이 쏜 화살에 맞아서 두 번이나 쓰러졌고 한번은 왜적이 쏜 화살이 그의 다리에 명중해 피를 흘리는 등, 과거의 어떤 전투에서도 경험하지 못한 위기에 처했다. 이처럼 이성계가 왜구와 싸웠던 다른 사례와 비교해보더라도 경신년 왜구는 이전의 왜구 집단과 확연하게 구별되는 뛰어난 전투 수행 능력을 지니고 있었음이 확인된다.

여덟 번째, 경신년 왜구의 강인한 생존능력을 지적할 수 있다. 1380년 8월, 황산 전투에서 살아남은 왜구의 패잔병들은 그해 겨울을 지리산에서 보내고 그다음 해 4월에 광주의 무등산에 들어온다. 무등산 규봉사의 바위 사이에 목책을 세우고 이을진이 이끄는 토벌대와 싸운다. 이 전투에서 살아남은 적들은 바다로 도주해 작은 배를 훔쳐 타고 숨었다. 이에 나공언이라는 자가 쾌속선을 타고 이들을 쫓아 모두 죽이고 13명을 붙잡았다. 이처럼 이들은 강인한 생존능력을 보였다. 그리고 적지에서 그것도 약 1년 가까운 장기간에 걸쳐서 생존할 수 있었다는 점에서 경신년 왜구의 뛰어난 생존 능력을 엿볼 수 있다.

그런데 규슈 남조의 핵심 무장집단인 기쿠치씨의 무력 역시 이들 경신년 왜구와 유사한 특징을 지니고 있었다.

첫째, 엄정한 부대 기강이다. 당시 무사들은 전황이 불리하다고 판단하면 간단히 아군을 배반하고 적에 가세하는 것이 일반적인 풍조였다. 그런데 기쿠치씨는 1335년 아시카가 다카우지의 군대와 싸워 패하고 아군 진영이 붕괴되어 총퇴각하는 상황 속에서 총사령관인 닛타 요시사다가 기쿠치씨에게 적의 추격을 저지하는 역할을 맡겼다. 이는 기쿠치씨의 충성심과 엄정한 기강을 요시사다가 신뢰하고 있었음을 잘 보여준다.

둘째, 총대장의 귀족적 성격이다. 남북조 내란기 규슈 지역에는 다수의 남조계 왕족들이 체재하고 있었고 이들은 규슈 무사들을 결집시키는 구심점과 같은 역할을 하였다. 예를 들면 1359년 8월, 오호바루 전투에서 가네요시 왕자는 전투에 참가해 중상을 입고 사경을 헤매기도 했었다. 정서부는 남조의 왕자가 지휘하는 전투 집단이었다.

셋째, 강력한 무장을 갖추고 있었다. 기쿠치 시내의 기쿠치 신사에는 '기쿠치 센본야리(千本槍)' 중 일부로 전해지는 몇 자루의 창이 전시되어 있다. 이는 다수의 창을 활용한 집단 창술 전법을 가리키는 것으로 기쿠치씨의 특유의 전술을 상징하는 말이기도 했다. 또 기쿠치씨는 아주 견고한 갑옷으로 무장하고 있었다. 『태평기』에는 다음과 같은 서술이 보인다.

기쿠치가 입고 있는 갑옷은 이 전투를 위해 완력이 센 병사가 화살을 쏘더라도 관통되지 않는 재료를 사용해 만든 것이어서 아무리 강한 활을 쏘는 무사라 하더라도 화살 한 개도 관통되지 않았다.

기쿠치 일족이 적을 능가하는 강력한 무장을 갖추고 있었음을 엿볼 수 있다.

넷째, 뛰어난 전투 수행 능력이다. 『태평기』에 다음과 같은 서술이 있다.

기쿠치히고노카미(菊池肥後守) 다케미쓰(武光)와 아들 히고지로 (肥後次郎)는 정서장군궁(征西將軍宮)이 부상을 당했을 뿐 아니라 공경(公卿)과 덴조비토(殿上人)와 닛타씨 일족들도 다수 전사한 것을 보고 "무엇 때문에 죽기를 꺼려하겠는가? 평소 주종 간에 맺은 약속이 거짓이 아니라면 나를 따르는 병사들은 한 명도 남지 말고 전사하라."고 병사들을 격려하며 자기는 곧바로 적진을 향해 달려갔다.

말은 화살을 맞아서 쓰러져도 말에 탄 기쿠치는 부상을 당하지 않았다. 그래서 말을 갈아타고 적진을 향해 달려가 17번이나 돌격해갔다. 기쿠치는 투구가 깨져 땅에 떨어지고 관자놀이를 칼로 두 번 맞았다. 하마터면 죽을 뻔 했는데 무토신사에몬(武藤新左衛門)과 말을 나란히 해 달리다가 그를 껴안고 땅으로 떨어졌다. 그리고 무토의 목을 칼로 벤 뒤 칼 끝에 꿰고 그 투구를 손에 잡아 자기가 쓰고 적의 말을 빼앗아 타고 또다시 적진을 휘저으며 돌격해 들어갔다. 도주하는 적을 맹렬하게 추격해 쫓아버리고 이제 막 한 숨 쉬었다.

이상과 같이 죽음을 두려워하지 않는 용감한 대장과 그의 뛰어난 무예 실력 그리고 부하 장병들과의 굳건한 관계 등이 기쿠치씨의 탁월한 전투 수행 능력을 뒷받침하고 있었다.

다섯째, 신속한 전술 이동능력이다. 오호바루 전투 당시 기쿠치씨는 아소 다이구지(阿蘇大宮司)와 쇼니씨(少貳氏)의 작전에 말려들어서 오쿠니(小國, 구마모토현 아소시)에서 포위당할 뻔 했다. 그런데 기쿠치씨는 아소 다이구지가 퇴로를 차단하기 위해 쌓은 9개의 성을 차례로 공격해 함락시키면서 신속히 통과해 무사히 귀환할 수 있었다.

여섯째, 강한 공격 지향성이다. 기쿠치씨는 소수의 병력으로 다수의 적과 싸우기를 마다하지 않았다. 1359년 8월의 오호바루 전투에서

적 쇼니 요리히사가 이끄는 6만의 병력에 대하여 아군은 8천의 병력으로, 그리고 1362년 9월의 분고(豊後)의 초자바루(長者原) 전투에서는 적 7천에 아군 5천이라는 병력으로 싸웠다. 이러한 기쿠치씨의 전술은 아군의 예상되는 피해를 개의치 않고 적의 본진을 공격하는 것이었다.

일곱째, 장병들의 용맹성이다. 『태평기』에서는 기쿠치씨의 죽음을 두려워하지 않는 용맹함을 중국의 전설적인 자객에 빗대어 칭송하고 있다. 그리고 기쿠치씨의 제17대 가독인 기쿠치 다케마사(菊池武政)는 자신이 제정한 가훈에서 "무사 가문에 태어난 이상, 장검과 칼을 쥐고 죽는 것은 당연한 것이다. 항상 무사로서 걸어야 할 길을 잘 생각한다면 무사다운 죽음은 쉽지 않은 것이니 마음속에 잘 새겨두는 것이 중요하다."고 강조하고 있다. 1330년대 말 이후 대세는 이미 북조의 우세가 결정적이었다. 그런 가운데 오직 규슈에서만 남조의 우세가 유지될 수 있었던 주요한 이유 중 하나는 정서부를 지탱한 기쿠치씨의 군사적 능력, 그중에서도 강인한 정신력에 입각한 장수와 병사들의 용맹함을 들지 않을 수 없다.

여덟 번째, 뛰어난 생존 능력이다. 기쿠치씨는 경신년 왜구에 못지 않은 뛰어난 생존 능력을 지니고 있었다. 기쿠치씨에는 하자마가와(迫間川)가 조성하는 계곡을 따라서 일족의 산성들이 배치되어 있어서 전세가 불리해지면 이 계곡으로 숨어들어 위기를 벗어난 뒤 다시 전열을 정비해 공세에 나서곤 했었다. 그들이 북조 세력과의 결전에 패하여도 쉽게 항복하지 않고 끈질기게 싸움을 이어갈 수 있었던 데는 산악에서의 장기간에 걸친 생존 능력에 의존한 바가 컸다고 할 수 있다.

이상과 같이, 경신년 왜구와 기쿠치씨의 무력을 비교해보면 양자는 다음과 같은 공통점이 확인된다.

첫째, 엄정한 기강을 지니고 있었다.

둘째, 총대장이 귀족적인 성격을 지니고 있었다.

셋째, 강력한 무장을 갖추고 있었다.

넷째, 신속하고 뛰어난 전술 이동 능력을 지니고 있었다.

다섯째, 공격 지향적이었다.

여섯째, 부하 장병들이 용맹하였다.

일곱째, 강인한 생존 능력을 지니고 있었다.

여덟째, 종합적으로 뛰어난 전투 수행 능력을 지닌 무력집단이었다.

이처럼 경신년 왜구는 규슈 남조의 핵심 무장 세력인 기쿠치씨와 아주 많은 유사한 특징을 지니고 있었다.

그런데 1380년 당시 기쿠치씨는 한반도에 침구해야 할 상황에 처해 있었다. 그 침구 배경을 살펴보자. 경신년, 즉 일본의 북조 연호로는 고랴쿠(康曆) 2년(1380, 庚申)에 해당하는 데 이해의 6월 14일에 규슈탄다이 이마가와 료슌이, 규슈 최남단 오스미노쿠니(大隅國)의 호족(豪族) 네지메 히사키요(禰寢久淸)에게 보낸 편지를 보면, 료슌은 다카키(高來)와 아마쿠사(天草) 지방의 수군 세력이 지니고 있는 배를 빼앗기 위해 자기 아들과 세토나이카이(瀨戶內海)의 해적 두목 미타라이야쿠시(御手洗藥師)로 하여금 병력을 이끌고 현지에 가도록 했는데 일대의 배들이 고랴쿠 2년(1380) 6월 2일에서 6월 14일 사이에 어디론가 사라졌다는 내용이 기재되어 있다.

이 배들이 같은 해(1380) 7월 을미일에 고려의 서주(西州, 충남 서천군)의 진포구에 500척이나 되는 대 선단으로 침구해 온 것이다. 다카키는 오늘날의 나가사키현 시마바라(島原) 반도 일대이며 아마쿠사는 구마

아리아케카이에서 바라 본
시마바라 반도의 운젠다케의 모습

시마바라 반도의
이와토야마 절벽에 있는 다이치 석상

모토현 아마쿠사 열도이다. 이 두 지역은 좁은 해협을 사이에 두고 서
로 밀접한 관계를 유지해왔다. 그리고 이 두 지역은 규슈 지방 최대의
내해(內海)인 아리아케카이(有明海)를 둘러싸고 있다. 또 '아리아케카이'
에서 먼 바다(外海)로 나아가는 통로(通路)에 위치하고 있어서, 수상(水
上) 교통의 요충지였다. 즉 시마바라(島原) 반도의 남쪽 끝에 위치한 구
치노쓰(口ノ津)와 아마쿠사의 시모지마(下島) 사이의 하야사키(早崎) 해
협을 통해 지지와나다(千々石灘)로 나와 니시소노키(西彼杵) 반도의 끝에
위치한 노모자키(野母崎)를 돌아 나오면 바로 동북쪽에 고토렛토(五島列
島)가 나타난다. 고토렛토에서 이키노시마(壹岐島)를 거쳐 쓰시마까지
오면 바로 한반도가 눈앞에 펼쳐진다. 아니면 고토렛토에서 곧 바로
북상하더라도 한반도의 남해안이다.

정서부의 본거지는 기쿠치 분지에 있었다. 이 분지에서 흘러나오는 기쿠치가와(菊池川)는 규슈의 내해(內海)인 아리아케카이로 흘러들어간다. 이 아리아케카이의 출입구에 위치하고 있는 것이 다카키(시마바라 반도)와 아마쿠사 열도이다. 따라서 정서부가 요시노에 있는 남조 조정과 연락을 취하기 위해서는 아리아케카이의 제해권 장악이 필수 불가결했다.

그런데 다카키·아마쿠사 지역의 수군 세력은 '아리아케카이'에서 외해(外海)로 나가는 출입구에 위치하고 있기에, 이 두 지역이 북조의 영향 아래에 놓이게 되면 정서부는 바다를 통한 외부와의 연락이 차단당한다. 그리고 아리아케카이의 제해권을 상실하면, 기쿠치에 본거지를 둔 정서부는 소금 공급을 차단당하게 된다. 기쿠치는 가마쿠라 시대 이래로, 아마쿠사 지방에서 소금을 공급받고 있었다.

그래서 정서부의 핵심 세력 기쿠치씨(菊池氏)는 이 두 지역을 장악하기 위해 주력을 기울여왔다. 1372년에 새로 규슈탄다이로서 현지에 부임한 이마가와 료슌도 아들인 요시노리(義範)를 남조의 강력한 지반이었던 다카키군에, 요리야스(賴泰)를 다카키군의 북쪽에 위치한 소노키(彼杵) 군에 파견했다. 규슈 남조의 중심 지역이라 할 수 있는 히고(肥後) 지방을 공격하기 위해서는 그 배후 지역인 시마바라의 남조 세력을 격파해야 했다.

아마쿠사 지역 또한 남조 세력의 지반이었다. 아마쿠사 지역은 아마쿠사 시모지마(天草下島)의 북반부 거의 대부분을 지배하고 있던 시키씨(志岐氏)와, 시모지마의 남부에서 시키씨와 대립항쟁하고 있었던 아마쿠사씨(天草氏)의 지류(支流)인 코오치우라씨(河內浦氏)가 대표적인 호족이었다. 코오치우라씨는 점차 세력을 키워나가 아마쿠사씨를 칭하

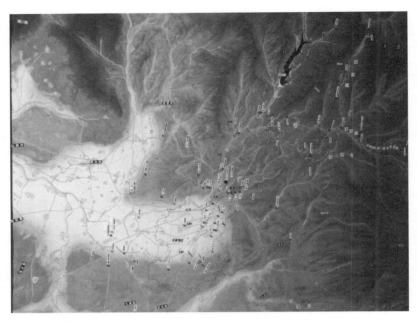

기쿠치 분지의 모습

게 되었다. 이들 두 호족은 기쿠치 다케미쓰(菊池武光)가 규슈 지역을
평정하자, 기쿠치씨와의 결합을 강화해갔다. 특히 아마쿠사 다네쿠니
(天草種國)는 기쿠치가와 하구에 위치한 다마나(玉名)의 기쿠치씨가 세
운 선종 사찰 고후쿠지(興福寺)에 기진장(寄進狀)을 제출해, 매년 일정량
의 쌀을 절에 바칠 것을 약속하고, 만약 바치지 못할 경우에는 다네쿠
니(種國)의 영지(領地) 중 일부를 기진하겠다고 맹세했다.

이처럼 남북조 시대의 다카키 · 아마쿠사 지방은 '아리아케카이'의
출입구에 위치하고 있었기에 정서부와 규슈탄다이에게는 전략적인 요
충 지대였던 것이다.

그러면 료슌이 다카키와 아마쿠사 지역의 남조의 수군들은 어떠한

상황 속에서 고려의 금강 하구까지 오게 되었을까? 경신년의 전년인 우왕 5년(1379) 가을, 당시 규슈 정세는 획기적인 전환점을 맞이하고 있었다. 당시 상황을 이해하기 위해 료슌이 규슈탄다이로 부임한 이후, 최초로 기쿠치에서 정서부를 포위했던 시점(1375년 7월)부터 이후 1380년 6월까지의 규슈 정세를 간단히 살펴보자.

1375년 9월 료슌은 히고(肥後)의 미즈시마(水島)에서 쇼니 후유스케를 살해한 것이 원인이 되어 적의 본거지에 대한 공격을 앞두고 내부 분열이 일어나 철군하게 된다. 그 뒤 1376년에 주고쿠(中國) 지방[1]에서부터 료슌을 지원하기 위해 병력이 규슈에 도착하자, 1377년 정월 13일에는 사가현(佐賀縣) 사가시(佐賀市)의 교외에 있는 치후(千布)·니나우치(螺打) 전투에서 벌어진 전투에서 료슌은 대승(大勝)을 거둔다. 그러자 료슌은 또다시 6월에 정서부의 본거지 히고(肥後)[2]의 기쿠치(菊池)[3]를 향해 전진한다. 그렇지만 1378년 9월 29일의 다쿠마가하라(詫摩が原)[4] 전투에서 기쿠치 다케토모(菊池武朝)가 이끄는 정서부의 군대에 패한다. 그러나 다음 해인 고랴쿠 원년(1379) 6월 18일에 료슌은 마침내 부대를 이끌고 기쿠치(菊池) 분지의 입구에 위치하는 고시(合志)의 이타이하라(板井原)에 도착해 진을 친다.

그리고 1379년 7월 17일에 료슌은 기쿠치씨와 더불어 히고의 양대 호족인 아소신궁(阿蘇神宮)의 대궁사(大宮司) 아소 고레무라(阿蘇惟村)에게 편지를 보낸다. 그 내용을 살펴보자.

---

1) 오늘날의 야마구치현과 히로시마현 일대.
2) 오늘날의 구마모토현 일대.
3) 오늘날의 구마모토현 기쿠치시 일대.
4) 오늘날의 구마모토 시내.

기쿠치의 입구에 진을 치고 있으며, (중략) 진노조(陳の城)와 구마
메노조(くま目の城), 기노조(木野城) 등에는 병량미가 없을 시기이므
로, 이 성들의 통로를 차단하고 있으면 성이 함락될 것이라고 여기고
엊그제부터 기쿠치의 아나가와(あな川)의 위에 성을 쌓았던 터이라,
기노조 이하 여러 성들을 함락하는 것은 문제가 없을 것이다.[5]

여기서 보듯이 료슌은 적의 병량이 떨어지는 것을 노리고 있었다.
그리고 이어서 약 한 달 뒤인, 8월 13일자에 료슌이 아소 고레무라에게
보낸 서신에는 "규슈 남조 세력이 모두 다 기쿠치에 모여 있으며 이제
얼마 지나지 않아 규슈의 내전이 끝날 것이다."[6]라고 하고 있다. 그렇
지만 8월 22일자 료슌의 아소 고레무라에게 보낸 편지에는 "기쿠치
남쪽의 남군(南郡)에서 남조의 부대를 견제해줄 것을 요구"하고 있다.[7]
이러한 상황 속에서 주목되는 것이 같은 해(1379) 9월 6일에 작성된 이
마가와 료슌의 서신 사본(今川了俊書狀寫)이다.

　　(전략) 산넨다(三年田)라는, 기노조(木野城)를 마주보고 있는 곳에
　　엊그제부터 성을 만들어서 분고(豊後) 지방에서 온 부대(豊後勢)를
　　배치하였다. 그리고 미즈시마(水島)의 옛 성에도 하루 이틀 내에 성
　　을 쌓아 히젠(肥前) 지방에서 온 부대(肥前勢)를 배치할 것이다. 이렇
　　게 여기 저기 많은 곳에 성을 쌓아서 내년의 농사를 짓지 못하도록
　　해야 할 것이다. 기야마(木山)와 고시(合志) 쪽은 남군(南郡)에서 가
　　까우니 당신이 잘 처리해주면 좋겠다.[8]

---

5) 「今川了俊書狀寫」, 『肥後阿蘇家文書』, 『南北朝遺文』 九州編, 5550호.
6) 위의 책, 5553호.
7) 위의 책, 5556호.

250　왜구, 고려로 번진 일본의 내란

가고시마현 네지메초 소재 네지메씨 누대의 묘

　이는 고랴쿠 원년(1379) 9월 6일자, 료슌이 아소 다이구지(阿蘇大宮司) 고레무라(惟村)에게 보낸 서신이다. 여기서 주목하고 싶은 것이 바로 "여기 저기 많은 곳에 성을 쌓아서 내년의 농사를 짓지 못하도록 해야 할 것이다."라는 부분이다. 료슌은 고랴쿠 원년(1379) 7월부터 기쿠치 일대 정서부의 성 주변에 성을 쌓고 농사를 짓지 못하게 한 뒤, 적의 병량미가 소진되기를 기다리는 작전[9]을 쓰기 시작한 것이다. 그리고 다음 해인 고랴쿠 2년(1380) 6월 2일에 료슌은 규슈의 남쪽 끝에 위치하는 오스미(大隅) 지방을 근거지로 하고 있던 네지메씨(祢寝氏)의 가독인 네지메 히사키요에게 보낸 편지에서, 다카키(高來)와 아마쿠사(天草) 일대의 배를 빼앗기 위해 아들과 해적 두목을 보냈다고 쓰고 있는데, 이 무렵은 전년도(1379) 가을부터 지속되어 왔던 "효로제메"의 효과가 서서히 나타나고 있던 시기라고 할 수 있다.

---

8) 위의 책, 5558호.
9) 이를 일본에서는 '효로제메(兵糧攻め)'라고 한다.

이러한 료슌의 "효로제메" 전략을 무산시키기 위해서 정서부는 기쿠치 분지 일대를 포위하면서 농사를 방해하고 있던 료슌의 부대를 물리치고 농사를 짓든지, 아니면 따로 외부에서 병량미를 마련해 와야 했다. 그런데 료슌이 규슈 전 지역에서 우세를 점하고 있던 당시, 포위당한 채 농성 중인 정서부가 다량의 병량을 확보하기란 쉽지 않았다. 그런데 료슌에게 남조 수군의 배를 빼앗기지 않으면서도 동시에 다량의 병량을 단기간에 확보할 수 있는 방법이 있었다.

그것은 이 배를 가지고 고려에 가서 병량을 약탈해 싣고 오는 것이었다. 다카키와 아마쿠사의 남조 수군들이 1380년 7월초에 금강 하구의 진포구에 나타난 것은 바로 이러한 일본 국내의 정세를 배경으로 하고 있는 것이었다.

진포구에 집결해 있던 〈경신년 왜구〉의 선박이, 고려군의 화포 공격을 받고 불탔을 때, 본진(本陣)은 이미 충청북도 옥천이라는 내륙 깊숙한 곳까지 와 있었을 정도로, 곡식을 약탈하고 사람을 납치하고자 하는 그들의 욕구가 아주 절실하였음을 알 수 있다. 사료는 "곡식을 그 배에 운반하느라고 땅에 쏟아진 쌀이 한 자 부피나 되었다"고 기록하고 있다.(『고려사절요』 제31권, 우왕 6년 8월조.)

료슌이 아들과 해적 두목 미타라이야쿠시(御手洗藥師)를 다카키와 아마쿠사에 파견해 남조 수군의 배를 몰수하려고 했던 것은 이들이 병량을 조달하기 위해 고려로 침구해가는 것을 막기 위한 것이었다.

막부가 특별히 료슌을 규슈탄다이에 임명한 것은, 바로 공민왕 15년(1366)의 왜구 금압을 요구하는 사절의 일본 내왕이 그 계기가 되었다. 즉 그때까지 10년 동안 방치 상태와 다름없었던 정서부 세력에 대해 막부가 적극적인 군사 공세를 취하기 시작한 것은, 과거 여몽 연합군이 침공해온 것처럼 고려나 원(명)이 왜구를 빌미로 해서, 또다시 자국을 침공할지도 모른다는 위구 때문이었다. 그리고 우왕 원년(1375)에 왜구 금압을 요구하기 위해 일본에 왔던 나흥유(羅興儒)가 다음 해 귀국한 뒤, 우왕 3년(1377) 6월에 안길상이 그리고 우왕 3년(1377) 9월에는 정몽주(鄭夢周)가 파견되는 등, 고려 조정과 료슌 사이에는 왜구 금압을 둘러싸고 외교 교섭이 활발하게 전개된다. 그 결과 료슌은 구체적으로 언제 어떻게 소탕 작전을 전개하겠노라며 고려에 알리기도 하고, 또 휘하 병력을 파견해 고려군과 연합해 왜구를 무찌른다. 이처럼 우왕 초년대의 고려와 일본 양국은 왜구 토벌을 위해 외교·군사적 협력을 강화해가고 있었다. 이러한 맥락에서 생각할 때, 1380년 6월초에 료슌이 아들과 해적 두목을 다카키와 아마쿠사에 파견한 것은 이들 지역의 남조 수군들이 병량 확보를 위해 고려로 침구해가는 것을 미연에 방지하기 위한 것이었다고 생각한다.

이처럼 료슌은 왜구를 금압하기 위해 정서부와 쇼니씨 세력에 대한 공격을 강화했는데, 여기에는 또 다른 문제가 수반되었다. 그것은 소위 '풍선 효과'라고 할 수 있는 것으로, 한쪽을 누르면 다른 한쪽으로 풍선이 삐져나오는 것처럼, 정서부에 대한 군사 공격을 강화하면 할수록 병량미 확보를 목적으로 하는 왜구의 침구 또한 활발해진다는 것이었다. 따라서 당시 료슌은 정서부를 토벌하면서 동시에 왜구의 침구를 막아야 한다는 어려운 문제를 안고 있었다.

그런데 문제는 정서부가 막부에 대한 군사 대항을 완전히 포기할 때까지 그 군사력과 저항 의지를 분쇄해, 제압해야만 왜구의 금압도 비로소 가능해진다는 것이었다. 이러한 사실은 "규슈만 평정된다면 해적은 금지시킬 수 있을 것임을 하늘과 태양을 두고 맹세 한다."고 나흥유가 귀국할 때 전달한 막부 쇼군의 편지에서 서술한 것과도 상호 부합된다.

따라서 료슌의 입장에서는 남조 수군들이 외부에서 병량미를 수송해오는 것, 다시 말해 병량미를 구하기 위해 고려나 중국으로 침구하는 것, 즉 "왜구화(倭寇化)"되지 않도록 해야 했다. 또한 "기쿠치에 대한 봉쇄는 그 외곽 지역인 '아리아케카이'에 대한 봉쇄"라는 이중의 잠금장치에 의해 비로소 완성되는 것이었는데, 이는 왜구 선박에 대한 "해안 봉쇄"의 의미도 겸하는 것이었다.

이상의 내용을 다시 정리하면 다음과 같다. 고려 말 왜구는 경인년에 시작해 삼십일 년째가 되는 경신년(1380)에 큰 전기를 맞이한다. 경신년 왜구는 고려 말 왜구 중 최대 규모로 수개 월 동안 고려 내륙을 전전하면서 온갖 만행을 저질러 고려 사회에 막대한 인적 물적 피해와 공포를 안겨다 주었다.

이 경신년 왜구의 실체는 다카키와 아마쿠사 일대의 규슈 남조(정서부)의 수군이었다. 자기들의 본거지인 기쿠치 분지 일대가 규슈탄다이 이마가와 료슌의 북조군에 의해 포위당한 상태에서 료슌이 다카키와 아마쿠사 일대의 남조 수군의 배를 빼앗고자 한 것에 대응해 선박을 대피시키고 또 한편으로는 병량을 얻기 위해 고려에 침구해온다. 그런 그들이 고려에서 전멸당하고 말았다. 그로부터 약 1년 뒤, 고려에서 병량을 가지고 귀환해올 것을 기대하고 있던 기쿠치 일대의 남조 병력은 마침내 2년 가까이 이어온 농성을 풀고 자기들 본거지를 떠나야만 한다. 이후 정서부의 군사 활동은 크게 약화된다. 왜구도 1383년을 피크로 격감한다. 규슈의 반란 세력들이 활동에 필요한 상당 부분의 병량을 한반도에서 확보하고 있었던 것인데 이제 고려군과 일본 막부(북조)군의 양동작전(陽動作戰)으로 규슈의 반란 세력(정서부와 쇼니씨 등) 즉 왜구들은 더 이상 설 자리를 찾기 어려워져 갔다.

요시노(吉野) 깊은 산속에서 오직 규슈에서의 정서부의 군사적 승리만을 유일한 미래의 희망으로 여겨왔던 남조 조정에게 더 이상의 항전은 의미를 찾기 어렵게 되었다. 1392년, 60여 년 동안 이어져 왔던 남북조 내란은 마침내 이제 그 막을 내리게 된다.

제4부

동아시아 국제 질서의 동요와

고려 말 왜구

제1장
팍스 몽골리카와 왜구

1. 팍스 몽골리카의 성립과 왜구의 공백기

고려 말 왜구를 동아시아 국제 질서의 변동이라는 보다 큰 관점에서 생각해보자. 팍스 몽골리카를 "몽골(원) 제국의 군사력을 바탕으로 성립, 유지되어온 동아시아 국제 사회의 평화와 안정"이라고 정의하고 왜구 문제를 생각하면 다음과 같이 정리할 수 있다. 우선 〈팍스 몽골리카의 성립〉과 왜구의 공백기의 관련이다.

'해적'으로서의 왜구라는 단어가 최초로 역사상에 등장하는 것은 『고려사』 고종(高宗) 10년(1223)이다. 즉 "왜가 금주(金州)에 침구하다."라고 보이는데 여기서 금주란 오늘날의 김해를 가리킨다. 이후 몽골과 고려 연합군이 일본으로 침공해가기 전인 원종(元宗) 6년(1265)까지 약 11차례 사료상에서 왜구의 침구가 확인되는 데 이 기간 중에 발생한 왜구를 소위 고려 말의 왜구와 구별하기 위해 '13세기 왜구'라고 하자.

이 13세기의 왜구가 발생하고 있던 기간 중에도 고려는 사절을 일본에 파견해 항의했지만 왜구는 완전히 금압되지 않았다. 그런데 여몽 연합군의 일본 침공을 전후하여 경인년(1350)에 다시 왜구들이 침구해 오기까지 약 80여 년 동안 왜구는 사료에 거의 등장하지 않게 된다. 이 기간을 '왜구의 공백기'라고 하자. 이 13세기의 왜구와 고려 말 왜구의 양자(兩者) 사이에는 왜구의 규모, 빈도, 활동 지역과 행동 등에 있어서 큰 차이가 보인다. 그런데 이러한 왜구의 공백기가 나타난 이유는 일본 침공으로 인해 몽고, 고려와 일본 사이에 군사적 긴장관계가 고조되었기 때문이었다. 즉 일본의 가마쿠라 막부는 서쪽 지방의 해적들을 단속해 수군으로 편성한 뒤 여몽 연합군의 재침에 대비했고 이것이 해적들의 활동을 억제하는 이유가 되었다. 그리고 이러한 군사적 긴장관계는 1320년대까지 이어졌다.

여몽 연합군의 일본 침공이 초래한 군사적 긴장관계가 13세기의 왜구를 금압하게 했으니 이는 달리 말하자면 몽골의 군사력으로 평화가 찾아왔음을 의미하는 것이다. 즉 〈팍스 몽골리카〉가 성립되었다고 할 수 있다.

2. 팍스 몽골리카의 동요와 고려 말 왜구

팍스 몽골리카의 동요란 몽골(원) 제국의 통치가 동요하기 시작하면서 이와 함께 동아시아 국제 사회의 평화와 안정도 흔들리기 시작하는 것을 의미한다. 그 기간은 대략 1348년부터 시작되는 소위 "한인군웅(漢人群雄)"들의 거병과 1369년의 원(元)의 도주(逃走)까지로 볼 수 있다.

한인군웅의 난으로 원나라 말기의 중국대륙은 바야흐로 군웅들이 할거하는 무대로 변해갔다. 공민왕 3년(1354)에 고려는 원나라가 양쯔

중국 소주(蘇州) 시내에 있는 장사성의 묘

중국 남경에 있는 주원장의 묘 - 효릉

주원장의 초상화

강 하류에 위치한 양주(楊州)의 고우성(高郵城)에서 반란을 일으킨 장사성(張士誠)에 대한 토벌전에 참전한 것을 계기로 하여 원나라의 쇠락을 확인하게 된다. 그리고 이어서 공민왕 5년(1356)에 마침내 1세기에 달하는 원의 간섭과 수탈에서 벗어나기 위한 반원자주개혁(反元自主改革)을 단행하기 시작한다.

이러한 고려 공민왕의 반원 개혁에 대하여 원나라 조정은 자국 내의 한인 군웅들의 반란 때문에 적극적으로 대응할 여유가 없었다. 왜구에 대해서도 마찬가지였다. 이처럼 고려 말 왜구는 대륙에서 원나라의 통치가 동요되기 시작했다는 정세 변동과 밀접한 관련이 있다. 홍무(洪武) 2년(1369) 2월 명나라 태조 주원장은 일본에 사신을 파견해 왜구 금압을 요구하면서 다음과 같이 지적하고 있다.

신묘(1351년, 홍건적의 거병) 이래, 중원(中原)이 소란스러운 가운데, 왜인들이 산동(山東)을 침구하는 것은 호원(胡元)의 세력이 쇠퇴한 틈을 노린 것에 지나지 않다.
　　　　　　　　　　　　　　　－『명태조실록』 홍무 2년 2월 6일조.

당시 왜구의 침구 원인을, "호원(胡元) 세력이 쇠퇴한 틈" 즉 〈팍스 몽골리카〉의 동요에서 구하고 있었음을 알 수 있다. 고려 역시 공민왕의 반원개혁이 초래한 원과의 긴장관계 때문에 왜구 문제에 대하여 처음부터 적극적으로 대응해나갈 수 없었다. 고려는 원, 명과 각각 국경이 닿아 있어서 왜구에 대한 근본적인 조치를 취하지 못하고 있었다. 당시 고려의 가장 중차대(重且大)한 국가적 과제는 바로 원(元)의 쇠퇴와 명(明)의 홍기(興起)에 어떻게 대응해 왕조 사직을 보전해 나갈 것인가, 라는 소위 '북방 정책'이었다. 이를 위해 고려는 모든 국력을 집중시켜 북쪽 국경을 지켜야 했고 수시로 침구해 오는 왜구에 대해서는 근본적인 대책을 강구하지 못하고 임시방편의 미봉책(彌縫策)으로 일관하기만 했다.

경인년(1350) 이후의 왜구에 항의하는 외교사절을 파견한 것도 공민왕 15년(1366)이 처음이었다. 이는 왜구의 침구가 시작된 지 무려 17년

만의 일이었다. 그러던 사이에 왜구의 침구 지역과 규모 그리고 빈도
는 점점 더 확대되어가, 1370년대에 들어오면서부터는 단순한 해적의
문제를 초월해 국가의 존립을 좌우하는 문제가 되어 가고 있었다. 팍
스 몽골리카의 동요는 고려 말에 다시 왜구가 침구해 오게 하는 원인이
되었다.

3. 팍스 몽골리카의 붕괴와 왜구의 발호

팍스 몽골리카의 붕괴는 주원장이 원의 대도(大都, 北京)를 점령한
1369년부터 북으로 도주한 원의 조정(北元)을 완전히 멸망시킨 1388년
까지의 약 20년 동안의 기간에 해당한다. 이 기간 동안의 명제국은
건국 직후였기 때문에 국가 체제가 아직 확립되지 않았다. 명나라는
이 기간 중에 고려와 일본에 대하여 왜구 금압을 요구하는 외교적인
압력을 가해왔지만, 명 스스로 왜구에 대하여 강력하고 직접적인 군사
조치를 취하기는 어려웠다.

그런데 왜구에 의한 피해는 중국보다 지리적으로 일본과 더 가까운
고려가 훨씬 심각했고 따라서 원의 대도(大都, 北京)가 함락되기 전부터
고려는 일본에 금왜를 요구하는 사절을 파견해 외교적 압력을 가했다.
이러한 고려 조정의 대 일본 외교는 주효했다. 무로마치 막부는 이마
가와 료슌(今川了俊)이라는 막부의 특급 인물을 1371년에 새로운 규슈
탄다이에 임명해 다음 해(1372)부터 현지에 부임해 정서부와 격전을 치
르기 시작한다.

료슌의 대(對) 정서부 전쟁이 시작된 1372년을 기준으로 하여 전후

각 10년씩, 기간을 나누어 왜구가 침구한 지역수를 표로 만들어 보면 다음과 같다.

〈표〉 10년을 단위로 한 각 기간별 왜구의 침구 상황

	기간	지역 수(%)
1	1352~1361	66(11.7%)
2	**1362~1371**	**37(6.5%)**
3	1372~1381	299(52.9%)
4	1382~1391	163(28.8%)

이 〈표〉를 보면, 소위 정서부의 황금시대(1362~1371), 즉 규슈 지역에 이렇다 할 내전이 발생하지 않고 정서부의 지배로 비교적 안정적이었던 기간 동안에 왜구가 침구한 지역은 총 37곳으로, 이는 전체의 약 6.5%에 불과하다. 반면에 막부의 새로운 규슈탄다이 료슌이 규슈 현지에 부임함으로써 남조와 북조 간의 전투가 격렬해지는 1372년 이후부터 내전이 절정에 도달하는 81년까지의 시기는 왜구의 침구 지역이 무려 299곳으로 전체의 52.9%나 된다. 이것은 〈경인(년) 이후의 왜구〉의 침구가 북규슈 지역의 군사 정세와 불가분의 관계에 있었음을 보여준다. 또 팍스 몽골리카의 동요기(1350~1369)의 20년 동안을 붕괴기(70~91)의 22년 동안과 비교해보면 더욱 확연해진다. 왜구 침구 지역이 각각 동요기(116)와 붕괴기(468)로, 붕괴기가 동요기에 비해 4배 이상이나 많다. 원이 멸망해 아직 명의 중원 통치가 확고하게 기초를 내리기 전인 붕괴기에 명과 고려의 일본에 대한 왜구 금압 요구는 한층 더 거세졌고 이에 따라 막부가 규슈 남조에 대한 군사 작전을 강화함으로써 왜구의 침구도 격증하였음을 위의 〈표〉가 잘 보여주고 있다.

제2장
원명의 교체와 고려의 왜구 대응

1. 홍건적 및 한인군웅의 난

고려 말 왜구의 침입은 직접적으로는 일본 국내 정세의 혼란 때문이었지만, 그 원인을 더 깊게 생각하면 팍스 몽골리카의 동요와 관련이 있다. 즉 1320년대에 들어와 몽골족이 세운 원(元) 제국의 통치가 동요하기 시작하면서 동아시아 국제 질서에도 그 영향이 나타나기 시작한다. 우선 원 제국의 군사력과 경제력에 의해 유지되어 왔던 동아시아 국제 사회의 평화가 가장 외곽에 위치한 일본에서 우선 큰 사회적 변동이 일어난다. 즉 고다이고 천황의 가마쿠라 막부의 타도와 남북조 내란의 발발이 그것이다.

그리고 이어서 원 제국의 내부에서도 본격적인 붕괴가 시작된다. 14세기 중반에 접어들면서 시작하는 농민 반란이다. 이후 원제국은 급격하게 중국대륙에 대한 통제력을 상실하게 된다. 이들 한인 반란군을 한인군웅(漢人群雄)이라고 한다. 그 수가 한때 백 여에 달하였다가 점차 강력한 몇몇 군웅으로 통합되어 갔다. 그중에서 세력이 큰 것으로 강

남의 해상을 장악하고 소금 상인들(鹽商)을 기반으로 가장 먼저 일어난 방국진, 1351년 하북성 영평에서 일어난 한산동, 그리고 유복통의 홍건적. 포목상 출신으로 강남에서 일어난 서수휘와 같은 계열의 명옥진, 진우량 등이 있었다. 그리고 안휘성에서 일어난 곽자흥과 강소성의 염상(鹽商)을 규합하여 일어난 장사성 등이 있었다.

이상과 같은 한인군웅의 난 중에서 고려의 국내 정세와 왜구 대응에 영향을 미친 것이 장사성의 난이었다. 공민왕 3년(1354), 원나라가 양자강 일대의 고우현(高郵縣, 楊州市)에서 일어난 장사성의 난을 진압하기 위해 100만 대군을 동원하였는데 이때 고려에 대해서도 참전을 요구했다. 이에 고려 조정은 약 3만여 명의 군대를 파견했다. 그러나 반란 진압은 실패했고 이 원정에 참가했던 최영 등 고려 장수들의 귀국 보고를 통해 공민왕은 원의 쇠락과 대륙 정세를 확인할 수 있었다. 그러자 마침내 공민왕은 1356년, 반원자주개혁(反元自主改革)을 단행하여 1세기에 이르는 원의 간섭과 수탈에서 벗어나고자 했다. 이렇게 되면서 고려는 왜구 문제보다도 북쪽 국경에 대한 방어를 더 우선시하게 되었다.

이러한 한인군웅의 난을 최종적으로 통일한 것이 주원장이다. 그는 1364년에 응천부(남경)에서 오왕(吳王)을 칭하며 국가의 체제를 갖춘다. 이어서 1367년에 이르러 방국진과 장사성까지 평정하고 다음 해(1368) 명을 건국하고 북벌을 시작하여 산동, 하남을 거쳐 원의 대도(大都, 북경)를 함락한다. 명의 북벌군에 쫓긴 원의 순제는 상도(上都)로 도망갔다가 다시 응창까지 쫓겨 가 원의 순제는 그곳에서 사망하고 태자(기황후 소생)가 즉위하는데 이 사람이 북원(北元)의 소종이다. 소종은 몽골 초기의 도읍인 화림으로 피하여 남은 명맥을 이어간다. 명은 중국의 새 주인이 되었으며 운남과 요동을 제외한 전 중국을 장악할 수 있었다. 중국 본토 장악에 성공한 명은 여세를 몰아 요동 경략에 착수한다. 요동에는 명에 적대적인 북원 잔여세력이 할거하고 있어서 명의 영향력이 미치지 못하고 있었다.

요동의 북원 잔여세력 중에 가장 강력한 세력은 나하추였다 건국 초, 명은 소종이 이끄는 북원 본거지와 운남 등지를 공략하는데 치중하였으므로 요동은 주된 공격 목표에서 벗어나 있었다. 그런데 나하추는 공민왕 22년(1373)에는 명의 요동 경략의 전진기지 우가장을 공격하여 군량미 10만여 석을 불태우고 명군 5천여 명을 살육하였다.

명의 요동경략은 건국한 지 4년째인 홍무 4년(1371)부터 시작되었지만, 나하추 등의 세력에 비해 열세에 있었다. 명이 요동 공략에 본격적으로 나서는 것은 우왕 11년(1385)이었다. 명은 우왕 13년(1387) 20만 군을 동원하여 나하추를 공격하여 항복을 받아낸다. 여세를 몰아 이듬해에는 소종의 아들이 이끄는 북원의 본거지를 토벌하여 10만여 명을 포로로 잡는데 성공한다. 이로써 요동의 북원 잔여세력이 철저히 무너졌을 뿐 아니라 북원까지 완전히 제압하고 명은 중국 통일을 완수할 수 있었다.

2. 육전론과 수군 재건론

경인년 왜구가 침구해오기 시작한 지 약 1년여 뒤에 즉위한 공민왕은 곧바로 적극적으로 왜구에 대응하기 시작한다. 그러나 얼마 되지 않아 공민왕이 반원자주개혁(反元自主改革)을 시작하면서 국방의 중심은 왜구에서 북쪽 국경 지대로 옮겨가게 되었다. 한반도의 남북에서 동시다발적으로 전개되는 군사적 위기에 동시 대응할 수 있는 여유가 없었기 때문이다. 그 결과, 공민왕 즉위 초의 각오와 달리, 고려는 왜구에 대하여 적극적으로 대응할 수 없었다.

왜구에 대한 본격적이고 적극적인 대응은 경인년에 왜구가 쳐들어온 지 23년이나 지난 공민왕 22년(1373) 10월경에 수군을 재건하면서 시작된다. 그렇지만 이때까지 고려가 아무런 대책도 없이 왜구 문제에 수수방관만 한 것은 아니었다. 고려는 왜구의 침구 빈도와 규모에 따라서 대응의 강도와 방법을 바꾸면서 다양한 대응책을 꾸준하게 강구하고 시도하였다. 여기서 왜구 침구의 단계를 보자.

〈표〉 목은 이색에 의한 고려 말 왜구 침구의 세 단계

단계	이색의 구별	시기(년)	특징
1	밤에 해안에 상륙해서 몰래 도둑질하는 수준.	1350~71	밤에 침구해 낮에는 도주함.
2	약탈한 뒤 바로 철수하지 않고 대낮에 평원을 떠돌며 고려군과 전투를 벌이는 수준.	1372~75	고려군과 왜구가 매년 연속적으로 육상에서 전투를 전개함.
3	마치 고려를 점령하려는 수준.	1376~80	수도권 해역에서 대규모 왜구의 침구가 연속적으로 전개됨.

왜구의 침구 빈도와 침구 양상의 변화에 따라 고려 조정의 대응도 변해갔다. 제1단계의 왜구 대책은 소극적이며 방어적인 것으로 외교적 대응이 주류였고 2단계는 구체적이며 적극적이고 또한 실효성이 있는 대책을 수립하고 추진해갔다. 3단계는 공격적이며 수군 중심적인 대책과 아울러 군사 외교도 활발하게 전개해 실효를 거두고 있었다. 이

러한 사실은 경인년 이후 점점 본격화되어가는 왜구들에 대해 고려 조정이 수수방관만 하고 있었던 것이 아니라, 적극적이고 현실적인 대응을 취하고 있었음을 보여준다.

고려 조정이 취한 왜구 대책 중에서 결과적으로 왜구 금압에 가장 효율적인 군사 대책은 화포를 함선에 선적해 왜구의 선단을 해상에서 격퇴하는 것이었다. 그런데 해상에서 적극적으로 왜구와 싸울 것을 건의한 것은 공민왕 원년(1352), 목은 이색이었다. 그런데 실제로 수군을 재건하기 시작한 것은 그로부터 21년째인 공민왕 22년이었다. 이색 이외에도 우현보와 최영, 이희, 그리고 정준제(정지)와 같은 인물들을 수군 재건론자로 들 수 있다.

그러면 왜 공민왕 22년이 될 때까지 고려는 바다에서 적극적으로 왜구를 막으려 하지 않았을까? 그것은 이미 언급한 것처럼 북방 중시 정책으로 왜구까지 신경을 쓸 여유가 없었기 때문이었다. 그러나 그 외에도 다른 이유가 있었다. 그것은 조정 내의 수군 재건에 반대하는 여론이 있었기 때문이었다. 이는 '반(反) 수군 재건론' 또는 '육전론(陸戰論)', 즉 육지에서 왜구와 싸워야 한다는 주장이다. 이런 주장을 한 대표적인 인물이 김속명(?~1386)이었다. 그는 공민왕의 어머니 명덕태후의 외척출신으로 공민왕과 우왕 조정에서 비중 있는 인물이었다. 그는 국정에 임함에 있어서 사심이 없었고 옳다고 판단한 일에는 목숨을 걸고 최고 권력자라고 할지라도 바른 말하는 것을 꺼리지 않았다. 그런 그가 대사헌에 임명된 것은 당연하다고 할 수 있다. 그렇다면 그의 '반수군 재건론' 주장도 합리적인 근거가 있었을 것이다.

그런데 경인년 이후 수군 재건이 본격화되기 시작하는 공민왕 22년 10월 이전까지의 기간 중 거의 대부분은 왜구 침구의 제1단계(1350~

1371)에 해당한다.

그렇지만 이 단계에서도 고려는 왜구에 대한 군사적인 공격을 가하고 있었으며 따라서 그러한 군사적 대응에는 나름대로의 일정한 원칙이나 한계 같은 것이 있었다. 그것이 곧 '반 수군재건론'이요 '육전론'이었다. 이러한 주장이 힘을 얻게 된 데에는 공민왕 13년(1364) 당시 고려가 겪었던 주요 군사적 사건과 관련이 있다. 이해는 고려가 남북으로 이민족의 군사적 침공을 받았던 때였다. 즉 공민왕의 왕위를 빼앗기 위해 원나라의 지원을 받은 최유가 왕족 덕흥군을 앞세워 압록강을 건너 쳐들어온 것을 비롯해, 왜구들이 대거 경상남도 일대와 충청도의 내포(內浦, 서산·태안·당진 일대)와 이작도(인천시 옹진군 자월면)를 침구해온 것이다. 특히 이해 3월에 있었던 이작도 해전에서 고려는 당시 최정예 부대가 왜구의 유인 작전에 속아 참패를 당하고 말았다. 이어서 4월에도 전라도 도순어사 김횡이 이끄는 고려군이 왜구와 해전을 벌여서 병력의 절반을 잃는 대패를 당했다. 연이은 왜구와의 해전에서 두 번 다 참담한 패배를 당한 고려 조정의 충격과 실망은 엄청났다. 그런데 그로부터 불과 한 달이 지나 기대하지 않았던 대승(大勝)을 알리는 승전보가 전해졌다. 이해 3월 15일에 경상도 도순문사에 부임한 지 불과 2개월밖에 지나지 않았던 김속명이 왜구 3천 명을 진해현(창원시 마산구 진동면)에서 공격해 대파하는 큰 승리를 거둔 것이다. 이 전투는 왜구의 숫자가 구체적인 인원으로 확인되는 사례 중 가장 최대 규모로 왜구를 격파한 사건이다.

공민왕의 기쁨은 특별했고 그래서 김속명과 휘하 장병들에게 관작과 후한 상을 내렸다. 그리고 왜구에 대한 경비를 소홀히 한 책임을 물어 최영을 해임하고 그 자리에 대신해서 김속명을 동서강도지휘사

(東西江都指揮使)에 임명했다.

　이해 1월 1일부터 5월까지 고려는 원나라 군대와 여진족, 왜구와 여러 차례 전투를 치렀다. 그런데 왜구와의 두 차례 해전에서 참패한 것만 제외하고 육상전투에서는 모두 5번 싸워 4번을 이겼다. 이 4번 승리한 것 중에 왜구와의 진해현 전투도 포함되어 있다. 다시 말해 왜구와의 3차례 전투 중 2번의 해전에서는 참패했지만 육상 전투인 진해현 전투에서는 왜구를 대파했던 것이다.

　고려는 이작도와 내포 해전에서의 패전 이후 왜구와의 해전을 피하고 대신에 왜구가 육지에 상륙하기를 기다려 지상에서 싸우는 것으로 방침을 정한다. 진해현 전투 당시, 김속명이 취한 전술은 왜구들의 상륙 예상지점 일대에서 진을 치고 경계하고 있으면서 왜구들이 상륙해 미처 전투태세를 갖추지 못한 틈을 타서 기습 공격하는 것이었다. 이러한 전투 방법은 일정한 성과를 거두었던 것도 사실이다. 예를 들어 공민왕 23년(1373) 홍사우가 구산현에서 왜구 수백 명을 참수한 것이라든지 우왕 3년(1377) 우인열이 사불랑송지(삼랑진읍 송지리)에서 야밤에 정예 기병 500을 보내어 왜구들을 공격하게 한 것, 박위가 정탐활동을 통해 정보를 입수한 뒤 매복하고 기습 공격을 가해서 왜구를 격파한 사례 등을 들 수 있다. 이러한 고려군의 전술은 전투 현장과 그 인근 지역에 대한 지리 및 지형적 조건을 숙지해 신속하게 움직일 수 있는 기동력을 갖추고 있었기에 가능한 것이었다.

　그런데 이 육전론이 지닌 한계는 분명했다. 그것을 보여주는 사건이 공민왕 21년(1372) 10월에 있었던 왜구의 침공이었다. 즉 왜선 27척이 양천(서울 양천구 일대)에 들어와 3일을 머무르고 있어서 여러 장수들이 병사를 이끌고 싸웠지만 고려군은 모두 육상 병력이었기에 수전에 익숙하지 못해서 크게 패한 것이었다. 그런데 이 공민왕 21년은 이색이 말한 왜구 침구의 제2단계, 즉 '왜구들이 약탈한 뒤에도 바로 철수하지 않고 대낮에 평원을 떠돌며 고려군과 전투를 벌이는' 상황이었다. 즉 육전론의 전제 조건이 변한 것이다. 제1단계에서는 왜구들이 약탈이 끝나면 곧바로 자기 나라로 돌아갈 뜻을 가지고 있었지만 이제는 그렇지 않게 된 것이다. 더욱이 바다의 배 위에서 머무르고 있어서 바다 위의 왜구를 육지에서 공격할 수는 없는 노릇이었다. 더 나아가 왜구들은 한강을 거슬러 올라와 양천까지 침구해왔다. 그런데 이러한 사태는 이미 공민왕 원년(1352)에 이색이 예언한 바 있었다. 즉 바다를 지키지 않으면 왜구들이 고려가 겁먹었다고 여기고 마음대로 쳐들어올 것이니, 고려가 바다에서 싸우는 것은 왜구들이 마음대로 고려를 침구할 수 없게 하기 위한 것이라고 주장한 것이다.

어쨌든 왜구들이 양천에 침입해 고려군을 격파한 것은 고려 조정에 또 다시 수군 재건 논쟁을 일으켰다. 즉 이 해전으로 왜구와 해전을 벌여서는 안 된다는 기존의 고정관념을 재확인시켰다는 것과 정반대로 수전에 익숙한 수군이 없어서는 왜구를 막을 수 없다는 주장이다. 김속명과 같은 육전론자들이 수군 재건에 반대하는 이유는 왜구들과의 수전에서 고려군이 이길 수 없다는 것, 그런데도 배를 건조하면 백성들만 함선 건조 작업에 동원되어 이중으로 괴롭힐 뿐이라는 것이었다. 실제로 공민왕 22년(1373) 10월, 최영을 육도도순찰사(六道都巡察使)에 임명해 전함을 건조하게 했다. 그러자 당시 대사헌이었던 김속명은 최영의 임명을 반대하다가 해임당하고 만다. 최영은 배 2천 척을 건조해서 6도의 군사들이 배를 타고 왜구를 공격하도록 했던 것인데, 이 소식을 들은 많은 백성들이 이를 꺼려해서 도망하는 등 큰 혼란이 일어난 것이다. 이런 와중에 검교중랑장 이희와 정준제가 바닷가에서 살고 있거나 지원자 중에서 배를 잘 조종할 줄 아는 사람들을 수군으로 삼아 왜적들을 공격하겠노라는 건의를 해서 채택되었다. 즉, 최영이 무리한 정책을 추진하려고 하자 대사헌 김속명이 이를 반대해 최영의 탄핵을 건의했다가 오히려 파면당하고, 그 뒤에 정준제의 건의가 채택되는 과정을 거친 것이었다. 김속명의 최영 임명 반대가 결과적으로 보다 현실적인 정책을 이끌어 내는 계기가 된 것이었다.

물론 단순히 함선을 건조하고 배를 잘 조종할 줄 아는 사람들로 하여금 수군으로 충당한다고 해서 왜구들과 해전에서 이길 수 있게 된 것은 아니었다. 왜구와의 해전에서 싸워 이길 수 있는 특단의 새로운 대응(예를 들어 화약 무기의 활용 등과 같은)과 해전에 대비한 훈련과 경험이 요구되었다. 뱃멀미를 하지 않는 등 선상(船上) 활동에 익숙한 것과 선상에서 적을 무기로 살상하는 능력은 차원이 다른 문제였기 때문이다. 이러한 문제는 최무선의 화약과 화약 무기 개발 노력, 그리고 홍무제의 특별 명령에 의한 지원 등으로 해결된다.

김속명의 '반 수군 재건론' 또는 '육전론' 주장은 이후에도 집요하게 이어졌다. 그러나 그의 반대에도 불구하고 화약 무기를 활용한 왜구 대책은 점차 자리를 잡아가고 있었다. 우왕 4년(1378) 4월에는 수군만이 아니라 수도 개경과 지방 각 사원에 화통방사군을 배치해 왜구의 침입에 대비하게 한다. 그리고 같은 해 8월 배극렴은 실제로 화포를 가지고 경상남도 통영시 욕지도에 침구한 왜구에 대한 공격을 시작한다. 이어서 같은 8월에 목인길이 경기도 일대의 섬 지역의 왜적을 수색해 토벌하는 작전이 시작되었다. 14년 전 이작도 해전에서의 참패에서 얻은 트라우마를 마침내 극복하고 고려군이 전함을 타고 적극적으로 여러 해도(海島)의 왜구들을 수색하는 공격적인 작전에 나서기 시작한 것이다. 이어서 마침내 우왕 6년(1380) 8월에 금강 하구 진포구에서 왜구의 500척 대선단을 화포공격으로 불태워버리는 엄청난 전과를 거둔다. 진포구 전투 이후, 왜구들은 자기들 배를 고려 연안에 예전처럼 장기간 정박시켜 놓았다가는 고려군의 화포 공격으로 일본으로 돌아갈 배를 잃어버릴 위험에 직면할 수도 있음을 깨닫게 되었다. 이후 더 이상 왜구들은 대규모 선단을 이끌고 한반도의 중부 서해안 지역에 장기간 배를 정박시켜 놓고 마음대로 내륙 깊숙이 들어와 약탈할 수 없게 되었고, 실제로 그러한 침구 형태는 사라지게 되었다.

그리고 우왕 9년(1383) 5월, 정지 장군이 남해 관음포 해전에서 화포 공격으로 왜구들의 배를 불태우고 승리한다. 그 뒤, 왜구들은 남해안 지역에 대한 침구를 회피하고 경인년 이후 거의 볼 수 없었던 동해안 지역에 대해 집중적으로 침구하기 시작한다. 이처럼 고려 수군의 화포 공격은 왜구의 침구 지역과 침구 형태에 큰 변화를 불러왔다. 그리고 마침내 우왕 말년 경이 되면 왜구 대책은 수군 중심의 공격적인 내용으로 완전히 변하게 된다.

3. 왜구 금압을 위한 고려의 외교적 노력

1) 공민왕 15년(1366)의 금왜사절 파견

원명 교체기의 혼란이 초래한 국제 정세의 변동은 고려 조정의 왜구 대응에 큰 영향을 미치게 되었다. 고려는 경인년(1350)에 왜구가 시작된 이래 17년째가 되어서야 비로소 처음으로 일본에 왜구 금압을 요구하는 사절을 파견했다. 그때까지 일본에 사절을 파견해 항의하지 않았던 것은 왜구보다도 북방 문제가 더 심각하고 중요했기 때문이었다. 그런데 공민왕 15년(1366) 8월이 되면 원나라는 멸망 직전의 상황까지 몰려서, 더 이상 고려의 내정에 관여할 여력이 없게 되었다. 물론 그렇다고 해서 고려 북방의 대외관계가 안정적이었던 것은 아니었다.

공민왕 15년의 사절 파견은 원명 교체기에 일시적으로 나타난 고려 북방 국경 지대에서의 소강상태 속에서 추진된 사절 파견이었다. 고려는 일본에 대하여 약 1세기 전에 있었던 여몽 연합군의 일본 침공을 상기시킴으로써 막부로 하여금 왜구를 금압하도록 하였다. 고려는 우선 금왜요구가 원나라 황제의 뜻인 것처럼 꾸몄다. 일본에 보낸 국서에 "황제의 명령에 따라서"라는 거짓 문구를 첩장에 삽입한 것이다. 그리고 일본이 금왜를 위해 적절한 조치를 취하지 않을 경우에는 군사 행동도 불사하겠다고 엄포를 놓았다. 그럼으로써 약 백 년 전의 몽고와 고려 연합군의 침공이 초래한, 한동안 잊고 있었던 공포심과 위기의식을 다시금 상기시킨다는 교묘한 심리 전술을 활용했다.

이러한 공민왕 15년의 금왜사절 파견은 일본의 막부로 하여금 10년 넘게 남조의 수중에 들어가 있던 규슈 지역에 대한 군사 토벌을 진지하게 생각하게 하는 계기를 만들었다. 그리고 그 결과, 이미 시부카와 요시유키(澁川義行)라는 인물을 규슈탄다이로 임명하기로 예정되어 있었는데 이를 막부의 일급 인물인 이마가와 료슌(今川了俊)으로 대체하였다.

이마가와 집안은 쇼군 아시카가 집안의 일족(一族)이었다. 료슌은 자기 소령(所領)이 있는 도토미노쿠니(遠江國)의 슈고(守護)였으며 또 조치(貞治) 5년(1366) 41살 때에 '사무라이도코로(侍所)'로서 교토의 치안유지를 책임지고 있었다. 사무라이도코로는 '야마시로노쿠니(山城國)'의 슈고(守護)를 겸임했는데 수도인 교토는 이 야마시로노쿠니에 속해 있다. 료슌은 히키스케(引付) 도닌(頭人, 장관)이기도 했다.

막부의 조치는 비단 료슌이라는 특급 인물을 임명한 것에 그치지 않고 주고쿠(中國) 지방의 다이묘(大名)들로 하여금 그를 지원하는 체제를 갖추게 했다. 이러한 막부의 정책 변화를 이끌어 낸 것이 바로 공민왕 15년의 금왜사절의 파견이었다. 금왜사절의 파견은, 왜구 문제를 방치할 경우 100여 년 전의 몽고와 고려 연합군의 침공이 재연되어 일본이 멸망할지도 모른다는 위기의식을 막부로 하여금 갖게 했다. 그리고 막부는 규슈 지역의 반란을 진압하는 것이 왜구 문제의 근본적인 해결책이라고 여기고 있었기에 이들에 대한 공격을 개시한 것이다.

이처럼 공민왕 15년의 금왜 사절 파견은 소강상태에 있었던 남북조 내란을 단숨에 급진전시키는 큰 효과를 가져왔다. 그리고 새로운 규슈 탄다이 료슌을 중심으로 한 막부의 대대적인 규슈 남조에 대한 공세가 예상되는 가운데, 정서부의 가네요시 친왕은 예전에 명나라의 사절을 살해하던 강경한 태도에서 갑자기 태도를 바꾸어 명에 조공을 바치고 외교관계를 맺게 된다. 이러한 그의 태도 변화의 배경에는 바로 료슌의 규슈탄다이 임명과 그를 통한 막부의 적극적인 규슈 개입이라는 정세 인식의 변화가 있었다. 이처럼 일본 정국의 급변은 바로 공민왕 15년의 금왜사절의 파견이 초래한 것이었다. 이렇게 볼 때 공민왕 15년 당시 금왜사절의 파견은 소강상태에 있었던 남북조 내란을 단숨에 급진전시키는 원동력이 되었다고 할 수 있다.

2) 우왕 원년(1375) 나흥유의 일본 사행

공민왕 15년의 일본 사행의 결과, 왜구는 약 일 년 십 개월에 걸쳐서 침구해오지 않게 된다. 막부가 쓰시마에 대하여 왜구를 금압할 것을 강하게 지시한 결과였다. 그러나 약 일 년 십 개월이 지나, 왜구가 또다시 침범해오자, 우왕은 공민왕 15년 이후 10년 만인 원년(1375)에 나흥유(羅興儒)를 사절로 임명해 파견하기로 결정한다. 나흥유는 일본에서 약 22개월 동안 체재하면서 사절로서의 임무를 수행한다. 그리고 고려로 귀국할 때에는 10년 전과 달리 일본 막부의 반첩을 가지고 돌아온다. 그 반첩 안에는 규슈에서 20년 전에 반란이 일어나 아직까지 이를 진압하지 못하고 있으며 이러한 혼란의 틈을 타고 서쪽 해안가 지방의 완고한 백성들이 고려를 침구하는데 조정에서 장수를 파견해 반란을 진압하기 위해 싸우고 있으니 이 반란만 진압되면 해적들이 고려로 쳐들어가지 못할 것임을 하늘과 태양에다가 맹세한다는 막부의 해명이 적혀 있었다.

그리고 경상도 진주 출신의 일본 승려인 양유(良柔)를 나흥유가 귀국할 때 함께 보내어 일본 국내의 상황을 더욱 상세하게 고려 조정에 알리면서 고려와의 우호 관계 수립을 희망해왔다. 이러한 나흥유의 일본 사행의 성과를 정리하면 다음과 같다.

첫째, 나흥유 일본 사행의 목적은 왜구 문제의 해결을 위한 것이었지만 약 1세기 전에 있었던 여몽 연합군의 일본 침공이 유발했던 양국 간의 군사 외교적 긴장관계를 해소하고 오랫동안 단절되었던 양국 간의 통교를 재개하는 돌파구 역할을 했다.

둘째, 나흥유의 귀국 이후에 추진된 안길상과 정몽주의 사행에서 보듯이, 왜구 발생의 현장이라 할 수 있는 규슈를 구심점으로 하는 새롭고 실질적인 통교 시스템을 구축하는 데 결정적인 역할을 했다.

셋째, 고려 조정이 왜구 침구의 원인이 되는 일본의 내부 사정을 정확하게 파악하는 계기가 되었다.

넷째, 나흥유의 귀국 이후, 추진된 려일 양국 간의 관계 회복은 당시 북쪽 국경 지역에서 원과 명 양측으로부터 군사적인 위협 하에 놓여있던 고려 조정에게 있어서 남쪽으로부터의 일본의 군사적 침공 위협에서 해방시켜줌으로써 크나큰 안도감을 가져다주었다. 그 결과 고려는 1384년 이후 국방력을 북쪽에 집중시킬 수 있게 되었다.

3) 왜구 금압을 위한 공민왕의 대명(對明) 외교

왜구를 금압하기 위한 고려의 외교적 노력은 일본에 대해서만 이루어진 것은 아니다. 당시 왜구들은 중국 대륙에까지 침구하고 있었고 명의 홍무제는 즉위하자마자 곧바로 일본에 왜구 금압을 요구하는 사절을 파견했다. 그리고 고려에 대해서도 왜구들이 한반도를 거쳐서 중국으로 오니, 고려가 이를 중간에서 방어할 것을 요구해 왔다. 그런데 명의 고려에 대한 왜구 금압 요구는 또 다른 측면이 있었다. 당시 공민왕은 원나라가 북으로 도주한 뒤, 압록강 북쪽의 요동 지방을 이성계로 하여금 군대를 이끌고 공략하게 하는 등, 명나라로서는 심상치 않은 행동을 보이고 있었다. 명으로서는 고려가 북원(北元)과 손잡고 명에 대항하게 될 것을 우려하고 있었다. 그래서 더더욱 홍무제는 요동 지방에 대한 고려 조정의 행동을 견제하였고 고려에 대하여 요동 지방에 대하여 딴 생각을 품지 말고 왜구에 대하여 더욱 더 방어를 강화하

경상북도 영천에 있는 정몽주 동상

정몽주 유허비 – 정몽주 선생의 효도를 기리기 위해 하사한 비로 孝子里라고 적혀있다.

라는 요구를 한다.

공민왕은 이러한 홍무제의 요구에 부응하면서 한편으로는 왜구 금압에 명나라에 대하여 화약과 화포 지원의 필요성을 역설한다. 나날이 심각해지는 왜구의 침구를 물리치기 위해서 고려는 해상에서부터 적극적으로 왜구와 싸워야 했는데 그러기 위해서는 화약과 이를 활용한 무기가 반드시 필요했다. 그 필요성을 일찍 인식하고 있던 최무선은 나름대로 화약 개발에 힘썼지만 왜구와의 해전에 실효가 있는 화약 무기를 개발하는 것은 한계가 분명했다. 고려의 화약 및 화약 무기 지원요구에 대하여 명나라 중서성은 이를 거부했으나 홍무제가 특별히 명령을 내려 조건부로 고려의 요구를 들어줄 것을 지시한다. 『세종실록』에는 공민왕 당시 고려의 화약과 화포 지원 요청을 홍무제가 받아들이고 실행에 옮겼다고 기록되어 있다.

제3장

고려와 명의 대일 외교 압력과
일본의 대응

　우왕 원년(1375) 나흥유의 일본 사행은 당시 일본의 무로마치 막부에
큰 충격을 주었다. 나흥유의 일본 사행에 대하여 막부는 10년 전과 달
리 적극적인 자세로 대응했다. 예를 들어, 공민왕 15년에 사절로 파견
된 김일이 귀국할 때, 무로마치 막부는 고려가 보낸 외교문서인 첩장
에 대한 답신을 보내지 않았다. 그런데 나흥유가 귀국 때에는 반첩(返
牒)을 보내고 있다. 그리고 반첩에서 왜구 침구의 배경에 대해서도 상
세하게 서술하고 있다. 예를 들어 10년 전 김일이 왔을 때는 막연하게
'규슈 해적들의 소행으로 형벌을 가할 수 없다.'고 했을 뿐이었다. 그런
데 나흥유의 경우에는 왜구가 발생하고 있는 배경 즉 일본의 국내 정세
를, 그것도 20여 년 전에 규슈에 반란이 발생해 아직도 이를 진압하지
못하고 있다는 국가 기밀이라 할 수 있는 정보를, 고려가 물어보지도
않았는데도 밝히고 있다. 그리고 이에 대한 막부의 대책(조정에서 장수
를 파견해 토벌하고 있다고 하는)을 알리고, 규슈의 치안만 회복하면 해적
은 확실하게 금압될 것임을 하늘과 태양에 두고 맹세한다, 고 했다.[1]

"하늘과 태양에 두고 맹세한다(誓天指日)."고 하는 표현에서 막부의 절실하고도 강력한 의지를 느낄 수 있다.

또 김일의 경우와 달리, 나흥유 때에는 고려 출신의 일본 승려 양유를 고려에 보내고 있다. 이는 일본의 국내 정세에 대하여 훨씬 더 구체적인 정황을 전달하기 위한 것이었다.

이처럼 나흥유가 귀국할 때에는 10년 전의 김일이 귀국할 때보다도 훨씬 더 강한 적극성을 보이고 있다. 그 이유는 나흥유가 일본에 오기 직전에 있었던 명나라와 막부와의 교섭에 있었다. 즉, 나흥유가 일본에 가기 약 10개월 전, 명나라 홍무제가 파견한 사신들이 일본에 체재하고 있었다. 그들은 원래 막부가 아니라 막부의 적인 정서부의 가네요시(懷良) 왕자에게 파견된 사절들이었다. 즉 홍무제는 왜구를 금압하게끔 하기 위해 가네요시 왕자를 일본 국왕에 책봉하는 사절을 파견한 것이었는데 이들이 규슈탄다이 료슌에게 잡혀버린 것이다.

명나라 사절들을 체포해 심문한 결과, 료슌은 가네요시 왕자가 홍무제로부터 일본국왕에 책봉된 사실을 알게 되었고 이것은 막부와 료슌으로 하여금 엄청난 충격을 안겨다 주었다. 즉 자칫하면 왜구 금압을 명분으로 내세워 가네요시 왕자가 명이라는 거대한 외세를 끌어들일 수 있게 되었음을 의미하는 것이었다. 당황한 막부는 명에 사절을 파견하지만 명의 홍무제는 막부의 쇼군 아시카가 요시미쓰를 외교 교섭의 대상자, 즉 '일본 국왕'으로 인정하지 않았다. 그리고 여전히 가네요시 왕자를 일본 국왕으로 인정했다. 이런 상황에 나흥유가 또다시 왜

---

1) 「其國僧周佐寄書曰, 惟我西海道一路九州亂臣割據, 不納貢賦, 且二十餘年矣, 西邊海道頑民觀隙出寇, 非我所爲, 是故朝廷遣將征討, 架入其地, 兩陣交鋒, 日以相戰, 庶幾克復九州, 則誓天指日, 禁約海寇」『고려사』권133, 열전 제46, 우왕2년 10월조.

명나라 초기 수도인 남경 궁궐의 정문인 우먼

구 금압을 요구하기 위한 사절로 일본에 온 것이었다.

　명나라 사절들이 귀국한 지 불과 수개 월 만에 나흥유가 왜구 금압을 요구하는 사절로 오게 되자, 료순은 크게 당황한다. 왜냐하면 고려에 대한 왜구 문제는 이미 해결된 것으로 여기고 있었기 때문이었다. 나흥유의 도일(渡日)은 바로 얼마 전에 있었던 명나라 사절의 방일에 더해져 큰 충격을 일본 측에 안겨주었다. 명의 홍무제가 막부의 쇼군이 아닌 적대자인 가네요시 왕자를 여전히 일본국왕으로 인정하고 있는 상황에 만약 고려마저도 가네요시 왕자의 정서부를 일본의 공권력으로 인정한다면 막부는 외교적인 고립을 면할 수 없게 될 것이었다.

　막부의 권력자들은 위기의식에 사로잡히게 되었다. 그리고 그들에게 있어서 '위기'란 단순한 외교적 고립만 의미하는 것이 아니었다. 고려가 만약에 막부가 아닌 정서부와 외교적 관계를 수립하게 된다면, 막부는 정서부(남조), 명 그리고 고려라는 거대한 외세가 가세한 연합 세력과 싸워야 한다. 이는 지금까지의 남조에 대한 우세가 역전(逆轉)될 뿐 아니라 더 나아가 일본 열도가 이민족에게 점령당할 수도 있음을 의미하는 것이었다.

막부가 이러한 고립무원(孤立無援)의 상황에서 벗어나기 위해서는 반드시 고려를 붙잡아야 했다. 그리고 고려와 신뢰를 기반으로 하는 우호관계를 구축해야 했다. 이러한 절박한 위기의식은 나흥유의 귀국 때에 전달한 슈사(周佐, 실제로는 쇼군 足利義詮)의 서신[2]에 절실하게 드러나고 있다. 그것은 막부가, 약 1세기 전에 몽골과 더불어 두 차례 일본을 침공한 고려에 대하여, 스스로 규슈에서의 반란을 아직 진압하지 못하고 있으며 이것이 왜구 발생의 배경임을 솔직하게 고백했던 것이다.

이러한 고백은 당시 아직 안정적인 외교관계를 수립하지 못하고 있었던, 과거에 자국을 침공해왔던 적대국 고려가 알게 되었을 때, 국가적인 위기를 초래할 수도 있었다. 그런데 고려가 막부에 대하여 물어보지도 않았는데 막부는 이러한 일급 국가 기밀을 털어놓으면서까지 고려와 우호관계 수립을 원했다.

막부가 고려와의 확고한 우호관계를 구축하기 위해서는 왜구 문제 해결에 최대한 성의를 보여야 했고 또 그것은 구체적인 행동과 납득할

---

2) 이는 『고려사』 권제133, 열전 권제46, 우왕 3년 9월조에 "지금 대장군의 글을 보니 매우 정성스럽고"라고 되어있는데 여기서 대장군의 글이란 나흥유의 귀국 시에 지참하였던 덴류지 주지 슈사의 서신을 가리킨다. 즉 고려 조정도 명목상으로는 슈사가 쓴 서신이지만 실제로는 대장군 즉 세이이다이쇼군(征夷大將軍) 아시카가 요시아키라(足利義詮)의 글이었음을 알고 있었다.

만한 성과를 수반하는 것이어야 했다.

이렇게 되자, 당시 막부에게 왜구 문제보다 더 중요한 과제는 없게 되었다. 이제 규슈에서의 전투는 '일본 국왕'의 지위를 확보하기 위한 것으로 그 성격이 변했다. 누가 왜구를 금압하는가, 하는 것은 누가 일본 국왕이 되는가, 라는 것과 동일한 의미였다.

막부는 왜구 문제를 해결하기 위한 열쇠는 내란 상태에 있는 규슈 지역의 치안과 질서를 회복하는 것에 있다고 여겼다. 즉 규슈의 반란 세력인 쇼니씨와 규슈 남조(정서부)를 군사적으로 제압하는 것이 무엇보다 급선무였다. 그리고 막부에게 있어서 규슈 장악은 60여 년 동안 지속되었던 남북조 내란을 종식시킬 수 있는 전제조건을 의미했다. 왜냐하면 요시노(吉野) 산악지대에서 겨우 연명하고 있던 남조의 조정의 유일한 희망이 규슈에서의 남조의 우세였기 때문이다.

다시 말하면, 당시 막부에게서 왜구 문제의 해결은 규슈의 반란 세력의 진압을 전제로 하는 것이었으며 또 이는 남북조 내란의 종식으로 귀결되는 것이었다. 그런데 규슈를 장악하기 이전에 만약 정서부가 명은 물론 고려까지 끌어들여 막부를 공격해온다면 그것은 막부에게 파국을 의미했다.

이처럼 중요한 왜구 문제를 실제로 해결해야했던 것이 왜구 발생의 현장인 규슈에서 현지의 군사 및 외교를 책임지고 있던 규슈탄다이 이마가와 료슌이었다. 료슌은 막부 요인에 어울리는 출신 즉, 아시카가 쇼군의 방계 친족에 해당하는 명문 출신으로, 무인(武人)으로서뿐 아니라 와카(和歌)와 렌가(連歌)의 연구 및 작시(作詩)에서도 뛰어난 재능을 발휘한 인물이다. 그런데 이러한 그가 문무를 겸비한 인물로 성장할 수 있었던 것은 선(禪)과 유교를 학습했기 때문이었다. 당시의 선학(禪學)의 풍조는 유선일치론(儒禪一致論)을 내용으로 하는 것으로 료슌의 참선은 유교, 즉 송나라의 성리학을 의미했다. 따라서 료슌의 정치이념은 그러한 유교의 학습에 의해 명확한 형태를 갖추어갔다. 그는 유교적 가치관인 충효를 일신에 겸비한 인물이었다.

1371년 2월 19일에 교토를 떠나 규슈 부임길에 오른 료슌이 당시의 사정과 자신의 결의를 『난타이헤이키(難太平記)』[3]에 다음과 같이 쓰고 있다.

> 쇼군(將軍) 요시미쓰에 대해서는 특별히 친하지도 정(情)이 있는 것도 아니지만 아시카가 쇼군 집안을 위해서는 더욱 더 나(私)를 잊고 충절을 다해야 한다고 생각하고 있었으며 우선 서국(西國)을 평정해야 한다는 명령을 받았기 때문에 일가친척 수백 명을 죽게 만든 결과가 되어버린 부임길에 오른 것이었다. (중략) 우리들 모두가 규슈로 향한다는 것을 말하자 일가친척들 모두는 죽음을 각오하였다.

료슌이 이끌고 갔던 직할군은 이처럼 자기 고향인 쓰루가(駿河)와 도토미(遠江)[4] 출신의 무사들이 중심을 이루고 있었다. 그리고 이러한 직할군에 대한 료슌의 통제는 아주 엄격했다고 한다. 료슌 스스로 규

---

3) 료슌이 오에이(應永) 9년(1402)에 완성한 책. 이마가와씨(今川氏)의 역사와 아시카가 씨의 역사 등이 주요한 내용으로 자손들에게 알리는 형식으로 쓰고 있다. 서명의 유래는 이 책의 전반부분에서 『다이헤이키(太平記)』가 이마가와 집안을 경시하고 있다고 비난(非難)하고 있는 것에서 기인한다. 그러나 서명은 후세에 붙여진 것으로 생각되고 있으며 저술 시점에서는 명칭은 없었다고 생각된다. 따라서 실제로는 『다이헤이키(太平記)』를 비난한다는 것보다도 이마가와씨의 역사와 종가에 해당하는 아시카가 쇼군 집안에 대해 충성을 다한 역사를 논하는 것이 주체가 되고 있다. 후반부는 료슌이 현장에서 경험한 남북조 시대의 후반부터 무로마치 시대 초기의 사건을 기록하고 있다.
4) 둘 다 현재의 시즈오카(靜岡)현 일대.

슈탄다이라는 직책에 대하여 "자신은 쇼군의 분신(分身)이며 일족 자제들은 쇼군과 료슌의 분신이다."라고 하면서 일족 자제들에 대해 엄격한 통제를 가한 것이 그가 성공할 수 있었던 이유 중 하나였다.

료슌의 유교 즉 성리학에 토대를 둔 정치관은 고려와 왜구 금압을 둘러싼 교섭에서도 확인된다. 우왕 2년(1376) 10월에 나흥유가 귀국한 뒤에도 왜구의 침구가 줄어들기는커녕 오히려 더 심해지자 다음 해인 우왕 3년(1377) 6월에 고려는 안길상을 일본에 파견해 다시 강력하게 항의한다. 고려는 우왕 3년(1377) 6월에 안길상을 파견하면서 료슌에게 다음과 같은 서신을 보냈다.

> 백성을 다스리고 도적을 단속하는 것은 국가가 당연히 시행해야 할 일이니, 앞서 말한 해적의 침략에 대한 문제는 일단 단속을 약속하였으니 도리상 따르지 않을 수 없을 것입니다. 두 나라 우호 관계의 유지와 해로의 안정은 귀국이 어떻게 처리하느냐에 달려 있을 뿐입니다.

밑줄 친 부분의 지적은 유교적인 가치관을 보여준다. 그러자 이에 당황한 료슌은 곧바로 8월에 안길상 파견에 대한 답례사로 부하 신홍을 고려에 보내어 다음과 같은 뜻을 피력하였다.

> 금상 전하 즉위 4년째(우왕 3년, 1377) 가을 7월에 경상도의 수신(帥臣)이 역전(驛傳)으로 보고하기를, '일본국 패가대(覇家臺)의 사자가 와서, '먼 나라에서 찾아왔으니 조정에 아뢰어 주기 바란다.'고 하였습니다. (중략) 전하께서 융숭하게 대접하고 위로하니, 사자가 국서와 예물을 바치고 나서 앞으로 나와 아뢰기를,

"섬 오랑캐가 도발하여 가옥을 불태우고 남의 자식과 부인을 고아와 과부로 만드는가 하면 심지어는 근기(近畿)지역까지 침범한다는 말을 주장(主將)이 듣고 한편으로 분격하고 한편으로는 부끄럽게 여긴 나머지 마침내 이 자들을 섬멸하기로 결심하고서 미천한 저를 보내어 군사 작전 시기를 알려 드리게 하였습니다."

라고 하였다. 전하가 그 말을 듣자 더욱 가상하게 여기고서 유사(有司)에게 명하여 사자의 숙소와 음식 등을 등급을 올려 특별히 대우하게 하였다.[5]

료슌은 고려 조정의 비판을 솔직히 수긍한데다가, '한편으로 분격하고 한편으로 부끄럽게 여겼다'고 하고 있는데, 여기서 료슌의 유교적 가치관을 확인할 수 있다. 그리고 왜구 문제에 관한 그의 태도는 유교적인 가치관에 입각한 단순한 외교적인 수사(修辭)가 아니었다. 위의 '마침내 이 자들을 섬멸하기로 결심하고서 미천한 저를 보내어 군사 작전 시기를 알려 드리게 하였습니다.'를 볼 때, 료슌은 신홍을 파견해 왜구들을 섬멸하기 위한 구체적인 작전의 개시 시기까지 고려 조정에 알렸음을 알 수 있다. 지금까지 왜구를 금압하기 위해 료슌이 실제로 어떤 작전을 전개했는지에 대해서는 구체적으로 알려진 바 없다. 그런데 이해(1377) 1월 13일 치후·니나우치 전투 이후의 료슌의 동향을 살펴보면, 3월에 남군을 추격해서 또다시 남하하기 시작한 료슌은 5월에 히고(肥後)에 들어가 야마가(山鹿)·시시키바루(志々木原)에 진을 치고 이어서 8월 12일에 기쿠치군과 다마나군(玉名郡)의 우스마노(臼間野)와 시라키바루(白木原) 사이에서 싸워 적군을 크게 대파했다. 이 전투에서

---

5) 도은 이숭인의 『도은집(陶隱集)』 권4. 「送鄭達可奉使日本詩序」.

와사다노미야(稙田宮)라는 남조의 왕족이 전사한다.[6] 기쿠치 분지의 입구 가까이까지 진군해갔던 료슌은 9월에 하카타(博多)로 돌아온다. 같은 달에 정몽주가 도착했기 때문이다.[7]

료슌의 정서부 본거지를 향한 진군은 막부, 즉 료슌의 논리에 따르면 왜구 금압을 위한 군사 활동이다. 신홍을 고려에 파견해 알렸다는, 왜구 섬멸을 위한 구체적인 작전은 위의 사실을 가리키는 것으로 생각된다.

료슌이 이렇게까지 적극적인 자세로 고려 측의 이해를 구하기 위해 노력한 데에는 다음과 같은 배경이 있다. 즉, 나흥유가 귀국한 직후부터 오히려 왜구의 침구가 더 심해졌다. 고려 조정은 일본 측의 왜구 금압에 관한 해명을 신뢰하기 어려웠다.

게다가 당시 나흥유가 전달한 막부의 반첩 내용, 즉 "규슈의 반란만 제압하면 해적은 금지시킬 수 있다."라는 것만으로는 언제쯤이면 반란을 진압할 수 있는가에 대한 구체적인 전망이 없어서 고려 조정을 납득시키기 어려웠다. 그래서 나흥유가 귀국한 지 얼마 지나지 않은 시점에 안길상을 또다시 파견해 항의한다. 그러자, 료슌은 신홍을 파견해 앞으로 이러한 작전을 전개해서 언제까지는 반란을 진압하겠노라는 구체적인 작전 계획을 설명하고자 한 것으로 생각된다.

료슌이 파견한 신홍의 이러한 설명에 납득한 고려는 이해 9월에 정몽주를 답례사로 파견한다. 이어서 료슌은 우왕 4년(1378) 6월에 또다시 부하인 신홍으로 하여금 휘하 군사를 인솔해 고려로 건너가 고려군

---

6) 마쓰오카 히사토(松岡久人) 『오우치 요시히로(大內義弘)』(中世武士選書 第14卷. 戎光祥出版社. 2013년. 73쪽).
7) 『고려사』 권제46. 우왕 3년 9월조.

과 연합해서 왜구와 싸우게 했다.[8] 병력이 불과 69명밖에 되지 않아서 전력에 별로 도움이 되지 않는다고 생각할 수도 있지만, 이는 고려와 일본의 공권력이 합동군사작전을 전개해 왜구를 토벌하는 행위로 고려 측에 대하여 왜구 금압과 우호관계 유지에 료슌이 얼마만큼 열의와 진정성을 지니고 있는지를 보여주고 있다.

그 뿐 아니었다. 료슌은 병력 파견에 이어 다음 달인 우왕 4년(1378) 7월에 정몽주가 귀국할 때 왜구에게 잡혀온 고려인(피로인)을 돌려보낸다. 이를 시작으로 여러 차례 피로인 송환을 실천한다. 우왕 4년 7월, 우왕 5년 7월, 우왕 8년 윤2월, 우왕 9년 9월, 우왕 10년 8월, 우왕 12년 7월, 우왕 14년 7월, 공양왕 3년 8월, 등은 물론 조선조에 들어와서도 태조 3년(1394) 7월, 태조 4년(1395) 7월으로 규슈탄다이에서 갑자기 해임당할 때까지 이어졌다. 이러한 송환을 포함한 고려에 대한 일련의 성의 있는 행동은 료슌이 왜구의 고려 침구를 '부끄럽게 여겼다'고 하는 것을 잘 보여주는 사례라고 하겠다. 그런데 왜구 문제에 관한 료슌의 감정은 상당히 오랜 기간 동안 일관된 행동으로 나타나고 있다. 공양왕 3년(1391) 8월의 사례를 보자.

일본구주절도사(日本九州節度使) 원료준(源了浚)이 사신을 보내어 내조(來朝)하며 토산물을 바치고, 포로로 잡힌 우리 남녀 68인을 돌려보냈다. 시중(侍中)에게 글을 올려 이르기를, "①제가 귀국(貴國)을 향해 진심으로 잘 사귀고자 한 지가 이제 40년이 되었습니다.

---

8) "일본 구주절도사(九州節度使) 원료준(源了浚)이 승려 신홍(信弘)을 시켜 자기 휘하의 군사 69인을 거느리고 우리나라로 와서 왜적(倭賊)을 체포하였다."『고려사』권제133. 열전 권제46. 우왕 4년 6월조.

②지난 기사년(1389) 10월 사이에 적을 금하게 하라는 명령을 공경히 받들어 여러 섬의 적당(賊黨)을 금하였습니다. 작년 10월에 승려 주능(周能)이 글을 가지고 오기를, '해적이 아직도 끊이질 않고 있으니, 만약 엄격하게 금지시키지 않는다면, 피차가 손상될 일이 있을까 두렵다.'라고 하니, ③제가 도리어 부끄럽기도 하고 약간 분한 마음도 있어 여러 섬(島)에 사신을 보내어 해적을 붙잡아 왔습니다. ④엎드려 바라건대 귀국의 여러 제상들이 제 마음을 살펴셔서 길이 화평하게 해주십시오."라고 하였다.[9]

우선 위의 ①에서 '40년'은 『고려사』의 편찬 과정에 '20년'을 옮겨 적으면서 생긴 오기(誤記)로 생각된다.[10] 그런데 여기서 그가 '귀국을 향해 진심으로 잘 사귀고자 한 지'라는 표현에 주목할 필요가 있다. 실제로 그가 고려와 처음 소통한 것이 나흥유가 귀국한 우왕 2년(1376)이므로 정확하게 표현하자면 '귀국을 향해 진심으로 잘 사귀고자 한 지'는 '15년'이라고 해야 정확하다. 그런데 그가 '20년'이라고 한 것은 규슈탄다이로 부임한 시점을 의미하며 따라서 료슌은 자신의 규슈의 반란 세력과의 싸움을 고려와의 친선우호를 위한 노력이라고 표현하고 있는 것이 된다.

물론 그가 강조한 바, 고려와의 친선우호를 위한 노력이라는 주장의

---

9) "日本九州節度使源了浚, 遣使來朝, 獻方物, 歸我被擄男女六十八人. 上侍中書曰, "子向貴國 盡心交好, <u>今四十年矣</u>. 越己巳十月間, 敬奉禁賊之命, 以禁諸島賊黨. 於前年十月, 周能僧, 陪來書曰, '海賊今猶未絕, 若不堅禁, 彼此恐有損傷之事.' 子反爲慚愧, 稍有憤志, 遣使諸島, 捕捉海賊. 伏冀貴國大相各位, 俯鑑愚衷, 永爲和好." 『고려사』 권제46. 공양왕 3년 8월조.

10) 공양왕 3년(1391)에서부터 20년 전인 1371년에 그가 규슈탄다이에 임명되었고 다음 해에 현지에 부임해 정서부가 점령하고 있던 다자이후를 탈환하기 위해 전투를 개시했으니 20년이 정확하다.

배경에는 앞에서 살펴본 것처럼 명나라의 가네요시 왕자에 대한 일본 국왕 책봉에 따른 군사적 위협과 외교적인 고립에서 벗어나고자 하는 막부 측의 의도가 깔려 있었음을 간과해서는 안 된다.

그리고 ③의 자국인들의 고려에 대한 침구를 '부끄럽고도 분한 마음'이라고 표현한 것은 앞에서 우왕 3년(1377) 8월에 안길상의 파견에 대한 답례사로 고려에 왔던 신홍이 전한 서신에서 "주장(主將)이 듣고는 한편으로 분격하고 한편으로는 부끄럽게 여긴 나머지"라고 한 것과 같다. 료슌은 왜구들의 고려 침구에 대하여 부끄럽기도 하며 또 이를 제대로 진압하지 못해서 분하기도 하다, 고 표현했다. 료슌은 우왕 3년(1377)과 그로부터 약 14년 뒤인 공양왕 3년(1391)이 되어서도 왜구 문제에 관해 일관된 마음을 견지하고 있었다. 약 1세기 전에 고려가 몽골과 더불어 두 번이나 일본을 침공해왔으니 설사 왜구가 침구한다고 해도 이를 '자국 침공에 대한 복수'라고 합리화할 수도 있었지만 료슌은 그러지 않았다. '부끄럽고 분한 마음'이라는 표현은 성리학의 대의명분론적인 가치관에 기초하고 있다고 해도 좋을 것 같다.

또 한 가지, 부족하지만 자신의 왜구 금압을 위한 (지금까지의) 노력은 모두 고려와 일본의 '화평'을 위한 것임을 모두(冒頭)의 ①"제가 귀국(貴國)을 향해 진심으로 잘 사귀고자 한 지가 이제 40년(20)이 되었습니다."와 말미(末尾)의 ④"엎드려 바라건대 귀국의 여러 제상들이 제 마음을 살피셔서 길이 화평하게 해주십시오."라고 반복해서 강조하고 있다.

그리고 이처럼 고려 말 - 조선 초에 걸쳐서 왜구 금압을 통한 고려와 일본 양국 간의 화평, 즉 우호관계의 성립과 유지를 위한 그의 진정어린 노력은 그의 규슈탄다이 재임 기간 내내 일관되고 또 실제로 행동을 수반한 것이었다.

　동서고금을 막론하고 해적은 그 근거지에서의 정치사회적 혼란을 배경으로 발생한다. 따라서 해적 문제의 근본적인 대책은 해적의 근거지에서의 질서를 회복하고 치안을 확립하는 것이다. 이런 점에서 당시 료슌(막부)은 왜구 문제의 본질을 정확하게 파악하고 있었다고 할 수 있다. 료슌은 이러한 난제를 해결할 수 있는 무인(武人)으로서의 담력과 끈기, 국제정세의 변화와 흐름을 읽을 수 있는 혜안(慧眼), 그리고 성리학적 가치관에 입각한 진정성을 겸비한 뛰어난 인재였다고 할 수 있다. 이러한 인물을 당시 막부가 규슈탄다이로 인선한 것은 탁월한 결정이었다. 그리고 그 배경에 막부가 그를 규슈탄다이로 임명하게끔 한 공민왕 15년(1366)의 김일의 사행과 뒤이은 료슌의 대(對) 고려 외교 교섭을 이끌어 내게끔 한 나흥유, 안길상, 정몽주 등의 사절 파견, 그리고 무엇보다도 명의 대일(對日) 외교 압력이 있었음을 잊어서는 안 될 것이다.

제5부

일본의 왜구 왜곡과 그 배경

제1장
『태평기』와 남북조 정윤논쟁

    본서에서도 여러 차례 인용된 바 있는 『태평기(太平記)』는 전(全) 40 권으로 구성된 최장편(最長編) 역사 문학 작품이다. 남북조 시대를 무대로 고다이고 천황의 즉위에서부터 가마쿠라 막부의 멸망, 건무 신정과 그 붕괴 이후의 남북조 분열, 간노노조란, 2대 쇼군 아시카가 요시아키라의 사망 등 1318년부터 1368년까지의 역사적 사건을 다루고 있다.

    작자와 성립 시기는 알려져 있지 않지만 14세기 중엽에 무로마치 막부와 밀접한 관련이 있는 지식인들이 중심이 되어서 편찬한 것으로 생각되고 있다. 『태평기(太平記)』의 내용은 무로마치 시대에 사람들 앞에서 이야기를 전하는 것을 업(業)으로 삼는 승려들이 확산시켜왔다. 이어서 에도 시대에는 고단(講談)[1]에서 공연되는 레파토리 중 하나가 되었다.

    16세기, 일본에서 활동하던 서양의 가톨릭 선교사들은 『헤이케모노

---

1) 전통 예능 중 하나로, 공연자가 높은 곳에 놓여진 작은 책상 앞에 앉아서 부채로 책상을 두들기며 박자를 잡으면서 군기물(무사들의 활동을 묘사한 읽을 거리)이나 정담(政談) 등을 주로 역사적인 이야기거리를 관중들에게 읽어주는 것.

가타리(平家物語)』와 함께 『태평기』를 일본의 역사와 문화, 사상, 그리고 일본어를 배우는 데 적절한 자료 내지는 교재로 활용했다.[2]

이 『태평기』라는 명칭에 대하여 남북조 시대사 연구자인 사토 가즈히코(佐藤和彦)는 다음과 같이 언급하고 있다.

> "완전한 역설이라고 할까, 패러디라고 할 수 있는데, 전란이 이어지는 가운데 평화로운 시대가 왔으면 좋겠다. 태평스러운 시대가 그립다, 라는 14세기 사람들의 환상이 이 작품을 낳게 한 것이다. 따라서 평화스러운 시대를 이루기 위해 우왕좌왕하는 사람들의 삶의 모습을 묘사해간 것이 『태평기』라고 말할 수 있을 것이다."[3]

이처럼 『태평기』는 태평스러운 시대가 도래하기를 갈망하는 당시 사람들의 염원이 담긴 것이다. 또한 원령(怨靈)을 진혼(鎭魂)하는 의미도 내포되어있다고 한다. 그런데 에도 시대에 들어와 이 『태평기』가 민중들에게까지 널리 확산되면서 근대 이후의 일본의 정치와 사회에 큰 영향을 미치게 된다. 예를 들어 남북조 정윤논쟁도 그중 하나이다. 이는 남조와 북조 중 어디가 정통 조정인가, 하는 논쟁이다. 이 논쟁의 역사를 간단히 살펴보자.

남조가 정통 조정이라는 주장을 최초로 내세운 인물은 남북조 시대에 남조의 중진이었던 기타바타케 지카후사(北畠親房)였다. 그는 자신이 저술한 『신황정통기(神皇正統記)』에서 남조가 삼종의 신기(三種の神

---

2) 그러나 『헤이케모노가타리』와 비교해 일관성이 결여되어있으며 완성도가 떨어진다, 라고 평가된다.

3) 『「太平記」を讀む. 動亂の時代と人々』, 學生社, 1991, 13쪽.

아노우(賀名生)에 있는 기타바타케 지카후사의 묘

器)를 소지하고 있으며 또 황통(皇統)에 있어서도 정통성을 지니고 있다
면서 남조 정통론을 내세웠다.

　그러나 그 뒤, 북조가 내란을 통일하자, 구스노키 마사시게를 위시
한 남조 측 인물은 '조정의 적'이 되었다. 그런데『태평기』가 널리 알려
져 공가 귀족들과 무사들이 애독하게 되었고 그 결과 남조에 대한 동정
적인 견해가 나타나게 되면서 이러한 평가에 변화가 나타났다. 특히
구스노키씨와 함께 남조에 가세했던 닛타씨(新田氏)의 후예임을 자칭
하던 도쿠가와 이에야스(德川家康)가 정권을 장악하게 되면서 남조에
대한 평가는 변화하게 된다.

　그 뒤에 미토번(水戶藩)의 번주(藩主)인 도쿠가와 미쓰쿠니(德川光圀)
가『대일본사(大日本史)』를 편찬해, 남조가 정통이라고 주장한다. 이후
미토번을 중심으로 소위 미토가쿠(水戶學)가 형성되는데, 메이지 유신

의 정신적 지도자이면서 막부 타도를 주장한 요시다 쇼인(吉田松蔭)이나 메이지 유신의 핵심적 인물인 사이고 다카모리(西鄉隆盛)를 위시한 많은 막부 말기의 지사들에게 큰 감화(感化)를 주었다. 미토가쿠는 유학사상을 중심으로 해서 국학(國學)·역사학·신도(神道)를 결합시킨 것이다. 전국의 여러 번에서 이 미토가쿠를 교육했는데 그중에서도 '애민(愛民)'과 '경천애인(敬天愛人)' 사상은 많은 막부 말기의 지사들에게 크게 영향을 주어 메이지 유신의 원동력이 되었다.

구스노키 마사시게와 닛타 요시사다 등 『태평기』에 등장하는 대중적인 영웅들은 모두 남조의 충신이다. 남조 정통론에 입각한 미토가쿠의 영향 등으로 인해 소위 지사들은 거의 대부분 남조파였다. 그 결과, 메이지 신정부의 요인들 중에도 남조파가 많았으며 무엇보다도 북조의 후손인 메이지 천황 자신도 남조파였다. 따라서 당시 각 학교의 커리큘럼이라고 할 수 있는 「교칙강령(敎則綱領)」에서도 남조 무사들의 행동을 충성심의 모델로 삼도록 지시했다.

이처럼 메이지 유신의 주축이 되었던 지사들, 즉 260여 년 동안 지속된 에도 막부를 타도하고 근대 일본의 집권 세력이 되었던 사람들의 머릿속에는 다음과 같은 등식(等式)이 강하게 자리 잡고 있었다.

가마쿠라 막부	호조씨	고다이고 천황	겐무 신정	남조 충신·무사	무로마치 막부 세력
에도 막부	도쿠가와씨	메이지 천황	메이지 유신	유신 추진 세력	반(反) 유신세력

260여 년 동안 이어져 온 에도 막부를 타도한 소위 지사들은 불과 20~30대의 젊은 하급 무사들이었다. 그들은 자신의 젊음과 목숨을 바쳐서 에도 막부라는 막강한 권력에 도전했고 결국에는 성공했다. 그런

그들에게 500여 년 전, 소수의 병력으로 거병해 가마쿠라 막부의 대규모 토벌대와 싸워 막부 타도의 계기를 만든 구스노키 마사시게는 젊은 지사들의 롤 모델과 같은 존재였다. 그의 말 탄 동상이 메이지 33년 (1900)에 천황이 거주하는 도쿄성 황거(皇居) 광장에 세워진 것을 보면 당시 일본 사회의 그에 대한 인식이 어떠했는가를 잘 보여준다.

한편 메이지 시대에 들어와서 일본 역사학계에서는 남북조 시대에 관하여 『태평기』의 기술을 다른 역사서나 일기 등과 같은 자료와 비교하는 실증적인 연구가 이루어졌다. 그리고 이를 토대로 1903년(메이지 36)과 1909년(메이지 42)의 소학교에서 사용하는 국정교과서를 개정할 때까지만 해도 남북의 두 조정은 병기(倂記)되어 있었다. 그런데 1910년(메이지 43)의 교사용 교과서를 개정하면서 문제가 되기 시작해 소위 천황 암살을 도모한 것에 대한 탄압으로 이어진 대역사건(大逆事件)[4]의 비밀재판과정에서 고토쿠 슈스이(幸德秋水)[5]가 법정에서 한 발언, 즉

---

4) 1882년에 시행된 구 형법 116조 및 대일본제국헌법 제정 이후인 1903년에 시행된 형법 73조(1947년에 삭제됨)이 규정하고 있던 천황과 황후, 황태자 등을 노리고 위해를 가하거나 가하고자 하는 죄를 대역죄라고 하는 데 이 대역죄가 적용되어 기소된 사건을 총칭한다. 대역 사건으로 다음과 같은 것이 있다.
　　1. 1910년(1911년) – 고토쿠(幸德) 사건.
　　2. 1923년 – 도라노몬 사건(虎ノ門事件).
　　3. 1925년 – 박열(朴烈) 사건(朴烈, 文子事件이라고도 한다.)
　　4. 1932년 – 사쿠라다몬 사건(櫻田門事件, 이봉창 사건이라고도 한다.)
　　단순히 '대역사건'이라고 할 경우는 그 뒤의 역사에 가장 큰 영향을 미친 1910년도의 고토쿠 사건을 가리키는 것이 일반적이다. 당시 민중들 사이에서 노동 운동에 대한 사회적 관심이 고조되고 있던 가운데 나가노 현에서 사회주의자들이 메이지 천황을 암살하고자 하는 계획이 발각되어 체포되는 사건이 일어났다. 이 사건을 구실로 삼아서 정부가 이를 정치적으로 조작해 고토쿠 슈스이를 위시한 모든 사회주의자와 무정부주의자들을 근절하기위해 탄압한 사건이다. 『위키피디아』 일본어판.
5) 1871~1911년. 메이지 시대의 저널리스트, 사상가, 사회주의자, 무정부주의자. 『위키피디아』 일본어판.

"지금 천자(天子)는 남조의 천자를 암살해 삼종의 신기를 빼앗은 북조의 천자가 아닌가?(今の天子は、南朝の天子を暗殺して三種の神器を奪いとった北朝の天子ではないか)"가 외부에 알려져 남북조 정윤논쟁이 일어났다.

당시 수상이었던 가쓰라 다로(桂太郎)는 서로 협력관계에 있었던 입헌정우회(立憲政友會)의 하라 다카시(原敬)에게 "학자들의 학설은 자유롭게 주장할 수 있도록 할 생각이다.(學者の說は自在に任せ置く考なり)"라고 말했다고 한다. 즉 정치적인 개입은 할 생각이 없었다. 그런데 이를 정치문제로 비화시킨 것이 요미우리(讀賣) 신문의 1911년 1월 19일자 다음과 같은 사설이었다.

만약에 두 조정이 대립했다는 주장을 허락한다면 국가가 예전에 분열되어 있었음이 드러나게 된다. 그렇게 되면 천자(天子)의 권위가 아주 크게 실추하고 말 것이다.

그런데 설상가상으로 정부와 대립각을 선명하게 세우고 있던 야당이 이 문제를 이용해 내각을 무너트리고자 했다. 그 결과 남조와 북조 중 어느 쪽이 정통인가라는 문제를 둘러싼 논쟁은 의회에서 정치논쟁으로까지 발전했다. 이를 '남북조 정윤문제'라고 한다.

정부는 야당과 여론에 눌려서 교과서를 개정할 것을 약속하고 교과서 집필 책임자인 기다 사다키치(喜田貞吉)에게 휴직처분을 내렸다. 그리고 최종적으로는 『대일본사』의 기술을 근거로, 북조의 후손인 메이지 천황 자신이, 삼종의 신기를 소유하고 있던 남조가 정통이라는 결론을 내렸다. 그 결과 남북조 시대는 남조 조정이 요시노에 있었기에 '요시노 시대'라고 불리게 되었다.

이후, 1945년 패전 이전까지 소위 황국사관(皇國史觀)이 지배하던 시대에, 아시카가 다카우지는 천황을 배신한 역적이자 대악인(大惡人)이며, 구스노키 마사시게와 닛타 요시사다는 충신이라는 이데올로기적인 해석이 주류가 되었다.

그리고 1934년(쇼와 9)에는 상공부 장관 나카지마 구마기치(中島久万吉)의 필화(筆禍) 사건이 있었다. 그것은 그가 13년 전에 동인지(同人誌)에 아시카가 다카우지를 긍정적으로 평가한 「아시카가 다카우지론(足利尊氏論)」을 실은 적이 있는데 13년 전에 썼던 글을 본인의 허락없이 잡지사가 무단으로 전재한 것이었다. 그런데 이 글을 쓴 나카지마가 대신으로서 어울리지 않는다, 라는 비난이 쇄도했다. 이에 대해 나카지마 본인은 중의원(하원)에서 이에 대하여 해명함으로써 일단 수습이 되었다. 그러나 귀족원(상원)에서 기쿠치 다케오(菊池武夫) 의원이 또 다시 이 문제를 제기해 수상에게 상공부 장관의 해임을 요구했다. 이 기쿠치 의원은 남북조 내란 당시 남조에 충성을 바친 기쿠치씨의 후손으로 메이지 유신 이후 귀족이 되었다.

이와 연동해서 우익들의 나카지마에 대한 공격도 격화되어 그를 비판하는 투서가 궁내성에 쇄도하자, 나카지마는 사임할 수밖에 없었다. 뒷날 천황기관설(天皇機關說) 사건[6]을 일으키는 군부와 우익단체가 정

---

6) 대일본제국 헌법 아래에서 확립된 헌법학설로 통치권은 법인(法人)인 국가에게 있으며 천황은 그 최고기관으로서 내각을 위시한 다른 기관들의 보필을 받으면서 통치권을 행사한다고 하는 주장이다.
천황기관설은 의회의 역할을 중시해 정당정치와 헌법에 입각한 정치의 토대가 되었다. 그러나 정당정치가 제대로 기능하지 못하게 되자 의회의 통제를 받지 않는 군부가 대두해 군국주의가 주장되면서 천황을 절대시하는 사상이 확산되었다. 1935년에 정당 사이의 정쟁과 엮이면서 귀족원에서 천황기관설이 공공연하게 배격되었으며 주창자이면서 귀족원의 칙선의원이었던 미노베 다쓰키치가 결국 불경죄(不敬罪)로 조사를

당 세력에 압력을 가하고자 한 것이 이 사건의 배경이었다.

이처럼 우여곡절을 겪은 남북조 정윤논쟁은 일본이 패전하자, 다시 '남북조시대'라는 용어를 회복하게 되었다. 그러나 남조의 천황이 정통이라는 사실에는 변화가 없었다.

지금까지 『태평기』가 일본 근대의 정치와 사회에 미친 영향과 그것이 남북조 정윤논쟁으로 발전해 온 과정에 대하여 살펴보았다. 다음에는 남북조 정윤논쟁의 결과 확립된 남조 정통론이 메이지 유신 이후 1945년의 패전에 이르기까지 일본 사회의 이데올로기가 된 황국사관과 어떤 관련이 있는지, 그리고 제국 일본은 이 황국사관을 어떻게 일본 국민들에게 확산시켜갔는지 살펴보자.

받고 귀족원 의원을 사직했다. 이후 천황기관설은 공식적으로 부정되었으며 이에 관한 강의도 금지되었다. 『위키피디아』 일본어판.

제2장
황국사관과 전전(戰前)의 영웅
구스노키 마사시게 숭배

    남조정통론은 소위 황국사관으로 발전해간다. 황국사관이란 "천황을 전면(前面)에 내세운 일본의 국가주의적인 역사관이다. 그러나 역사적 진실과는 거리가 멀고 타민족에 대한 침략과 지배를 정당하게 여기는 역사관"이다.[1] 흔히 조선에 대한 식민지 지배를 정당화하는 '식민사관'은 황국사관의 하부(下部) 개념이다.

---

[1] 『고지키(古事記)』와 『니혼쇼키(日本書紀)』에 서술되어 있는 신화까지도 역사적인 사실로 받아들이는 것 역시 그 중요한 특징 중 하나이다. 중일전쟁에서부터 태평양전쟁 당시의 군국주의 교육의 강력한 이데올로기로서 국가적인 종교가 된 천황 중심의 초국가주의적인 자국 중심의 역사관이다. 그 기원은 에도 시대 말기의 존왕양이사상, 히라타 아쓰타네(平田篤胤)의 영향을 받은 국학, 메이지시대의 국수주의 등으로 거슬러 올라가지만 특히 쇼와(昭和) 시대 전기의 히라이즈미 기요시(平泉澄) 등이 제창한 것을 가리킨다.

    유물사관(唯物史觀)에 기초한 역사학이 발전하자, 이에 위기의식을 느낀 히라이즈미 등은 '만세일계(万世一系)'라는 '국체(國體)'와 이를 기축으로 하여 전개되어왔다고 보는 일본 역사의 우월성을 강조해 '대동아공영권(大東亞共榮圈)' 사상에 역사적인 근거를 부여하고자 했다. 그런 의미에서 볼 때 황국사관은 과학성이 없으며 자국중심의 역사관으로 천황제와 제국주의를 지탱하는 일종의 이데올로기였다고 할 수 있다. 『위키피디아』 일본어판.

이러한 황국사관이 최초로 출현한 것은 남북조 시대, 고다이고 천황의 사후에 요시노 조정의 실세였던 기타바타케 지카후사가 저술한 『신황정통기』에서였다. 즉 남조정통론과 황국사관은 같은 뿌리를 가지고 있었다. 여기서 펼쳤던 지카후사의 주장은 이후 에도 시대에 들어와 미토가쿠(水戸学)와 국학으로, 그리고 에도 시대 말기에는 존왕양이(尊王攘夷) 운동으로 전개된다.

메이지유신 이후, 미토가쿠의 영향 속에서 신정부는 황국사관을 '정통적인 역사관'으로 확립해간다. 그리고 황국사관은 근대천황제의 이론적 근거로 자리 잡게 된다. 1889년에 제정된 일본제국헌법에 "일본은 만세일계(万世一系)의 신성불가침한 천황이 통치한다."라고 명기한 것이다.

제국 일본이 황국사관을 국민들에게 확산시키기 위해 가장 효율적으로 활용한 것이 교과서(教科書)였다. 즉 교과서에 기재되어 있는 역사적 인물에 대한 수업이었고 그중에서도 가장 많이 등장한 것이 구스노키 마사시게였다. 전전의 일본 사회가 구스노키 마사시게를 일본의 근대 천황제의 확립에 어떻게 이용했는지 살펴보자.[2]

일본의 역사적 인물들 중에서 구스노키 마사시게 만큼 1945년의 패전을 경계로 해서 사회적인 평가에 큰 낙차를 보인 인물은 없다고 한다. 1945년 이전의 일본 국민들에게 있어서 구스노키 마사시게는 '일본 정신'의 화신(化身)이며 천황에 대해 지성(至誠)을 다한 충신 중의 충

---

[2] 이하 전전(戦前)의 구스노키 마사시게 숭배에 관한 본문의 내용은 전적으로 다니타 히로유키(谷田博幸) 『국가는 어떻게 구스노키 마사시게를 만들었는가?(國家はいかに楠木正成を作ったのか) - 비상시의 일본의 구스노키 마사시게 숭배(非常時の日本の楠公崇拜』, 河出書房親社, 2019의 내용을 정리해 전재(轉載)한 것이다.

신이었다. 그리고 그를 본보기로 삼아 천황 폐하의 은혜에 보답하는 것이 천황의 자식인 국민이 마땅히 다해야 할 의무라고 여겼다.

그러나 패전과 동시에 이 국민적인 영웅은 사악한 군국주의의 상징으로 단죄당하고 말았고 그 결과, 교과서에서는 흔적도 없이 지워지고 말았다. 민주국가로 새로운 출발을 하고자 서둘렀던 전후의 일본은 구스노키 마사시게와 관련 있는 모든 것은 하루빨리 잊어버려야 하는 구악(舊惡)으로 여기고 말았다. 그렇지만 그것은 철저한 비판을 거친 반성이 아니라 단순히 과거를 덮어버리는 것에 불과했기 때문에 구스노키 마사시게는 전후 15년이 지나자 '타락한 우상'에서 '그리운 영웅'으로 변신한다.

구스노키 마사시게를 대남공(大楠公), 아들 마사쓰라를 소남공(小楠公)이라고 하는데, 오직 충의(忠義) 한 길로 천황에게 목숨을 바친 남공(楠公) 부자의 지고지순(至高至純)한 삶의 모습은 전전(戰前) 세대는 물론 전후(戰後) 세대 일부에게도 강한 영향을 미치고 있다.

실제로 남공을 신으로 모시고 있는 고베(神戸)의 미나토가와(湊川) 신사는 지금도 남공 정신을 기리는 중심지로서 많은 숭배자들을 끌어모으면서 전전과 별 다름없이 충신 대남공(大楠公)이 남긴 덕을 찬양해 오고 있다. 미나토가와 신사 이외에도 구스노키 마사시게를 제신(祭神)으로 모시는 신사가 전국에 32개소가 있는데, 이들 신사도 지금까지 여전히 열성적인 숭배자들에 의해 유지되고 있다.

그리고 고다이고 천황을 제사지내는 요시노 신궁을 위시해 건무 중흥을 도운 왕자들과 남조의 충신들을 제신으로 삼고 있는 전국 15곳의 신사(미나토가와 신사를 포함)는 1992년에 '건무중흥의 정신을 축으로 하여 우리나라의 국체를 발양(發揚)하는 일에 진력할 것'을 목적으로 내세

간신지(觀心寺)

우며 건무중흥 15 사회(建武中興十五社會)[3]를 결성하고 있다. 또 남공의 목 무덤(首塚)이 있는 오사카부(大阪府) 가와치(河內) 나가노시(長野市)의 간신지(觀心寺) 주변에서는 남공 부자를 NHK의 대하드라마로 제작해 상영하자는 운동이 일어나고 있다.

게다가 우경화(右傾化)하는 세상 분위기에 편승해 신사와 사찰만이 아니라 지방 자치체까지도 '전후 체제로부터의 탈피'를 외치면서 행동에 나서고 있다. 시마모토초(島本町), 시조나와테시(四條畷市), 돈다바야시시(富田林市), 가와치나가노시(河內長野市), 지하야아카사카무라(千早赤坂村), 고베시(神戶市)의 남공과 관련 있는 6개 시정촌(市町村)은 2017

---

3) 건무중흥에 진력한 남조 측의 황족과 무장 등을 주 제신으로 삼는 15개의 신사들의 모임.

년, 연대해 문화청(文化廳)에 남공 사적(史蹟)을 '일본 유산'으로 인정해 줄 것을 요구하고 있다. 그리고 더 나아가 이를 후원하듯이 일본의 대표적인 보수 언론인 산케이(産經) 신문은 2016년 3월부터 '구스노키 마사시게를 생각한다. - 公을 잊어버린 일본인에게'라고 제목을 단 연재를 시작해 무려 3년 동안에 걸쳐서 멸사봉공(滅私奉公)의 정신을 잊어버린 일본인에게 반성을 촉구한다고 하면서 남공을 현창하는 캠페인을 전개하는 상황이다.

그러면 패전 이전의 일본은 어떻게 구스노키 마사시게를 국민적 영웅으로 만들었는지 살펴보자. 근대국가로 출발한 일본은 천황제 국가의 기반을 다지기 위해서 왕정복고(王政復古) 정신을 국민들에게 세뇌시켜 충성스러운 신민(臣民)을 육성하고자 했다. 1876년(메이지 9) 이후, 지방을 순찰했던 메이지 천황은 여러 차례에 걸쳐서 현지 학교를 방문해 교육의 현상을 시찰했다. 그런데 그 과정에서 천황이 무엇보다 우려했던 것은 영어를 유창하게 말하는 학생은 있어도 백과(百科)의 기본이라고 해야 할 도덕교육이 무시되고 있는 것이었다.

근대적인 산업기술을 이식시킴으로써 하루라도 빨리 식산흥업(殖産興業)을 도모할 필요가 있었기에 서양문명의 새로운 지식을 흡수하기 위해 열심인 것은 이해할 수 있다, 그러나 그것보다도 일본인으로서 걸어가야 할 올바른 길과 덕의(德義)라는 기초를 굳히는 게 우선이라고 여긴 것이다.

이러한 천황의 생각은 메이지 23년(1890)의 '교육칙어(教育勅語)'가 되어 국민들에게 명시되었다. 그리고 전년도에 발포한 '대일본제국헌법'과 더불어 천황의 정치적, 도덕적 지위가 명확하게 규정되었다. 이로써 신민(臣民) 교육은 이후 이 두 개의 지침에 따라 이루어진다.

메이지 시대부터 쇼와(昭和)의 전전(戰前)과 전중기(戰中期)에 이르기까지 국가는 일관되게 일본인으로서 가져야 할 자세를 교과서를 통해 철저하게 교육하는 데 주력했다. 1872년(메이지 5)의 학제(學制) 발포를 계기로 메이지 말년이 되면 모든 국민이 교육을 받을 수 있게 되었다. 따라서 교과서 중심으로 이루어진 소학교 교육은 귀천상하(貴賤上下)의 구별 없이 민중 한 사람 한 사람에게 지대한 영향을 미치게 되었다. 그런 의미에서 '교과서가 일본인을 만들었다.'고 해도 과언이 아니었는데, 문제는 어떠한 일본인을 만들었는가, 라는 것이었다.

메이지 이후, 교과서에서 신민(臣民)의 모범으로 최대한 이용된 것이 남조의 충신 그중에서도 남공 부자였다. '남공 부자'라는 교재가 '수신(修身)'이나 '국사(國史)'에 그치지 않고 '국어(國語)' '창가(唱歌)' '습자(習字)'에 이르기까지 교과목을 횡으로 가로지르는 형태로 꾸며졌고 이는 '일종의 핵심 커리큘럼'으로서 신민 교육의 큰 기둥이 되어 있었다.

실제로 쇼와 18년(1943)에서부터 쇼와 20년(1945)까지 사용된 국정 국사 교과서인 『초등과 국사(初等科國史)』에는 다음과 같은 기술이 있다.

> "지금 요시노 신궁에 참배하고 육백년 전의 옛날을 떠올릴 때, 계곡을 꽉 채울 정도로 피어있는 벚꽃은 이들 충신들이 고다이고 천황의 영혼을, 언제까지나 지키고 위로하려고 하는 것처럼 생각된다. 그 충신들도 조정으로부터 높은 관위를 받아 지금은 신이 되어 각각 신사에서 모셔져 국민들에게 깊은 존경의 대상이 되고 있다."

이 문장을 읽을 때 자연스럽게 요시노의 벚꽃은 야스쿠니 신사의 벚꽃과 중첩되어져 남조 충신들의 영혼이 야스쿠니의 영령들과 비견되고 있음이 자명하다. 여기서 요구되고 있는 것은 고다이고 천황에

충의를 다 바친 충신들처럼 (자기들도) 비천한 몸이지만 지금의 쇼와
천황을 지키는 방패(醜の御楯)가 되어 순결하게 산화하는 것이다.

　마쓰시마 에이이치(松島榮一)는 '메이지 이후의 역사 교육의 목표는
설사 전장에서 목숨을 잃더라도 불평 한마디 하지 않게끔 국민을 교육
하는 것에 있었다. 라고 언급했다. 그런 의미에서 볼 때 이 교육은 그
목적을 충분히 달성했다고 할 수 있다.

제3장
조선사편수관 나카무라 히데타카의
왜구 왜곡과 역사의 실상(實像)

1910년 조선을 식민지로 삼은 일제는 황국사관을 조선 통치에도 적용시켰다. 일제는 이 황국사관을 식민지 조선에 어떻게 적용시켰는지 살펴보자.

일본에서는 황국사관이라고 하면 반드시 거론되는 인물이 있다. 도쿄제국대학 교수를 역임한 히라이즈미 기요시(平泉澄, 1895~1984)다. 그는 태평양 전쟁이 발발하기 전부터 전쟁 기간 동안에 걸쳐서 국수주의, 침략주의를 선동하고 군부(軍部)에 봉사해온 인물이다. 그 결과, 그는 패전 이후 일본 역사학계에서 이른바 '황국사관의 교조(敎祖)'로 일컬어지게 된다.[1]

그런데 이 히라이즈미에 앞서서 황국사관의 이론적 근거를 제시한 인물이 있다. 히라이즈미의 도쿄대 지도교수인 구로이타 가쓰미(黑板

---

1) 황국사관의 중심은 '히라이즈미와 그 학통' 그 자체이며 히라이즈미의 학통을 중심으로 하는 우익적인 역사가가 교육행정의 중추부와 문부성의 외곽단체적인 존재의 중심 멤버로서 황국사관을 퍼트리고 있다고 일컬어질 정도였다.

勝美, 1874~1946)이다. 그는 일본 고문서학(古文書學)의 체계를 수립하고 고문서학과 전적(典籍)의 출판과 보급에 커다란 발자취를 남긴 인물이다. 그러나 그는 단순히 엄밀한 실증주의에 입각한 순수한 학자에 그치지 않고 정치적 성향이 강한 인물이었다. 그는 활동의 폭이 크고 아주 모순으로 가득한 인물이었다. 일관된 존황가(尊皇家)이면서 일본 에스페란토 협회를 만들어 간사장으로 활동하기도 했다. 그의 제자로 역시 도쿄대학 국사학과의 교수를 역임한 사카모토 다로(坂本太郎, 1901~ 1987)는『고문서의 보존과 연구 – 구로이타 박사의 위업을 중심으로』(1955년)에서 자기 스승을 회고하면서 다음과 같이 언급했다.

> (구로이타) 박사가 이사나 평의원에 취임한 민간단체의 대부분은 박사 스스로 입안하고 모금하여 창립한 단체이며 그 운영도 주요한 책임을 떠맡고 행하였으며 때로는 상세한 사무까지도 관여했다.
> (중략) 그것은 완전히 정치가의 생활양식이었다. 그래서 박사와 접촉하는 사람들 중에서 여러 차례 다음과 같은 탄성을 듣는 일이 있었다. <u>박사는 오히려 정치가가 되시는 것이 더 좋았지 않았을까, 하는 …… 학문은 오히려 방해가 되고 있는 것이 아닌가 하고,</u> 박사 자신 역시 그와 비슷한 술회를 하신 적이 있었다.

사카모토의 회고를 보면 구로이타가 왜 다이쇼(大正)에서 쇼와(昭和) 시대에 걸쳐서 천황주의(天皇主義)와 국체론(國體論)과 같은 관학(官學) 아카데미즘을 이끌었던 인물로 평가되는지 알 수 있다. 고문서학의 태두로 알려진 구로이타 가쓰미야말로 아카데미즘 사학의 아성인 도쿄 제국대학 국사학과 내부의 남북조 정윤론의 대세를 양조병립론(兩朝竝立論)에서 남조정통론으로 전환시켜 그것을 제자인 히라이즈미 기요시에게 계승하게 한 장본인이었다.

구로이타의 학자로서의 활동을 살펴보면, 그는 도쿄제국대학 국사학과 교수로서는 전국의 신사와 사찰에 있는 사료를 수집하고 문화재보호를 위해 전국을 돌아다니며 제실박물관(帝室博物館)의 부흥을 위해 분주한 정력적인 어용학자였다.

이러한 그의 활동은 일본 국내에만 국한되지 않았고 한국사와 관련해서도 중요한 활동을 했다. 즉, 조선총독부의 문화사업으로『조선사』편수와 조선 고적의 조사 및 보존이었다. 구로이타는 이 두 가지 작업에 많은 정열을 쏟았다고 한다. 그런데 조선총독부가 스스로 밝힌 것처럼『조선사』편수는 일선동조론(日鮮同祖論)과 정체성론(停滯性論)을 주입시키기 위한 것이었으며 조선 고적의 조사 및 보존 사업도 식민지지배에 이용하기 위한 것이었다.

구로이타는 자신이 추진하고 관여했던 조선총독부의 이 두 가지 큰 사업에 각각 제자인 후지타 료사쿠(藤田亮策, 1892~1960)과 나카무라 히데타카(中村榮孝, 1902~1984)를 조선으로 보냈다. 후지타는 고고학자로 경성제국대학 교수가 되어 구로이타가 기획하고 추진한 조선 고적의 조사 및 보존 사업을 담당했다. 그리고 나카무라는 도쿄제국대학을 졸업한 1926년에 조선사편수회의 촉탁으로 발탁되어『조선사』편수업무를 담당하게 했다.[2] 구로이타의 제자인 나카무라의 역사관은 어떠했

---

2) 이후의 나카무라의 경력을 정리하자면 다음과 같다. 나카무라는 1927년에 수사관(修史官), 1937년에 편수관(編修官), 1945년에 교학관(敎學官)과 간사겸임이 되지만 패전으로 인해 일본으로 돌아온다. 1948년부터 나고야(名古屋) 대학, 1966년부터 덴리(天理) 대학의 교수를 역임한다. 1966년부터 요시카와고분칸(吉川弘文館)에서 간행한『일선관계사의 연구(日鮮關係史の硏究)』(전3권)으로 일본 학사원상(學士院賞) 및 은사상(恩賜賞)을 수상하는 등, 패전 이후 일본의 조선반도사(朝鮮半島史) 연구의 제1인

을까? 그것은 그가 쓴 「황국신민교육과 국사」(『綠旗』 4. 1939년 11월)의 다음 문장들에 잘 나타나있다.

- 진정한 우리 국사(國史)는 황실을 중심으로 하는 국사 그것이다.
- 조선 교육이 지향하는 것은 황국신민의 육성에 있다.
- 조선이 병참기지가 되어야 한다는 주장은 확고하다. 교육도 역시 이것과 분리할 수 없는 연계성을 지닌다.
- 그 전진기지(前進基地)로서 사명을 달성하고자 하는 큰 정신은 그러한 국사 교육에 의해 배양되어야만 한다.
- 쇼와(昭和)의 무사도는 조선에서, 라는 의기와 신념을 가지고 황국신민교육은 전개되어야만 하고 내선일체(內鮮一體)도 이런 각오로 구현되어야만 한다.

위와 같은 진술에는 일본이 조선을 대륙침략을 위한 병참기지, 전진기지로 만들어야 하고, 이를 위해 국사 교육을 통해 조선인들을 '황민화(皇民化)'해야 한다는 나카무라의 강한 목적 지향성이 잘 표현되고 있다. 조선인들도 더욱 철저한 일본인, '쇼와의 무사'가 되어서 일본의 발전, 즉 대륙 침략의 첨병이 되어 주기를 기원하고 있다. 나카무라는 구로이타 가쓰미를 대신해 조선에서 황국사관을 확산시킨 인물이었다.

이처럼 황국사관의 조선에서의 전도사 역할을 한 나카무라가 왜구를 위시한 전근대 한일관계사 연구에 결정적인 영향을 미친 논문이 『일선관계사의 연구』(상권)에 실려 있는 「무로마치 시대의 일선관계(室

___

자로 군림하였다.

町時代の日鮮關係)」(1935년 발표)이다.

나카무라의 연구를 계승한 것이 도쿄대학 국사학과의 후배인 다나카 다케오(田中健夫, 1923~2009)이다. 그는 패전 이후, 일본의 대외관계사학계를 이끌어 온, 왜구 연구의 권위자로 평가되고 있다. 그런데 다나카가 나카무라의 이 논문을 "일조관계사(日朝關係史)의 개설(概說)로서 연구자들로부터 30년 동안이나 의거되어 오늘날에는 고전적인 가치를 지니고 있다."고 극찬했다.

실제로 왜구에 관해 나카무라가 제시한 여러 주장들은 전후 일본의 대외관계사학계에 계승되어갔다. 그 결과 전후 일본 대외관계사학계의 왜구와 관련된 여러 학설들은 전전(戰前)에 나카무라가 이 논문에서 제시한 왜구 패러다임 속에 포함되어 있다.

나카무라가 고려 말의 상황에 대해 어떻게 언급하였는지 살펴보자.

A. 재인(才人)·화척(禾尺) 등과 같은 특수부락민과 신분 해방을 원하는 천민이 왜구라고 속이고 폭동을 일으킨 예가 많으며 또 이들의 길 안내를 받아서 해구(海寇)들이 육지 깊숙이 침입하는 일도 있었던 것 같다. (중략)

B. 그런 가운데 고려는 많은 내정과 외정에서 어려운 문제를 안고 있었다. 안으로는 ⓐ왕위가 이미 권신이 좌우하는 바가 되었으며 더욱이 ⓑ왕은 유렵(遊獵)을 일삼으며 음란한 행동을 즐거하며 정사를 돌보지 않았고, ⓒ권문세가들의 권력 다툼은 아주 극심해 관제(官制)는 문란해져 매관매직이 성행하였으며 토지제도는 문란해져 귀족과 사원이 사유하는 전장(田莊)이 증가하였고 ⓓ군사제도는 붕괴되어 군사에 통제가 없었으며 세도가들이 보유하고 있던 사병이 증가하여 국가의 재용(財用)도 병력도 완전히 쇠퇴하고 말았다.

C. 밖으로는 원나라가 쇠퇴해 명이 일어나자, 그에 수반한 쟁란의 영향을 입었을 뿐 아니라 조선 국가의 전통적인 외정(外政)의 기조인 사대정책 상에 변화가 일어나 어디를 좇아야 할지 몰라 권신들 사이에 사원(事元)과 사명(事明)의 두 파벌이 생겨난 것은 이미 공민왕 시대 때부터의 일이다. 우왕 조에 들어와서는 몽골리아로 도주해 남은 목숨을 보존하고 있던 북원(北元)과 새로이 일어난 명과의 사이에 끼어서 한층 더 복잡한 국제적 관계가 진전되고 있었다. 그야말로 고려의 위기였다.

위의 A에서 나카무라는 재인과 화척들이 왜구라고 속이고 폭동을 일으킨 예가 많다고 했지만 사료에서 확인되는 것은 단 3건 밖에 없다. 그리고 재인과 화척들이 왜구들을 위해 길 안내를 했다는 사료도 없다. 여기서 나카무라가 '왜구'가 아니라 '해구'라는 용어를 쓴 것에도 유의해야 한다. 즉 왜구라고 하면 일본인이 연상되기 때문에 이를 바다의 도적이라고 한 것이다.

B에서는 고려 내정의 문제점들을 강조하고 있다. 그런데 위에서 나카무라 지적한 내용에 관해서 구체적으로 사실 여부를 확인하는 것보다 동시대의 일본의 상황을 대비해보는 것이 나을 것이다.

우선 '@왕위가 이미 권신이 좌우하는 바가 되었으며'에서 일본의 상황을 보면, 이미 가마쿠라 시대 말이 되면 왕통(王統)이 여러 갈래로 나뉘어 분열되는 현상을 보이기 시작했으며 천황이 되기 위해서는 가마쿠라 막부의 동의가 필요하게 되었다. 이어서 남북조 내란기가 되면 아시카가 다카우지와 함께 무로마치 막부를 세운 동생 아시카가 다다요시가 고다이고 천황의 동궁인 쓰네요시와 동생 나리요시 두 왕자를 독살했고 또 가마쿠라에 가두어 두었던 모리요시 왕자를 부하에게 지시해 암살했다. 일본의 상황이 고려보다 더 심하다고 해야 하지 않을까?

ⓑ의 '왕은 유렵(遊獵)을 일삼으며 음란한 행동을 즐겨하며 정사를 돌보지 않았고'를 당시 일본의 사정과 비교해보자. 남북조 내란의 한 주역이었던 고다이고 천황의 음란함은 공공연한 사실이었다. 일본의 역사 연구자는 고다이고 천황이 코끼리 머리에 인간의 몸을 한 남녀가 서로 껴안고 성교를 하는 형상을 본존(本尊)으로 하는 성천공(聖天供)을 수행하고 있었던 사례를 들어서 그의 황음함을 설명하기도 한다.

ⓒ의 매관매직이나 토지제도의 문란에 대해서는 본서의 제1부의 제2장 12의 '건무신정, 실패로 끝나다.'에서 언급한 바, 건무 정권의 토지 및 인사 정책의 문란함을 비난한 것으로 유명한 '니조가와라라쿠가키(二條河原落書)'에서 '요사이 교토에 유행하는 것'으로

졸지에 땅 부자가 된 사람,
(땅에 대한) 소유권의 인정과 은상(恩賞) 거짓 싸움
고향을 떠나는 소송인, 소송 문서를 넣은 가느다란 상자

라고 해, 토지 소유를 둘러싼 당시 사회의 혼란을 강조하고 있다.

ⓓ의 '군사제도는 붕괴되어 군사에 통제가 없었으며 세도가들이 보유하고 있던 사병이 증가하여 국가의 재용(財用)도 병력도 완전히 쇠퇴하고 말았다.'고 한 것은 일개 해적에 불과한 왜구에 대해서도 제대로 대처를 하지 못할 정도로 고려의 군사제도는 붕괴되고 말았다고 함으로써, 왜구 문제의 본질이 소규모 해적 집단인 왜구가 아니라 붕괴된 고려의 군사제도에 있음을 주장하고 있다.

그러나 고려 우왕 2년(1376) 8월 당시 고려는 기병 14,700, 보병 79,800명으로 총 94,500명의 정규군을 가지고 있었다. 요동 정벌의 실행이 가능했던 것도 이 정도 규모의 정규군을 보유하고 있었기 때문이었다.

그런데 나카무라는 이러한 남북조 내란기 당시 일본 사회의 혼란상에 대해서는 일절 언급하지 않고 고려 사회의 문제점만 부각시켜서 마치 왜구 문제의 본질이 일본이 아닌 고려 내부에 있었던 것처럼 왜곡하고 있다.

더욱 흥미로운 것은 고려 사회의 허물을 낱낱이 열거하면서 당시 일본 사회의 실태에 대해서는 함구할 것을 강조하고 있다. 이에 관한 나카무라의 언급을 보자.

> 황공하게도 천황을 위시해 황족 관계를 교재로 취급할 때에는 가장 용의주도하고 신중한 태도를 가지고 취급해야 한다. 예를 들면 입에 올리고 글로 쓰는 것조차 아주 황송하며 신하된 자의 눈을 덮고 귀를 막아야 할 사실(史實)을 일일이 다 언급해서 충의를 강조하고 국체(國體)를 논하는 일은 국민 일반의 상식 내지 국민을 교육시키는 과정에서 피해야 한다. 식자(識者)의 주의를 촉구할 생각에서 구태여 예를 들자면, 고토바(後鳥羽) 상황이 자신을 '새로 온 섬지기(新島守)'라면서 와카(和歌)를 지어 한탄한 것이라든지, 고다이고 천황이 일천만승(一天萬乘)의 천자의 존엄한 신분으로 "하늘 아래 숨을 곳이 없구나."라고 시를 읊으신 것을 언급함으로써 신하의 지성(至誠)을 자극하시려고 한 사례 등은 정말로 황공하기 이를 데 없는 것이라고 말하지 않을 수 없다.

'국체' 즉 천황의 존엄에 치명상이 될 수 있을 역사적인 사실에 대해서는 일체 언급해서는 안 된다고 하면서 다음 두 가지 실례를 두고 있다. 즉 조큐의 난(承久の亂)을 일으켰다가 실패해 오키섬으로 유배되어버린 고토바(後鳥羽) 상황이 자신을 '새로 온 섬지기(新島守)'라면서 와카(和歌)를 지어 자조(自嘲)한 사실이다. 그리고 고다이고 천황이 가사기 산에서 농성하다가 로쿠하라탄다이가 파견한 토벌대에 의해 성이 함락당하고 도주하면서 "하늘 아래 숨을 곳이 없구나."라는 와카를 지어 한탄했던 사례 등을 열거하고 있다. 나카무라가 고려 말의 혼란상을 구체적으로 열거하면서도 동시대 일본의 심한 혼란함에 대해서는 일체 함구하고 있는 것을 보면 역사학자로서의 그의 연구를 신뢰할 수 없음은 당연하다.

C에서는 나카무라는 고려 지배층의 사대주의적 성향을 지적하고 강조하였다. 그렇지만 열도국가인 일본과 달리 고려는 육속국(陸續國)으로 중원 대륙의 정세는 곧바로 국내 정치에 영향을 미쳤다. 따라서 국내 정치와 국제 정세는 불가분의 관계에 있었다. 당시 고려 조정의 대외 정책을 두고 사대성의 표출이며 이를 '조선 국가의 전통적인 외정의 기조'라는 것은 적합하지 않다.

1392년에 남북조 내란을 종식시킨 3대 쇼군 아시카가 요시미쓰가 1404년에 중국 황제로부터 일본국왕에 책봉된 것 역시 사대성의 표출인가, 라고 반문하고 싶다.[3]

그런데 이처럼 나카무라가 왜구의 발생과 관련해서 고려 국내의 여

---

3) 일본 학자들은 이를 두고 요시미쓰가 명나라와의 무역을 통해서 막대한 이익을 얻을 수 있다고 생각해 경제적인 실리를 위해 책봉을 받은 것이라고 설명하고 있다. 고려와 조선의 경우는 사대성의 표출이고 일본은 경제적인 실리를 고려한 현명한 판단이었다고 주장하는 것이다.

러 가지 문제점들을 지적하면서도 동시대 일본의 국내 정세에 대해서는 일체 언급하지 않은 것에 대해 '우연한 실수' 내지는 '연구자로서의 역량 부족'이라고 생각할 사람이 있을지도 모른다. 그러나 나카무라의 이러한 역사 서술도 황국사관의 중요한 일부였다.

일본은 근대 이래로 소위 역사 연구를 '순정(純正) 사학', 국사 교육을 '응용(應用) 사학'이라 하여 양자를 구별해 왔다. 남북조 정윤논쟁이 있은 이후, 역사연구자라 할지라도 천황과 국체의 기원은 물론 남조 정통론에 대해서 이의를 제기하는 것도 금기시 되었다. 나카무라는 조선에서 역사 교과서 편찬 업무를 관장하면서 조선에서 국사 교육에 종사하던 일본인 교육자들에게 황국사관의 또 다른 측면, 즉 '교육과 학문은 별개의 것'이라는 지침을 제시했다.

조선에서 실제로 국사교육에 종사하던 일본인들 역시 이러한 지침을 충실하게 따랐다. 예를 들어, 경성사범학교장인 와타나베 노부하루(渡邊信治)는 "역사에는 순정 역사도 중요하지만 교육적으로 유효하게 하는 것이 더 중요하다"고 했다. 요시오 이사오(吉尾勳)는 "국사는 국가의 의지에 의해 편집된 교화사(敎化史)이고 자신들은 교육자이지 학자가 아니다"라고 선언하기도 했다. 식민지 조선의 교육현장에서도 일본 국내와 다르지 않게 순정사학과 응용사학의 구분에 의해 국사 교육이 이루어지고 있었음을 알 수 있다.

그렇다면 나카무라의 고려 말 왜구 왜곡은 어떤 식으로 이루어졌을까. 그는 고려 말 왜구, 특히 왜구들의 침구가 가장 극성을 부리던 우왕 대의 왜구의 주체는 쓰시마와 이키섬, 마쓰우라 지방의 일본인이라기보다는 실제로는 화척과 재인, 제주도 인 그리고 억압받고 있던 고려 백성들이었다고 주장한다.

또 그에 의하면 왜구들이 이처럼 발호(跋扈)하게 된 배경도 고려 지배층의 무능함과 부패, 그리고 고질적인 사대주의 등에서 비롯하는 토지 및 군사 제도의 붕괴 때문이었다. 그래서 고려는 왜구 때문에 결국 멸망하게 되었다, 라는 식의 주장을 펼치면서 왜구 발호의 배경으로 남북조 내란이라는 일본 국내 정세는 일체 고려(考慮)하지 않았다. 또한 조선이 건국되자, 정치를 바로 잡고 토지 제도와 군사제도를 개혁하였으며 왜구들에게 삼포(三浦)를 개방해 무역에 혜택을 베풀어주는 등의 유화적인 회유책을 실시함으로써 마침내 왜구들은 평화적인 상인으로 탈바꿈하게 되었다, 라는 것이 나카무라를 위시한 일본인 왜구 연구자들의 주장이다.

그러나 이미 1384년부터 왜구는 그 규모도 작아지고 침구의 빈도 역시 급감하기 시작한다. 즉 왜구의 대규모 선단이 고려의 수도권 해역인 중부 서해안 일대에 침구해오는 일은 이후 더 이상 볼 수 없게 되었다. 이는 조선 초에 들어가서도 변하지 않는다. 고려와 무로마치 막부의 왜구 및 규슈 남조 대책이 드디어 그 효과를 드러내기 시작한 것이다. 조선 시대 초에도 왜구는 여전히 사라지지 않고 활동하지만 그 규모와 빈도는 고려 말의 극성기와 비교도 되지 않을 정도로 줄어들었다. 더 이상 고려 말 당시처럼 위협적이지 않게 되었다. 다시 말하자면 왜구는 일본의 남북조 내란의 종식, 구체적으로는 1384년을 경계로 하여 그 규모와 침구 빈도에 있어서 비교가 되지 않을 정도로 달라지는 것이다.

나카무라의 주장은, 고려 말 왜구 문제의 본질이 남북조 내란이라는 일본의 국내정세가 아니라 고려 사회 내부의 여러 가지 병폐에 있다는 것이다. 이는 달리 표현하자면 도둑이 자신의 잘못은 감추고 피해자가 집단속을 제대로 하지 못해서 일어난 것이라는 식으로 책임을 피해자에게 전가하는 것이다. 그리고 그 뒤에 피해자가 도둑의 눈치를 살피면서 가지고 있는 물건 중 일부를 알아서 미리 넘겨주었더니 더 이상 피해를 당하지 않게 되었다는 주장과 다를 바 없다.

그런데 이런 논조는 지금도 일본학계나 지식계에서 그대로 통용되고 있으며 심지어 얼마 전까지만 해도 한국학계나 교과서에서도 별다른 비판 없이 그대로 수용되었다.

일본에서는 그렇다 치더라도 한국에서는 어떻게 이런 주장이 받아들여졌을까? 여기에 나카무라의 교묘한 트릭이 있었다. 그것은 한국 사람들에게 다음과 같이 생각하게 하는 것이다.

> 고려가 멸망한 것은 부정할 수 없는 역사적 사실이다. 500년 가까이 지속되어온 왕조가 멸망했으니 거기에는 분명히 타당한 이유가 있었을 것이다. 그리고 실제로 고려는 약 백년 가까이 몽골의 정치적 속박 아래에 있었고 그로 인한 폐해는 컸다. 고려가 왜구 문제를 제대로 해결하지 못한 것도 고려 왕조 내부의 여러 가지 문제 때문이었다. 그런데 조선이 건국해 고려가 안고 있던 여러 가지 문제들을 해결하자 왜구의 침구는 사라졌다. 분명히 문제가 있었으니 고려는 멸망했지만, 그 문제를 결국 같은 한민족이 해결했으니 된 거 아닌가?

나카무라가 지향한 것은 고려 말 왜구와 남북조 내란의 규슈 남조무사들을 차단시키는 것이었다. 또한 규모와 침구 빈도가 대폭 감소한 조선시대 초의 왜구 관련 사료를 가지고 왜구상(倭寇像)을 만들어 내어 그것이 (일본인으로 구성된) 왜구의 실체였으며 『고려사』에 보이는 고려 말 왜구, 특히 우왕 대의 왜구는 거의 대부분 고려인들이었다고 주장한다. 고려가 멸망하고 조선이 건국한 1392년에 일본의 남북조 내란도 끝나, 더 이상 왜구와 남북조 내란의 규슈 남조 무사들이 하나로 연결될 위험이 사라지게 된다.

그런데 나카무라의 왜구 서술은 비단 위의 목적 달성만을 위한 소박한 것이 아니었다. 조선에서의 황국사관의 전도사라는 별명에 걸맞게 그에게는 더 원대한 목표가 있었다. 그 달성을 위해 그의 저서『일선관계사의 연구』는 교묘하게 꾸며진다. 일본 최고의 수재들만 진학할 수 있던 이치코(一高)[4]와 도쿄제국대학을 졸업한 수재였던 그는 이러한 목표를 달성하기에 충분한 능력을 지닌 우수한 인재였던 것이다.

그는 자신의 저서에서 우선 고려(조선)의 역사를 지배층의 무능과 부패, 그리고 사대주의로 점철한 역사로 왜곡한 뒤, 일본 역사와 관련지어 서술한다. 전근대 한반도에 있었던 국가가 주체적으로 교류했던 중국이나 북방 유목민족국가와의 역사에 대해서는 소략하게 서술하는 반면, 주로 일본과의 관계를 집중적으로 그리고 자국 중심적으로 편향되게 서술한다. 물론 그 과정에 구체적인 사료를 꼼꼼하게 제시해 최

---

4) '다이이치코토갓코(第一高等學校)' 또는 '규세이이치코(舊制一高)'라고 부른다. 1886년(메이지 19)에 일본의 근대국가 건설을 위해 필요한 인재 양성을 목적으로 하여 창설되었다. 1894년(메이지 27), 이치코의 수학기간이 3년이 되어 제국대학의 예과(豫科)로 되었다. 一部는 법학, 정치학, 문학, 二部는 공학, 이학, 농학, 약학, 三部는 의학이었다. 또 1921년 이후는 문과가 갑, 을, 병류와 이과의 갑, 을류로 분류된다.
　　졸업생 대부분은 도쿄제국대학으로 진학해 정계와 관계, 재계, 학계 등의 모든 분야에서 엘리트로서 활약하는 유능한 인재로 성장했다. 이치코의 특색은 1890년대부터 시작한 학생에 의한 자치제도와 전원 기숙제도를 들 수 있다. 학교에서는 학문 이외에 기숙사에서 선배와 후배, 문과생과 이과생의 구별 없이 토론하고 우정을 다지며 서로 계발하고 자극을 주고 받는 관계에서 더 유능한 인격이 형성되어갔다.
　　이치코가 폐지된 이후, 그 학교의 교사와 조직은 도쿄대학교양학부 전기과정(2년제)로 편입되었다. 『위키피디아』 일본어판.

대한 실증주의적인 연구에 입각한 서술인 것처럼 위장한다.

그리고 한반도와 일본과의 관계도 가능한 대립과 갈등을 부각시키지 않으며 양호한 관계 속에서 두 민족이 교류하고 있었던 측면을 강조한다. 예를 들면, 일본에 사신으로 간 적이 있었던 신숙주가 죽기 직전에 성종 임금에게 "일본과 사이좋게 지내십시오."라고 했다는 것을 들면서 그가 저술한 『해동제국기(海東諸國記)』를 최고의 저술이자 사료라고 높이 평가한다.

이렇게 하여 조선(한국)의 식자(識者)들이 읽었을 때 거부감이나 반발이 생기지 않도록 문장 표현 등을 최대한 배려한다. '내선일체(內鮮一體)'를 관철해 제국 일본의 충량(忠良)한 신민(臣民)을 육성, 확대되는 일제(日帝)의 전선(前線)에 조선의 젊은이들을 동원하게 하는 것이 그의 역사 연구와 교과서 편찬 작업의 최대의 목적이었기 때문이다.

따라서 나카무라의 한국사 및 한일 관계사의 서술에 고려(조선) 민족사의 주체성, 자주성, 독립성, 능동성과 같은 것이 드러나서는 안 된다. 아니, 나카무라에게 있어서 이러한 특성들은 그들 조선 민족에게는 원천적으로 존재하지 않는 것이었다.

그러면, 이처럼 나카무라에 의해 철저하게 왜곡되어진 역사의 실상은 어떠했을까? 공민왕 조정은 '원명(元明) 교체'라는 동아시아 국제 질서의 대 혼란기 속에 북으로는 여진족과 홍건적, 이보다 더 위협적인 원나라와 명나라의 침공 위협, 남으로는 왜구의 침구를 동시진행형으로 겪으면서도 반원자주개혁(反元自主改革)을 추진하면서 끊임없이 내부 개혁을 단행해 이들 북방 국가들의 군사 침공을 막아냈으며 더 나아가 원나라에게 빼앗겼던 영토를 회복했다.

그리고 명나라가 고려에 대하여 자국으로 침범해오는 왜구를 막으라는 강한 요망을 역(逆)으로 이용해 화약과 화약 무기 지원을 이끌어 냈고, 이를 활용해 고려도 자체적으로 생산할 수 있게 되었다.

고려 수군이 화약 무기를 활용해 왜구와의 해전을 승리로 이끌게 되자, 왜구들은 더 이상 마음대로 대규모 선단을 이끌고 한반도를 침공할 수 없게 되었다. 그러자 한반도에서의 왜구의 침구를 통해 규슈에서의 전투 수행에 필요한 물자를 예전처럼 손쉽게 얻을 수 없게 된 규슈의 반란세력(남조)은 점차 전력이 약화되어갔다.

이 과정에 고려는 일본의 무로마치 막부와 100년 전의 여몽 연합군의 일본 침공 이후 단절되었던 외교 관계를 회복하고 긴밀하게 소통하고 협력하면서 친선 우호관계를 다져나갔다.

이처럼 왜구 금압을 위한 고려의 대명(對明) 외교는 화약과 화약 무기 도입을 가능케 했고 그 결과 왜구와의 해전(海戰)에서 승기(勝機)를 잡을 수 있게 했다. 아울러 이와 동시진행형으로 추진된 고려의 대일(對日) 외교는 무로마치 막부와의 군사 및 외교적인 협력을 바탕으로, 왜구와 규슈 남조에 대한 연합작전의 전개로 이어졌다. 즉, 우왕 대의 왜구는 막부의 규슈탄다이와 규슈 남조의 결전을 앞둔 시점 또는 결전 직후에, 남조 휘하 무장 집단들이 한반도로 전투 수행에 필요한 물자를 약탈하기 위해 쳐들어왔던 것이 그 실태이다. 그런데 고려가 화약 무기를 활용해 해상에서 이들을 격퇴할 수 있게 되면서 왜구들은 더 이상 예전처럼 손쉽게 물자를 확보할 수 없게 되었다.

그것은 결국 규슈 남조 세력의 약화를 초래했다. 그리고 일본 전국에서 유일하게 남조의 우세가 유지되고 있던 규슈 지역에서의 세력 약화는 요시노의 남조 조정에게 더 이상의 내전이 무의미함을 깨닫게 했다. 그 결과 60년 넘게 끌어왔던 일본의 남북조 내란도 마침내 끝나게 되었다.

한국 역사학계에서 고려는 뛰어난 외교술로 영토를 보전해왔다고 하면서 그 사례로 서희가 글안족의 침공을 외교로 막아낸 것을 들고 있다. 이러한 고려의 외교술은 오직 서희의 사례에서만 볼 수 있는 특수한 사례였을까? 명나라가 왜구 금압을 요구하기 위해 일본에 사절을 파견했을 때 그 교섭 대상자는 규슈의 남조(정서부)였다. 그러나 고려의 사절 파견의 대상은 처음부터 끝까지 무로마치 막부(규슈탄다이)였다. 이것은 우연이었을까? 그렇지 않다. 고려는 중원의 국가들과는 달리 이웃나라 일본과 여몽 연합군의 일본 침공 이전에도 쓰시마와 다자이후(大宰府)를 통해 가마쿠라 막부와 외교적인 교류를 해왔다. 그 결과 일본 사회의 실체에 대하여 중국의 원이나 명나라보다 더 잘 알고 있었다.

결과적으로 일본 전국에서 이미 우세를 점하고 있던 막부와 교섭한 고려의 판단이 옳았다. 중국 대륙과 일본 열도의 중간에 위치한 고려는 중국보다는 일본에 대하여, 그리고 일본보다는 중국에 대하여 더 잘 알고 있었다. 그것이 고려가 시의(時宜)에 적절한 외교를 통해 국가적 위기를 헤쳐 나갈 수 있었던 원동력 중의 하나였다.

남북에서 강력한 이민족과 국경을 접하고 있던 고려(조선)는 동시에 이들 이민족에 의한 군사적 침공 위협을 당할 때에 어느 한 쪽을 선택해 국력을 집중시킬 수밖에 없다. 북쪽이 위험하면 남쪽의 이민족과 타협하고 반대의 경우에는 북쪽과 타협해 위기를 극복해야 하는 것이 한반도에 자리 잡은 모든 왕조와 정부의 숙명이다.

실제로 공민왕의 반원자주개혁으로 인해 원나라의 침공 위협이 상존하고 있을 때에 고려는 왜구의 침구를 참고 견뎌냈다. 그리고 그 위협이 사라지게 되자, 곧바로 일본에 사절을 파견해 왜구 금압을 위한 대응 조치를 이끌어 냈다.

원이 북쪽으로 도주하고 새로이 명나라가 중원을 장악하고 대외팽창에 나서게 되자 이에 위협을 느낀 고려와 일본은 서로 협력해 이에 대응한다. 이 과정에 활약한 것이 나흥유와 안길상, 그리고 정몽주를 위시한 고려 측 외교관들이고 일본 측에서는 규슈탄다이 이마가와 료슌이 주축이 되어 파견한 사절, 양유와 신홍 등과 같은 사절들이었다. 그리고 이러한 양국관계는, 이마가와 료슌이 파견하는 사절들이 여러 차례 데리고 온 피로인(被擄人, 왜구에게 잡혀온 고려 백성들)의 송환 작업을 통해 유지되고 있었다. 그리고 이러한 일본과의 안정된 관계는 우왕 대의 최영 장군에 의한 요동 정벌의 추진을 가능케 한 전제가 되었다고 생각한다.

일본의 무로마치 막부는 물론 명나라 홍무제 주원장의 협력까지 이끌어낸 교묘한 고려의 탁월한 외교술이야말로 민족사의 최대 위기 국면을 극복할 수 있었던 최대의 원동력이었다.

부록

고려 말 왜구 관련 사적지 답사

고려 말 왜구의 주요 침구 지역 및 이동 경로에 관한 사료와 지도

1. 우왕 2년(1376) 6~7월에 걸쳐 충남 지방을 침구한 왜구의 이동 경로

이동 번호	시기(월)	침구 지역	사료 내용
3	6/미상	임주(林州) / 1	왜구가 임주(충남 부여군 임천면)를 노략질하였다. 전주도병마사 유실과 지익주사 김밀 등이 힘써 싸워 물리쳤다.
7	7/미상	부여(夫餘)· 공주(公州) 정현(鼎峴) / 2	부여를 노략질하고 공주에 이르니 목사 김사혁이 정현(충남 공주시 탄천면 정치리)에서 싸워 패함. 왜적이 마침내 공주를 함락시켰다.
8	7/미상	석성(石城)·연산현 (連山縣)의 개태사 (開泰寺) / 2	적이 석성(충남 부여군 석성면)을 노략질하고 이어 연산현(충남 논산시 연산면) 개태사(연산면 천호리)쪽으로 향하자 박인계가 싸우다가 말에서 떨어져 전사했으며 적은 개태사를 짓밟아 버렸다.
9	7/미상	낭산현(朗山縣)· 풍제현(豊堤縣) / 2	왜구가 낭산현(전북 익산시 낭산면)·풍제현(전북 익산시 용안면) 등을 노략질하여 원수 유영과 병마사 유실이 힘껏 싸워 적을 물리치니, 우왕이 사람을 시켜 비단을 하사했다.
10	7/미상	홍산(鴻山) / 1	최영이 홍산(충남 부여군 홍산면 북촌리 홍산초등학교 옛 태봉산성)에서 왜구를 격퇴하다.

기태사

개태사의 쇠 솥 – 얼마나 규모가 큰 절이었는지 알 수 있다.

홍산 전투의 현장

귀신사의 모습 – 이곳에서 왜구와 고려 토벌대가 전투를 벌였다. 입구의 석축이 마치 성벽을 방불케 한다.

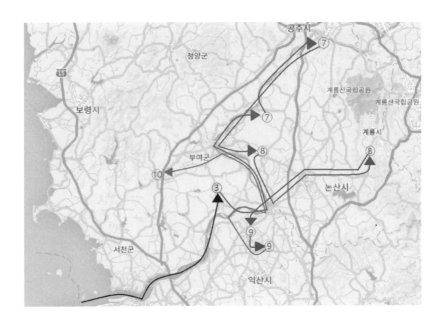

2. 우왕 2년(1376) 9월에 전북 지방을 침구한 왜구의 이동 경로

이동 번호	시기(월)	침구 지역	사료 내용
11	9/미상	고부(古阜)· 태산(泰山)· 흥덕(興德)· 보안현(保安縣)· 인의현(仁義縣)· 김제현(金堤縣)· 장성현(長城縣) / 7	왜구가 고부(전북 정읍시 고부면 관청리)·태산(전북 정읍 태인면)·흥덕(전북 고창군 흥덕면) 등지를 노략질해 관아를 불사르고, 또한 보안현(전북 부안군 보안면)·인의현(전북 정읍시 태인면)·김제현(전북 김제)·장성현(전남 장성군) 등을 노략질하였다.
12	9/미상	전주(全州)· 귀신사(歸信寺) / 2	왜구가 전주를 함락시키니, 목사(牧使) 유실이 더불어 싸웠으나 패하였다. 적이 물러나 귀신사(전북 김제시 금산면 청도리)에 주둔하자 유실이 다시 공격하여 그들을 물리쳤다.
13	9/미상	임파현(臨坡縣) / 1	왜구가 임파현(전북 군산시 임피면)을 함락시키고 다리를 철거하여 스스로 굳게 지키니, 유실이 몰래 사졸들로 하여금 다리를 만들게 하고 변안열은 군사를 거느리고 건너서 안렴(按廉) 이사영으로 하여금 다리 부근에 복병을 두도록 하였는데, 적이 바라보고서 맞서 공격하자 우리 군대가 패하였다.

3. 우왕 2년(1376) 10월에 전북 부안 변산반도 일대를 침구한 왜구의 이동 경로

이동 번호	시기(월)	침구 지역	사료 내용
14	10/미상	부령현(扶寧 縣) / 1	왜구의 배 50여 척이 웅연(熊淵, 전북 부안군 진서면 곰소)에 배를 대고 적현(狄峴, 전북 부안군 상서면 감교리 호벌치 고개)을 넘어 부령현(扶寧縣, 전북 부안군 동진면)을 노략질하면서 동진교(東津橋, 동진강에 있던 다리)를 부숴 아군이 접근하지 못하게 했다. 나세는 변안열·조사민 등과 함께 밤에 다리를 놓고 군사를 나누어 왜적을 공격했다. 적의 보병과 기병 천여 명이 행안산(幸安山, 전북 부안군 행안면)으로 올라가자, 아군이 사방에서 그들을 공격해 적군은 패주했고 드디어 대파했다.

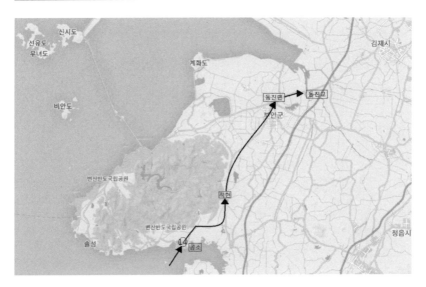

4. 우왕 2년(1376) 11월에 경남 일대를 침구한 왜구의 이동 경로

이동 번호	시기(월)	침구 지역	사료 내용
18	11/미상	진주 명진현(溟珍縣)· 함안(咸安)·동래(東萊)· 양주(梁州)·언양(彦陽)· 기장(機張)·고성(固城)· 영선(永善) / 8	왜구가 진주 명진현(진주시)을 노략질하고 또한 함안·동래·양주(경남 양산)·언양(울 산시 울주군 언양읍)·기장(부산시 기장군) ·고성(경남 고성군)·영선(경남 고성군 영 현면) 등지를 불사르고 노략질하였다.
19	11/미상	밀성군(密城郡)· 동래현(東萊縣) / 2	왜구가 밀성군(경남 밀양시)과 동래현(부 산시 동래구 일대)에서 노략질하였다.
20	11/미상	진주(晋州) 반성현(班城縣)· 울주현(蔚州縣)· 회원현(會原縣)· 의창현(義昌縣) / 4	왜구가 진주 반성현(경남 진주시 일반성 면)을 노략질하고 또한 울주현(울산시 울 주군)·회원현(경남 창원시 마산회원구)· 의창현(경남 창원시 의창구) 등지를 침략 해 불을 지르고 거의 모든 재물을 약탈해 갔다.

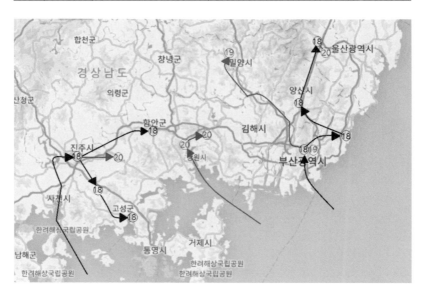

5. 우왕 2년(1376) 12월에 경남 일대를 침구한 왜구의 이동 경로

이동 번호	시기(월)	침구 지역	사료 내용
21	12/미상	합포영(合浦營)·양주(梁州)·울주(蔚州)·의창현(義昌縣)·회원현(會原縣)·함안현(咸安縣)·진해현(鎭海縣)·고성현(固城縣)·반성현(班城縣)·동평현(東平縣)·동래현(東萊縣)·기장현(機張縣) / 12	왜구가 합포영(경남 창원시 마산회원구 합성동)을 불살랐고, 양주(경남 양산시)·울주(울산시 울주군) 및 의창현(경남 창원시 의창구)·회원현(경남 창원시 마산회원구)·함안현(경남 함안군)·진해현(경남 창원시 진동면)·고성현(경남 고성군)·반성현(경남 진주시 일반성면)·동평현(부산시 부산진구)·동래현(부산시 동래구 일대)·기장현(부산시 기장군) 등을 도륙하고 불살랐다.

6. 우왕 3년(1377) 4~5월에 걸친 왜구의 침구 및 이동 경로

이동 번호	시기(월)	침구 지역	사료 내용
※	3/미상		경상도원수 우인열이 쓰시마로부터 대규모의 왜구가 침입해 오고 있다고 보고했지만, 이때 강화(江華)의 왜구가 경도(京都)에 매우 가까이 닥쳐와서 나라에서는 방어를 하느라 겨를이 없었다.
5	4/미상	울주(蔚州)· 계림(鷄林) / 2	왜구가 울주(울산광역시 울주군)·계림(경북 경주시)을 노략질하였다.
6	4/미상	울주(蔚州)· 황산강(黃山江) / 2	왜구가 또다시 울주(울산광역시 울주군)를 노략질하였다. 원수(元帥) 우인열이 가서 그들을 공격하여 9명의 목을 베었다. 또한, 김해부사 박위가 황산강(黃山江) 어귀에서 왜구를 공격하여 29명의 목을 베었다.
7	4/미상	울주(蔚州)· 양주(梁州)· 밀성(密城) / 3	왜구가 울주(울산광역시 울주군)·양주(경남 양산시)·밀성(경남 밀양시) 등지를 노략질하여 불사르고 거의 모든 재물을 빼앗았다.
8	4/미상	언양현(彦陽縣) / 1	왜구가 언양현(울산 울주군 언양읍)을 불살랐고, 계림부윤 윤승순이 전투를 벌여 적 4급(級)을 베었다.
9	4/미상	밀성군(密城郡)· 영산현(靈山縣)· 율포(栗浦) / 3	왜구가 밀성군(경남 밀양시)을 노략질하니, 우인열이 더불어 싸웠으나 패하였다. 왜구가 영산현(경남 창녕군 영산면)에 이르자 우인열과 부원수 배극렴 등이 율포(불명 영산현 인근)에서 싸워서 10여 명의 목을 베었다.
10	4/미상	서강(西江) / 1	왜구가 서강을 침입하니, 최영·변안열이 군사를 내어 물리쳤다.
11	4/미상	여미현(餘美縣) / 1	왜구가 여미현(충남 서산시 음암면과 운산면 일부)을 노략질하였다.
12	5/미상	강화도 / 1	왜구가 또 강화도를 노략질하고 마음대로 살해하고 약탈하였다.
13	5/미상	지리산(智異山) / 1	이성계가 지리산에서 왜구를 공격해 크게 물리쳤다.

14	5/미상	남양현(南陽縣)·안성현(安城縣)·종덕현(宗德縣) / 3	왜구 100여 기가 남양현(경기도 화성시 남양동)·안성현(경기 안성시)·종덕현(경기 수원시) 등지를 침략하였다.
15	5/미상	강화도 / 1	왜구가 다시 강화를 침략하여 봉화가 강화도로부터 밤낮없이 올라오니 개경에 계엄이 내려졌다. 원수들을 동·서강(東西江)으로 파견하여 나누어 수비하게 하고 용사들을 모집해 모두 관직을 주었고, 먼저 베를 지급하였는데 각각 50필씩이었다.
16	5/미상	밀성(密城) / 1	왜구가 밀성(경남 밀양시)을 침략하여 촌락을 노략질하여 보리를 빼앗아 배에 실으면서 무인지경(無人之境)을 가듯 밟아버리니, 안동조전원수 왕빈이 공격하여 물리쳤다.

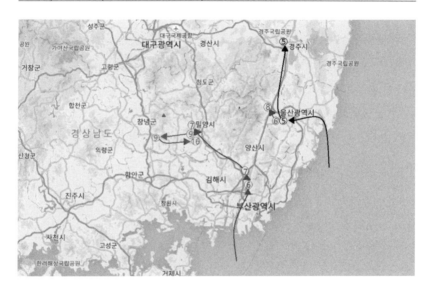

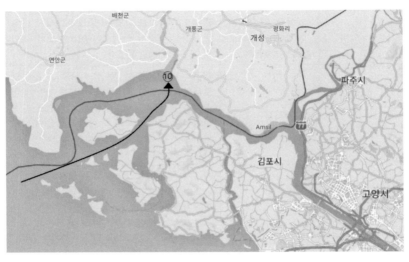

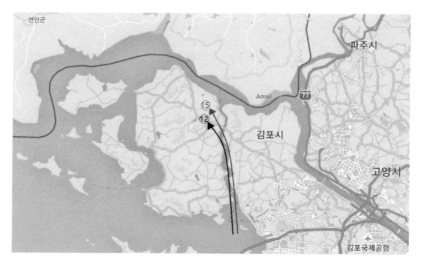

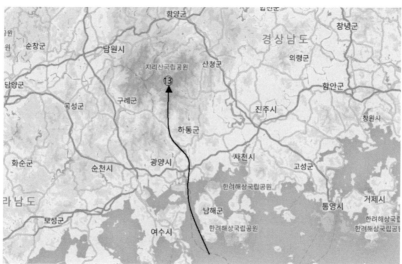

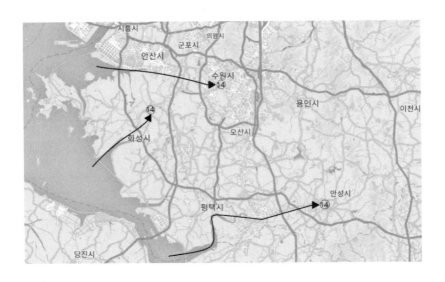

7. 경신년(1380) 7~9월에 걸친 왜구의 침구 및 이동 경로

이동 번호	시기(월)	침구 지역	사료 내용
8	7/미상	서주(西州)· 부여현(扶餘縣)· 정산현(定山縣)· 운제현(雲梯縣)· 고산현(高山縣)· 유성현(儒城縣)· 계룡산(雞龍山)· 청양(靑陽)· 신풍(新豊)· 홍산(鴻山) / 10	왜구가 서주(충남 서천군)를 노략질하고 또다시 부여현(충남 부여군)·정산현(충남 청양군 정산면)·운제현(전북 완주군 운주면)·고산현(전북 완주군 고산면)·유성현(대전 유성구) 등지를 노략질하다가 결국 계룡산으로 들어갔다. 당시 부녀자와 어린아이들 가운데 적을 피해 산에 올랐던 자들이 많이 피해를 입었다. 양광도원수 김사혁이 공격하여 이들을 쫓아내니, 왜구가 마침내 청양(충남 청양군)·신풍(충남 공주시 신풍면)·홍산(충남 부여군 홍산면)을 노략질하고 떠났다.
9	7/미상	옥주(沃州)· 금주(錦州)· 함열현(咸悅縣)· 풍제현(豊堤縣) / 4	왜구가 옥주(충북 옥천군)와 금주(충남 금산군)를 노략질하고 또다시 함열현(전북 익산시 함열읍)·풍제현(전북 익산시 용안면) 등지를 노략질하였다.

10	8/미상	공주(公州) / 1	왜구가 공주(충남)를 노략질하니, 김사혁이 격파하여 쫓아버렸다.
11	8/미상	진포(鎭浦)·옥주(沃州)·이산현(利山縣)·영동현(永同縣) / 4	왜구의 배 500척이 진포(충남 서천군 장항읍)에 들어와 불을 지르고 노략질을 자행하였다. 나세·심덕부·최무선 등이 화포를 사용하여 왜구의 배를 불태우자 왜구가 거의 다 타죽었고 바다에 빠져 죽은 자도 또한 많았다. 왜구가 포로로 잡은 이들 중 오직 330여 인만이 탈출했다. 남은 왜구들은 옥주(충북 옥천군)로 달아나, 해안에 상륙해 있던 적과 합세하여 이산현(충북 옥천군 이원면)과 영동현(충북 영동군)을 불태웠다.
12	8/미상	임주(林州) / 1	김사혁이 임주(충남 부여군 임천면)에서 왜구를 체포하여 46명의 목을 베었다.
13	8/미상	황간현(黃澗縣)·어모현(禦侮縣)·중모현(中牟縣)·화령현(化寧縣)·공성현(功城縣)·청리현(靑利縣)·상주(尙州)·선주(善州) / 8	왜구가 황간현(충북 영동군 황간면)과 어모현(경북 김천시 어모면) 두 곳을 불태우고 또다시 중모현(경북 상주시 모동면·모서면)·화령현(경북 상주시 화서면)·공성현(경북 상주시 공성면)·청리현(경북 상주시 청리면) 등지를 노략질하였으며, 마침내 상주(경북 상주시)와 선주(경북 구미시 선산읍)를 불태웠다.
14	8/미상	신곡부곡(薪谷部曲) / 1	왜구가 경산부(경북 성주군)의 신곡부곡(경북 김천시 조마면)을 침략하였다.
15	8/미상	사근내역(沙斤乃驛) / 1	왜구가 사근내역(경남 함양군 수동초등학교)에 주둔하니, 원수(元帥) 배극렴·김용휘·지용기·오언·정지·박수경·배언·도흥·하을지 등이 공격하였으나 패전하여, 박수경과 배언이 전사하고 사졸들 가운데 죽은 자가 500여 인이나 되었다. 왜구가 마침내 함양을 도륙하였다.
16	9/미상	운봉현(雲峯縣)·지리산(智異山) / 2	왜구가 운봉현(전북 남원)을 불살랐다. 이성계가 여러 장수들과 함께 운봉에서 왜구를 공격하여 크게 격파하였는데, 남은 적들은 지리산으로 도망갔다.

『고려사』 권제121. 열전 권제34. 열녀(烈女) 강호문의 처 문씨

강호문의 처 문씨가 왜적을 피해 투신하다.

　　문씨(文氏)는 광주(光州) 갑향(甲鄕 : 전남 담양군 창평면) 사람이
다. 나이가 차자 판전교시사(判典校寺事) 강호문(康好文)에게 시집갔
다. 우왕 14년(1388)에 왜구가 쳐들어왔는데 광주의 군사들은 갑작스
레 당한 일이라 막아내지 못하였다.(7월)[1] 문씨에게는 두 아이가 있
었는데 젖먹이를 업은 채 큰아이를 데리고 달아나 숨으려 했으나 갑
자기 나타난 적에게 잡혀버렸다. 자결하려고 끌려가지 않으려 하자

---

1)　『고려사』 권제137. 열전 권제50. 창왕(昌王) 즉위년 7월 왜적이 광주를 함락시키다.
　　왜구가 광주(光州)를 함락시키니, 양광전라경상도도체찰사(楊廣全羅慶尙道都體察使)
　　황보림(皇甫琳) · 양광도부원수(楊廣道副元帥) 도흥(都興) · 전라도부원수(全羅道副元
　　帥) 김종연(金宗衍) · 경상도부원수(慶尙道副元帥) 구성로(具成老) 등을 보내 구원하게
　　하였다.

적들은 목에다 밧줄을 묶어 앞장서게 하였으며 <u>업고 있던 젖먹이를 버리라고 핍박하였다.</u> 문씨는 어쩔 도리가 없음을 알고 젖먹이를 싸서 나무 그늘에 놓아두고 큰아이에게 말하기를, "너도 여기에 있으면 데리고 가 보호해줄 사람이 있을 게다."라고 하였지만, 아이는 억지로 따라 왔다. 몽불산(夢佛山 : 병풍산, 전남 담양군 수북면 대방리) 극락암(極樂菴) 근처에 접어들었을 때 높이가 족히 1,000여 척이 넘는 낭떠러지가 나타났고 그 위에 작은 오솔길이 나 있었다. 문씨는 같이 잡혀온 이웃 여자에게 말하기를, "<u>도적에게 몸을 더럽혀 사느니 차라리 깨끗한 몸으로 죽겠다.</u>"라고 하며 아래로 몸을 던져 추락하였다. 적들은 미처 막지 못하자 온갖 욕설을 퍼부은 후 아이를 죽이고 가버렸다. 마침 절벽 아래에는 칡넝쿨과 부들이 빽빽이 우거져 있었기에 문씨는 오른팔만 부러진 채 목숨을 건져 한참 뒤에야 깨어났다. <u>앞서 절벽의 동굴에 피난 와 있던 마을 사람이 그를 발견하고 불쌍히 여겨 죽을 먹이고 보살폈다. 사흘 뒤 적이 물러갔다는 소식을 듣고</u> 마을로 돌아오자 놀라며 감탄하지 않는 사람이 없었다.

이상의 사료를 토대로 2020년 4월 5일, 담양군 창평면과 병풍산을 답사하였다. 수북면 대방제 주차장에 차를 세우고 국제청소년 교육원을 지나 만남재까지 가는 길은 비교적 평탄한 편이었다. 만남재에서 용구샘(또는 옹구샘)을 향하는 길도 처음 얼마동안은 그리 힘들지 않았다. 그러다가 나타난 산의 정상을 향해 나있는 가파른 경사면의 길을 한참 올라가니 삼거리의 표지판이 나왔다. 이 삼거리에서 옹구샘을 향해 절벽을 따라 좁은 길이 나있다. 도중에 절벽에서 떨어져 나온 바위들이 늘어져 있어서 삼거리에 옹구샘으로 가는 길이라는 표지판이 없다면, 이곳이 사람이 다닐만한 길이라는 생각이 들지 않을 것이다. 이 길 끝에 옹구샘이 있다는 것을 사전에 알고 있지 않다면 아마도 이

동굴을 찾기 어려울 것 같았다. 다시 말해 외지인은 알기 어려운, 유사시에 좋은 피난처가 될 것 같다.

바위 절벽 아래에 놀랍게도 높이 약 1미터이상, 좌우로 폭이 50센티미터 정도 되는 직사각형의 동굴이 있고 그 안에는 깊이 약 50 센티미터, 좌우로 폭이 약 1미터 이상, 앞뒤로 1미터 정도의 샘물이 고여 있었다. 그리고 앞에는 약 30평 정도의 공간이 있었다. 자세히 바라보니 인공적으로 조성한 축대가 있었고 지표면에는 기와와 도기(陶器) 파편이 흩어져 있었다. 건축물이 있었을 것으로 생각된다. 문씨 부인을 구한 마을 사람이 피난해있었다고 하는 동굴이 이 옹구샘 동굴이었을까? 그렇다면 부인이 몸을 던진 절벽은 투구봉으로 생각할 수 있다.

위의 사료를 보면 왜구들이 쳐들어왔을 때 문씨 부인은 곧바로 붙잡힌 것처럼 생각된다. 그렇다면 창평면에서 이 옹구샘까지는 너무 멀다는 생각을 지울 수 없다.

그러나 목은 이색은 다음과 같은 시를 남겨 왜구들이 왜구가 바다에서만이 아니라 산도 잘 타는 존재였음을 보여주고 있다.

> 어이해 해적이 가끔 뭍에 올라서 노약자들이 깊은 산중으로 숨게 되었는고 / 삼십 일 년 동안을 바다 물결이 거세어 강촌과 산마을이 왜놈에게 시달렸기에 / 적들이 날뛰어서 장차 우리를 병탄하고자 맨발로 천 길 낭떠러지를 달려 올라가서 가시덤불 돌 모서리를 원숭이처럼 나는데

이렇게 생각하면 대방제에서 만남재까지 올라가는 도중의 경사가 비교적 완만한 숲 속에서는 왜구의 수색을 피하기 쉽지 않을 것으로 생각된다. 그런 점에서 생각할 때, 만남재에서 옹구샘까지 이어지는

전남 담양군 수북면의 병풍산 절벽   병풍산 절벽 아래 옹구샘으로 추정되는 동굴

가파른 경사면을 올라와 절벽을 따라 난 오솔길로 이어지는 옹구샘이 있는 공간은 왜구의 눈길을 피해 숨기에 적절한 장소라는 생각이 든다.

　그리고 그녀가 몸을 던진 절벽이 1,000여 척이 넘는 높이였다고 한다. 1,000여 척은 300미터 이상이다. 병풍산에 이 정도 높이의 절벽은 없는 것으로 안다. 아마 과장된 표현일 것이다. 또 병풍산 다른 곳에 동굴이 있는지는 알 수 없다. 마을 사람이 죽을 먹여서 부인을 보살폈다, 고 하는 것으로 보아 동굴 안의 샘물로 죽을 쑨 것이 아닐까 생각도

해본다. 투구봉과 옹구샘이 문씨 부인 관련 사적지인지 아닌지는 좀 더 조사가 필요할 것 같다.

이 동굴이 있는 곳에서 담양군과 멀리 광주가 한눈에 내려다보인다. 투구봉에는 아직 4월초라서 그런지 칡넝쿨이나 부들은 보이지 않고 절벽에 멋진 소나무 한 그루가 바위틈에 뿌리를 내리고 있었다. 이 소나무를 찍기 위해 절벽을 기어 올라갔다. 절벽 위에 서니 계곡에서 강한 바람이 불어와 다리가 떨렸다. 두 아이를 남겨두고 젊은 여인이 정조를 지키기 위해 천 길 낭떠러지로 몸을 던졌다고 하는 것이 믿어지지 않을 정도였다.

그녀의 남편 강호문은 판전교시사(判典校寺事)라는 벼슬을 하고 있었다. 전교시는 고려 시대에 경서(經書)와 축문(祝文)에 관한 일을 전담하는 관청으로 판전교시사는 전교시의 최고 관직으로 정3품에 해당한다. 이 정도의 인물에게 시집갈 정도라면 그녀의 집안도 광주 일대에서 상당한 내력을 지닌 가문이었을 것으로 생각된다. 아마도 유교 교육의 영향으로 정절을 목숨보다 더 소중하게 여기는 여인으로 성장한 것이 아닐까.

정도전이 "왜구로 인한 걱정이 30년이 가까워서 양반집의 자녀들도 많이 그들에게 포로가 되면 노예와 첩 노릇을 달갑게 여기고 사양하지 아니하며 심지어는 그들을 위해 첩자가 되어 길을 인도하기까지 한다. 그들의 행위는 개돼지만 못한데도 스스로 부끄러워할 줄 모르는 것은 다름이 아니라 죽음이 두렵기 때문이다."라고 했다.[2] 문씨 부인이 만약 몸을 던지지 않았으면 설사 왜구에게 잡혀 일본으로 끌려가지 않았

---

2) 『삼봉집(三峯集)』 제4권. 「정침전(鄭沉傳)」.

더라도 '왜구의 첩'이니 '개돼지'라는 욕을 듣고 살아야 했을 것이다. 문씨 부인과 같은 많은 연약한 여인들이 죽음이냐, 평생의 치욕이냐 하는 가혹한 선택으로 내몰렸을 것을 생각하니 육백여년이 지난 지금도 안타깝기만 하다.

왜구 연구의 어려움과 선행 연구의 문제점

왜구는 해적이다. 즉 배를 이용해 바다를 이동하면서 약탈을 일삼는 인간 또는 그 집단이다. 해적들은 기본적으로 경제적 가치가 있는 물자의 약탈 내지는 인간의 납치를 목표로 삼는다. 영토를 점령한다든지 아니면 정치적인 목적을 달성하기 위해 침범하는 것이 아니다.

임진왜란의 경우, 피해국인 우리나라의 『조선왕조실록』과 같은 문헌사료, 왜성(倭城) 등과 같은 사적지 등이 남아있다. 그리고 조선 침략에 대비해 일본 국내에서 많은 사람들이 일정한 시간 이상 준비 작업을 해왔다. 따라서 임진왜란에 관한 문헌자료들이 일본 국내에도 다수 남아있다. 그런데 왜구는 이와 사정이 다르다. 기본적으로 약탈을 목적으로 하는 집단이기 때문에 일본 국내에 거의 문헌자료가 없다. 게다가 피해를 입은 고려나 조선, 더 나아가 중국에서는 그들을 '일본인 해적'이라는 의미로 '왜구'라고 불렀다. 그런데 이 '왜'라는 말이 '왜소한' '키가 작은'이라는 말이기에 왜구가 활발하게 활동하던 14~16세기경 일본 국내에서는 별로 사용되지 않는 단어였다. 그리고 그들의 활동 지역이 일본 국내가 아닌 이웃하는 외국이었다. 따라서 일본 국내의 문헌자료에서 '왜구'라는 단어를 찾기는 불가능하다.

더욱이 왜구 연구는 가해자의 입장에 있는 일본인들이 주도해왔다. 그리고 19세기 말 이후, 일본인들이 가장 먼저 근대국가를 수립해 아시아의 최강대국으로 성장해오면서 자기들의 구미에 맞게끔 그때그때 왜구에 관한 이미지를 형성해왔다. 예를 들면, 메이지 유신 이후, 왜구를 일본인들의 활발한 해상 활동이라는 측면을, 태평양 전쟁을 전후해서는 자국의 동남아 진출을 정당화하는 수단으로, 또 태평양 전쟁에서 패전한 뒤에는 평화국가의 이미지를 심기 위해 왜구의 실체가 사실은 일본인들만이 아니라 고려(조선)인과 중국인들도 대거 포함되어 있었다는 식으로 왜곡해왔다. 그 결과, 한국인들은 물론 일본인들 그리고 더 나아가 서구의 지식인들조차 아시아를 대표하는 해적인 왜구에 대한 이미지가 확립되어 있지 않은 것이 현실이다.

왜구에 관한 연구가 어려운 데에는 또 다른 이유도 있다. 그것은 왜구가 기본적으로 일본을 근거지로 하면서 활동 무대는 한반도와 중국이라는 것이다. 따라서 제대로 된 왜구 연구를 위해서는 한국·중국·일본 세 나라의 역사와 지리에 대한 이해가 요구된다. 이것이 불가능하다면 최소한 한국과 일본, 또는 중국과 일본이라고 하는 두 나라 이상의 언어와 지리, 지형, 역사에 대한 이해가 전제되어야 한다. 그렇지 않으면 제대로 된 연구를 하기 어렵다. 예를 들어 한국인이 왜구를 연구하기 위해서는 기본적으로 왜구가 활동하던 시대의 자기 나라 역사와 지리는 물론, 일본의 역사와 지리, 지형 등에 대한 이해를 필수적인 조건으로 한다는 것이다. 반대로 일본인이 왜구를 연구하기 위해서는 일본 역사와 지리는 물론, 한국의 언어와 역사, 지리 등에 대한 연구자 수준의 이해가 요구된다는 뜻이다. 이 책의 상당 부분을 남북조 내란 당시의 일본 국내 상황에 대해 서술한 것도 그 때문이다. 다시 말해서 한국인이 고려 말 왜구를 제대로 이해하려면 같은 시기의 일본의 국내 정세에 대한 이해를 전제로 해야 하는 것이다. 그렇지 않으면 왜구에 대한 이해는 수박 겉핥기 수준에 그치고 만다.

오랜 기간 동안 왜구 연구를 일본인 연구자들이 주도해온 이유도 바로 여기에 있었다. 일본이 조선을 식민지로 만들고 조선의 역사를 왜곡해왔다는 것은 널리 알려진 사실이다. 해방 이후 한국의 역사학계는 무엇보다도 이러한 역사 왜곡을 바로 잡기 위해 노력을 기울여왔고 많은 성과도 있었다. 앞에서 언급한 것처럼 왜구 연구는 두 나라 이상의 역사와 지리, 지형에 대한 이해를 전제로 한다고 했다. 그런데 돌이켜 생각해보면 해방 이후 최근까지 한국인으로 왜구가 활동하던 시기의 일본 역사와 지리에 대하여 숙지하고 있는 사람이 몇이나 있었을까? 왜구가 활동하던 시기, 즉 일본의 중세역사를 일본에서 유학해서 현재 국내 대학에서 현직으로 있는 연구자는 필자가 아는 범위에서 5명도 되지 않는다. 여기서 일본 유학이라고 하는 조건을 제시한 것은 일본어와 역사, 지리 등에 대해 이해하는 데 적어도 5년 이상 10년 정도의 시일이 요구된다고 생각하기 때문이다. 이러한 조건을 갖추지 못하면 『고려사』와 『조선왕조실록』 중의 왜구 관련 사료를 정리해서 "언제 어느 정도 규모의 왜구들이 한반도의 어디를 침구해와 어느 정도의 피해를 입었으며 이에 대하여 조정은 어떠한 대책을 세웠다."라고 하는 식의 사료 정리 수준에 그치고 만다. 그리고 그들 왜구가 어떠한 일본 국내 정세를 배경으로 또 무엇 때문에 한반도를 쳐들어왔는가, 라는 왜구 연구의 보다 근본적인 문제에 관해서는 일본인 연구자들의 주장과 견해를 수동적으로 수용할 수밖에 없다.

반대로 일본인으로 자국의 중세 역사는 물론, 한국어와 역사, 지리를 숙지하기 위해 필요하다고 생각되는 장기간의 한국 유학 경험이 있는 연구자는 몇 명이나 될까? 1945년 이후 일본의 왜구 연구자들은 거의 대부분 일본 중세사 전공자들이었다. 그런데 일본사는 한국과 비교가 되지 않을 정도로 많은 문헌사료와 오랜 연구의 역사, 그리고 많은 연구 성과가 축적되어 있다. 따라서 제대로 된 연구자가 되기 위해서는 오랜 기간에 걸쳐서 선학(先學)들이 해온 많은 연구 성과를 꼼꼼하게 읽고 숙지해야 한다. 적지 않은 시간이 필요하다는 말이다. 그런데 왜구 연구를 하려면 여기에다가 한국어와 역사, 지리에 대한 공부가 필요하다. 일본인들 중에서 일본 중세사의 연구 성과를 숙지하고 한국에서 장기간의 유학 경험이 있는 왜구 연구자들이 몇 명이나 있을까? 필자가 아는 한 전무(全無)하다.

그런데 그러면 어떻게 해서 일본인 연구자들이 왜구 연구를 주도해 올 수 있었을까? 바로 여기에 중요한 해답이 있다. 그것은 나카무라 히데타카(中村榮孝, 1902~1984)라는 인물에서 찾을 수 있다. 그는 일본의 가장 우수한 인재들만이 갈 수 있다는 이치코(一高, 지금의 日比谷高校)를 나와 도쿄제국대학 국사학과를 졸업하고 도쿄대학 일본사 교수인 구로이타 가쓰미(黑板勝美, 1874~1946)의 권유를 받고 조선총독부가 세운 조선사편수회(朝鮮史編修會)의 촉탁으로 조선에 온다. 그리고 이후 패전으로 일본에 돌아갈 때까지 20년 동안 조선에 체재하면서 조선인들을 충량(忠良)한 황국신민(皇國臣民)으로 만들기 위해 사료 수집과 역사교과서 편찬 작업에 종사해온 인물이다. 그는 일본으로 돌아가서 1966년부터 『일선관계사의 연구』(전3권)을 간행해 일본학사원상(日本學士院賞)과 은사상(恩賜賞)을 받고 이후 일본에 있어서의 소위 '조선 반도사' 연

구의 제일인자로 군림해왔다. 여기서 은사상이란 해당 연도에 일본학
사원상을 받은 사람들 중에서도 최고의 연구자를 선택해서 주는 천황
의 상이란 뜻이다. 즉, '최고 중의 최고'라는 뜻이다.

그는 조선총독부의 막대한 예산 지원으로 조선 전국을 돌아다니며
조선사 편찬을 위한 사료 수집을 하면서 조선의 지리와 지형을 익혔
다. 그리고 한국의 사료와 일본의 사료를 교묘하게 접목시켜서 자기
나름대로의 한일관계 및 교류의 역사상을 만들어냈다. 그것은 순수한
학술적인 것이 아니라, 정치적인 의도에서 비롯된 것이었다. 당시 일
제는 영역 확장을 거듭하면서 확대되는 전선(戰線)에 조선의 젊은이들
을 동원해야 할 필요성이 대두되었다. 그런데 조선인들이 민족의식이
강하고 반일적인 성향이 뿌리 깊다는 것을 잘 알고 있던 조선총독부는
조선사편수회를 통해 과거 일본과 조선의 역사를 '대립과 갈등'이 아니
라, '친선 우호' 관계로 채색하려고 주력한다. 소위 '내선일치(內鮮一致)'
를 강조하기 위한 것이었다. 그러한 역할 수행의 최 일선에 나카무라
가 있었다. 그가 고려 말 왜구가 발호하게 된 본질적인 원인은 일본
국내의 내란이라기보다, 고려의 지배층이 무능하고 부패했으며 친명
(親明)이니 친원(親元)이니 하면서 사대주의에 기인한 당파싸움에 있다
는 식으로 왜곡했다.

이러한 나카무라의 연구 중 패전 이후의 일본의 왜구 연구자들에게
가장 큰 영향을 미쳤던 것이 앞의 『일선관계사의 연구』 3권 중 상권에
수록되어 있는 「무로마치 시대의 일선관계」라는 논문이다. 즉 다시 말
해 일본 중세사를 전공하는 일본 연구자들이 왜구 연구를 시작할 때
반드시 참고해야 하는 것이 나카무라의 이 논문인데, 이 논문은 1931
년에 쓰기 시작해 이후 1933년 등 몇 차례나 수정 보완되는데 그 작성

시점이 아주 흥미롭다.

즉 1931년은 만주사변이, 1933년은 고다이고 천황이 가마쿠라 막부를 타도하고 소위 건무신정(建武新政)을 시작한 지 600주년이 되는 해였다. 일본이 군국주의의 길로 나아가기 시작한 해였고 또 고다이고 천황에 대해 2대에 걸쳐서 무조건적인 충성을 바친 구스노키 마사시게와 같은 남조의 무사들을 현창하는 사회적 분위기가 팽배하던 시기였다. 그런데 『고려사』에서 왜구의 실체가 무엇이었는가를 보여주는 사료를 보면, 왜구는 남조의 무사들이었다. 군국주의의 길로 나아가기 시작하던 당시 일본 사회에서 가장 모범적인 인간형이 바로 지금 황거(皇居) 광장에 세워져 있는 구스노키 마사시게로, 그는 러일전쟁의 영웅이었던 노기 마레스케(乃木稀典, 1849~1912) 장군을 위시해 당시 소위 '황군(皇軍)'이 지향하던 인물이었다.

조선의 젊은이들을 충량한 황국신민으로 만들어 일제의 침략 전선에 내보내는 임무를 책임지고 있던 나카무라가 고려 말 왜구의 실체가 구스노키 마사시게와 같은 남조의 무사들이었다고 할 리가 있을까? 당연히 나카무라는 고려 말 왜구의 실체는 일본인이 아니라 억압당하던 피차별민들 또는 고려의 백성들이었다는 식으로 교묘하게 왜곡했고, 조선의 역사와 지리를 잘 알지 못하는 일본의 왜구 연구자들은 그의 견해를 답습할 수밖에 없었던 것이다.

그런데 해방 이후의 한국인 연구자들 역시 나카무라의 견해를 무비판적으로 수용하고 이를 교육현장에서 확산시켜왔다. 일본사에 대한 이해 부족 때문으로 생각한다.

원래 나카무라가 제시한 바, '일선관계사'라는 개념 자체도 많은 문제점을 안고 있다. 즉 그는 왜곡된 조선의 역사 인식을 바탕으로 한일

관계사의 역사상을 구축했다. 그것은 조선의 역사를 일본에 종속된 역사로서 서술한 것이었다. 그런데 전근대, 그리고 지금 현재도 그렇지만 한국에게 있어서 중요한 것은 일본열도가 아니라 대륙정세였다. 즉 왜구가 발호하던 고려 말 위정자들에게 있어서 왜구 문제가 심각하지 않았던 것은 아니었지만 그보다도 더 중요하게 여겼던 것이 원명 교체기의 대륙 정세의 변동이었다. 따라서 제대로 된 '한일관계'를 논하려면 대륙 정세를 핵심 축으로 삼고 대일관계를 부차적인 요인으로 논해야 한다.

왜구 문제는 단순한 해적의 역사에 그치는 것이 아니다. 이는 몽골의 일본 침공에서 임진왜란에 이르는, 13세기부터 16세기에 걸친 동아시아 국제 질서 및 교류의 역사를 규정하는 중요한 역사 현상이다. 따라서 왜구 문제를 제대로 알지 못하면 이 시기의 한국사 더 나아가 동아시아 역사를 제대로 이해하지 못하게 된다. 특히 14세기 후반, 고려 말 왜구의 경우는 원과 명의 교체라는 중국 정세의 대변동과 서로 복잡하게 얽혀있다. 따라서 왜구를 올바르게 이해하지 못하면 민족사의 큰 전환점이 되었던 고려 말-조선 초, 선조들이 겪어야만 했던 수많은 역경과 고난들, 그리고 그것들을 극복하는 과정에서 겪어야만 했던 소중한 경험들을 놓치고 흩어지게 하는 오류를 범하게 되는 것이다.

14세기 후반, 한반도를 둘러싼 국제 정세는 21세기의 현재와 유사하다. 분단된 한반도를 둘러싼 열강들의 틈바구니 속에서 국토와 민족의 독립을 지켜나갈 지혜를 여기서 이끌어내야 할 것이다.

찾아보기

지은이 **이영**

1982년 고려대학교 중국어문학과 졸업
1990년 도쿄대학 총합문화연구과 대학원 지역문화전공(일본 중세사) 석사 졸업
1995년 동 대학원 박사 졸업
1997~현재 한국방송통신대학교 일본학과 교수
2005~2006년 캐나다 브리티시컬럼비아대학 아시아센터 visiting scholar
2014~2015년 미국 하버드대학 동아시아언어문명학과 visiting scholar

연구서
『倭寇と日麗關係史』(東京大學出版會, 1999년)
『잊혀진 전쟁, 왜구』(에피스테메, 2007년)
『왜구와 고려·일본 관계사』(혜안, 2011년) – 1999년도 출간서의 한글 번역 출간
『팍스 몽골리카의 동요와 고려 말 왜구』(혜안, 2013년 대한민국 학술원 우수도서 선정)
『황국사관과 고려 말 왜구』(에피스테메, 2015년)

왜구, 고려로 번진 일본의 내란 -남북조 내란과 고려 말 왜구

2020년 4월 28일 초판 1쇄 펴냄
2020년 9월 10일 초판 2쇄 펴냄
2020년 12월 18일 초판 3쇄 펴냄

지은이 이영
펴낸이 김흥국
펴낸곳 도서출판 보고사

책임편집 황효은
표지디자인 손정자

등록 1990년 12월 13일 제6-0429호
주소 경기도 파주시 회동길 337-15 보고사
전화 031-955-9797(대표), 02-922-5120~1(편집), 02-922-2246(영업)
팩스 02-922-6990
메일 kanapub3@naver.com / bogosabooks@naver.com
http://www.bogosabooks.co.kr

ISBN 979-11-5516-991-9 93910
ⓒ이영, 2020

정가 23,000원